Visionen –
Werk Gottes oder Produkt des Menschen?

Inhaltsverzeichnis

Einleitung und Fragestellung 9

Marion Wagner
Das Phänomen der Vision in theologischer Sicht

I.   Was ist eine Vision? 11
     1. Zur theologischen Möglichkeit bzw. den theologischen
        Grundlagen von Visionen – Die Unterscheidung zwischen
        privater und öffentlicher Offenbarung 11
     2. Die Vision – Wahrnehmung einer objektiven Wirklichkeit
        oder Produkt der Psyche? 14
        a) Verschiedene theologische Erklärungsmodelle –
           Pro und Contra 14
        b) Körperliche oder imaginative Vision? 19
     Kurzzusammenfassung 23

II. Wann ist eine Vision „echt"? 24
     1. Negativkriterien 24
     2. Voraussetzungen und Positivkriterien 25
        a) Voraussetzungen 25
        b) Grundhaltungen 27
        c) Wunder 29
        d) Heiligkeit 32
     Kurzzusammenfassung 33

III. Was bedeutet die „Anerkennung" einer Vision durch die Kirche? 36
     1. Grundsätzliches zur Rolle der kirchlichen Autorität 36
     2. Der rechtliche Rahmen des kirchlichen Urteils 37
     3. Der Prozess der Entscheidungsfindung und die drei
        möglichen Qualifikationen des Urteils 40
        a) Zuständigkeit und Aufgabenstellung 40
        b) Die Rolle der Humanwissenschaften bei der
           Urteilsfindung 40
        c) Drei Möglichkeiten der Beurteilung 44
     4. Die Verbindlichkeit einer „anerkannten" Vision für die
        Gläubigen 45
     Kurzzusammenfassung 47

IV. Visionen und der Glaube der Kirche 49
  1. Mehr Schaden als Nutzen? 49
     a) Ambivalenzen 49
     b) Gefahren 51
  2. Wie soll die Kirche mit Visionen umgehen? 53
Kurzzusammenfassung 58

Ulrich Niemann SJ
Das Phänomen der Vision in humanwissenschaftlicher Sicht

I. Außergewöhnliche Erfahrungen als menschliche
    Grenzphänomene 60
    1. Visionen im heutigen Kontext 60
    2. Was sind „Außergewöhnliche Erfahrungen"? 61
    3. Quantität und Qualität außergewöhnlicher Erfahrungen 61
    4. Außergewöhnliche Erfahrungen als Grenzphänomene 66
    5. Außergewöhnliche Erfahrungen im Kontext von
       Spiritualität und Mystik 67
    6. Visionen und Auditionen im Kontext außergewöhnlicher
       Erfahrungen 67
    7. Zusammenfassung: Was sind Visionen und Auditionen? . . . 68
    8. Trance und Ekstase als außergewöhnliche menschliche
       Erfahrungen 69
    9. Trance und Ekstase in der psychiatrischen Diagnostik 71
   10. Außergewöhnliche Erfahrungen und menschliches
       Bewusstsein 73
       a) Fragestellung: Visionen und Bewusstsein 73
       b) Was ist Bewusstsein? 73
       c) Das Versunkenheitsbewusstsein 75
       d) Sich verändernde Bewusstseinszustände 77

II. Erhellung der Bewusstseinszusammenhänge durch neuere
    neurophysiologische und neurochemische Forschungen 80
    1. Fragestellung: Erklärt die Neurobiologie die Phänomene der
       Visionen und Auditionen? 80
    2. Modi veränderter Bewusstseinzustände 81
    3. Neuere Ansätze zur Neurobiologie des Bewusstseins und
       der AgE – besonders im Zusammenhang mit Visionen
       und Auditionen 85
       a) Das Proto-Selbst nach Damasio 86

    b) Das Kernbewusstsein 87

    c) Kortikale Abläufe bei Anwendung von
       Entspannungsmethoden 88

    d) Provokationsmethoden und entsprechend messbare
       Hirnfunktionen 90

  4. Hormonale und neurochemische Zusammenhänge zur
     Klärung außergewöhnlicher Erfahrungen – insbesondere
     Visionen und Auditionen 92

    a) Die Funktionen des Hypophyse-Zwischenhirnsystems .. 92

    b) Erklären Neurotransmitter wie Acetylcholin, Adrenalin,
       Noradrenalin und Dopamin teilweise Gefühlsregungen
       und damit auch außergewöhnliche Erfahrungen? 94

    c) Spielen „Glückshormone" bei außergewöhnlichen
       Erfahrungen eine Rolle? 95

    d) Welche Hormone bzw. welche neurotropen Substanzen
       lassen Visionen abklingen? 95

  5. Abschließende Thesen 96

III. Ekstasen und Erscheinungen in Medjugorje 100

  1. Hinführung und Fragestellung 100

  2. Die untersuchten Personen (zwei junge Männer;
     drei junge Frauen) 101

  3. Die untersuchenden Ärzte 102

  4. Die zeitlichen Abläufe der Untersuchungen 103

  5. Die Beschreibung der Ekstasen bzw. der Trancezustände ... 103

    a) Verhalten vor der Ekstase 103

    b) Verhalten während der Ekstase 104

    c) Verhalten nach der Ekstase 105

  6. Freiwilligkeit der Sehenden bei den medizinischen
     Testuntersuchungen 105

  7. Selbstkritische Interpretationen und Folgerungen aus den
     medizinischen Untersuchungen der Arbeitsgruppe
     von Professor Joyeux 106

  8. Beurteilung der staatlich angeordneten medizinischen
     Untersuchungen 107

  9. Zusammenfassende Thesen über die medizinischen
     Untersuchungen in Medjugorje (1984) im Hinblick auf die
     Erklärung von Visionen 107

Visionärinnen und Visionäre? – Ein Gespräch über Menschen mit außergewöhnlichen Erfahrungen

Der überwältigte Atheist –
André Frossard (1915–1995) 112
Das spröde „Mütterchen" –
Mariette Beco (* 1921) 123
Die Opferseele für Verstorbene –
Maria Simma (1915–2004) 130
Ein Naturwissenschaftler als Visionär –
Emanuel Swedenborg (1688–1722) 137
Ein christlicher Visionär als Grenzgänger zwischen den Kulturen –
Sundar Singh (1889–?) 146
Ein Caballero als Mystiker und „Companiero Christi" –
Ignatius von Loyola (1491–1556) 159
Die kranke, gescheiterte, heilige Müllerstochter –
Bernadette Soubirous (1844–1879) 182
Resümee aus theologischer und humanwissenschaftlicher Sicht 198

Glossar 201
Wichtige Literatur 204

Einleitung und Fragestellung

Das vorstehende Motto könnte die Auffassung nahe legen, dass Visionen mit Krankheit zu tun haben. Wer etwas zu sehen behauptet, was andere nicht sehen, muss – so die landläufige Meinung – entweder lügen oder krank sein.

Aber liegen die Dinge wirklich so einfach?

Die Verfasser dieses Buches unternehmen den Versuch, sich dem Phänomen der religiösen Visionen und der damit in der Regel verbundenen Botschaften von ihrem jeweiligen Fachgebiet her (Dogmatik und Neuropsychiatrie und Psychosomatik) zu nähern.

In einem ersten Teil klärt die Dogmatikerin, was von der systematischen Theologie her über die Visionen gesagt werden kann. Dabei geht es auch darum zu zeigen, welche Kriterien für die „Echtheit" einer Vision gefunden werden können, wie verbindlich für die Gläubigen eine „kirchlich anerkannte" Vision ist und welchen Stellenwert Visionen überhaupt im Kontext des christlichen Glaubens haben können.

Der Neuropsychiater und Psychosomatiker zeigt, in welcher Weise die Humanwissenschaften zur Beurteilung angeblicher Visionen beitragen können und wie er Krankheiten diagnostisch erheben oder ausschließen kann.

Da der Humanwissenschaftler in seinem diagnostischen Bemühen die neuesten Forschungsergebnisse seiner Fachdisziplin berücksichtigen muss, werden in diesem zweiten Teil auch aktuelle Ergebnisse der Neurobiologie vorgestellt, die zur Erhellung des Phänomens des menschlichen Bewusstseins und damit der Visionen beitragen können.

In einem dritten dialogischen Teil (zwischen Theologin und Humanwissenschaftler) werden sieben (mögliche) VisionärInnen vorgestellt und auf ihren „visionären Gehalt" hin geprüft.

Marion Wagner

Das Phänomen der Vision in theologischer Sicht

I. Was ist eine Vision?

1. Zur theologischen Möglichkeit bzw. den theologischen Grundlagen von Visionen – Die Unterscheidung zwischen privater und öffentlicher Offenbarung

Im Zusammenhang mit jenen Phänomenen, die unter den Begriff der Visionen bzw. der Erscheinungen[1] fallen, spricht man von Privatoffenbarungen. Der Begriff zeigt schon, dass die Visionen bzw. die Botschaften, die in diesen Visionen empfangen werden, von einer anderen Form von Offenbarung, der so genannten *öffentlichen Offenbarung*, abgegrenzt werden sollen. Unter dieser öffentlichen Offenbarung versteht man das, was wir normalerweise einfach als Offenbarung Gottes bezeichnen, also die Tatsache, dass der an sich verborgene Gott sich in der Geschichte Israels vielfach und auf verschiedene Weise kundgetan hat, dass diese Selbstkundgabe Gottes in Jesus von Nazaret ihren unüberbietbaren Höhepunkt erreicht hat und dass sie durch die apostolische Generation abgeschlossen wurde. Diese öffentliche, ein für alle Mal abgeschlossene Offenbarung ist in der Heiligen Schrift niedergelegt und sie ist der Kirche anvertraut. Die Kirche hat die Aufgabe und die Pflicht, die (öffentliche) Offenbarung zu verkünden und zu bewahren.

Das bedeutet: Christus ist die endgültige und unüberbietbare Selbstaussage Gottes. In Jesus Christus hat Gott sein letztes Wort gesprochen. In Christus ist alles gesagt. Dem ist nichts mehr hinzuzufügen. Diese

---

[1] Zu der Frage, ob es zwischen Visionen und Erscheinungen einen Unterschied gibt, vgl. unten.

endgültige Offenbarung Gottes in Jesus Christus, die für den Christen allein verbindlich ist, ist mit dem Tod des letzten Apostels abgeschlossen. Deshalb kann es keine wie immer geartete spätere, neue öffentliche und verbindliche Offenbarung Gottes geben.

Eine *Privatoffenbarung*, das heißt eine unmittelbare Kundgabe Gottes an eine Privatperson, also an einen einzelnen Menschen, kann die öffentliche Offenbarung in keiner Weise ergänzen oder verändern. Sie kann nichts „Neues" aussagen und auch nichts beinhalten, was zu einer Aussage der öffentlichen Offenbarung in Widerspruch stehen würde. Sie kann bestenfalls eine Offenbarungsaussage neu ins Bewusstsein rufen oder unter einem bestimmten Aspekt bzw. angesichts einer bestimmten geschichtlichen Situation in besonderer Weise verdeutlichen. Weil eine Privatoffenbarung der letztgültigen Offenbarung Gottes also nichts hinzufügen kann und an ihr auch keinerlei Abstriche vornehmen kann, kann sie für den Christen keine zusätzliche (Glaubens-)Erkenntnis bringen und ist – so gesehen – auch nicht notwendig. Sie kann daher auch niemals allgemeine Verbindlichkeit für sich beanspruchen.

Allgemein verbindlich ist allein die öffentliche Offenbarung. Sie ist der Maßstab dafür, was in der Kirche als Offenbarung Gottes zu gelten hat und was für alle in der Kirche verpflichtend ist. Deshalb kann auch nur das, was von der öffentlichen Offenbarung gedeckt und legitimiert wird, in der Kirche allgemein Gültigkeit haben.

Folgerichtig hat die Kirche als Hüterin der Offenbarung das Recht und die Pflicht, eine angebliche Privatoffenbarung an dem Maßstab der öffentlichen Offenbarung zu messen. Als Offenbarung Gottes an eine Privatperson kann nur gelten, was mit der öffentlichen Offenbarung voll und ganz in Einklang steht.

Damit steht zwar fest, wie eine Privatoffenbarung zu definieren und zu bewerten ist, es ist aber noch nichts über die grundsätzliche theologische Möglichkeit von Privatoffenbarungen gesagt. Kann man tatsächlich davon ausgehen, dass es auch nach Abschluss der öffentlichen Offenbarung – und das bedeutet auch heute und jederzeit – unmittelbare Offenbarungen und damit auch konkrete Botschaften Gottes an einzelne Personen gibt?

Grundsätzlich ist die Möglichkeit einer Privatoffenbarung und damit verbundener so genannter Auditionen, also „gehörter" Kundgaben Gottes, theologisch nicht zu bestreiten[2]. Als personaler freier Gott kann Gott sich

---

[2] Im Folgenden wird zwischen Visionen und Auditionen nicht mehr eigens unterschieden. Was für die Visionen gilt, hat grundsätzlich auch für die Auditionen Gültigkeit.

dem Menschen vernehmbar machen – und zwar nicht nur durch Werke, sondern auch durch sein freies, persönliches Wort. Dabei muss diese Selbstmitteilung Gottes durchaus nicht immer so aussehen, dass ein Mensch unmittelbar Gott selbst schaut. Es kann auch so etwas wie eine *mittelbare Selbstmitteilung* Gottes geben: Gott kann einem Menschen in Verbindung mit einer bestimmten Erscheinung, also etwa der Vision Marias oder eines Heiligen oder eines Engels, bestimmte Botschaften übermitteln. Der Visionär sieht und/oder hört dann diese himmlischen Personen, nimmt sie also – zumindest nach seinem eigenen Empfinden – sinnlich wahr.

Dass so etwas wenigstens grundsätzlich möglich ist, lässt sich der Heiligen Schrift entnehmen. Gott hat, wie der Hebräerbrief sagt, auf vielfache und mannigfaltige Weise vor Zeiten durch die Propheten zu den Vätern Israels gesprochen. Die Propheten, die im Alten Testament im Namen Gottes zu den Menschen sprechen wollen, vernehmen die Stimme Gottes, sie haben Schauungen, also Visionen, sie sehen das von Gott Geoffenbarte in Bildern und Symbolen. In der Bibel werden auch Erscheinungen von Engeln berichtet, die eine himmlische Botschaft überbringen. Im Neuen Testament wird, etwa im Matthäusevangelium (Mt 1,20; 2,19), ebenfalls erzählt, dass Gott sich in einem Traum mitteilt oder dass der Seher, wie in Apg 10,10; 11,5; 22,17 und 2 Kor 12,2–5 überliefert wird, eine Mitteilung Gottes in einem Zustand der Ekstase erhält.

Der Glaube, dass in der Heiligen Schrift die Offenbarung Gottes an den Menschen niedergelegt ist, ist ein gewichtiges Argument für die grundsätzliche Möglichkeit von Privatoffenbarungen: Wenn man davon überzeugt ist, dass Gott sich den Menschen überhaupt persönlich mitteilen kann und will, dann muss man auch mit der Möglichkeit rechnen, dass Gott dies gegenüber *einzelnen* Menschen tut. Wenn man glaubt, dass Gott „gesprochen hat durch die Propheten", kann man zumindest nicht ausschließen, dass er auch weiterhin durch Menschen spricht. Sofern man also von der Tatsächlichkeit der öffentlichen Offenbarung überzeugt ist, muss man auch die Privatoffenbarung für grundsätzlich *möglich* halten. Dann aber ist auch davon auszugehen, dass es in nachapostolischer Zeit, also auch heute, solche Offenbarungen Gottes gegenüber einzelnen Personen geben *kann*.

Mit der Möglichkeit ist allerdings noch nichts über die Tatsächlichkeit gesagt. Was grundsätzlich sein *kann*, muss deshalb noch nicht wirklich der Fall sein. Dass Privatoffenbarungen theologisch möglich sind, heißt noch lange nicht, dass sie auch tatsächlich stattfinden. Deshalb ist jede angebliche Privatoffenbarung sorgfältig zu prüfen. Nach welchen Kriterien dies zu geschehen hat, wird uns noch beschäftigen. Selbst dort, wo man zu dem Ergebnis käme, dass es sich mit hoher Wahrscheinlichkeit um eine echte Privatoffenbarung handelt, wäre zu fragen, welche Bedeutung diese Privatoffenbarung für die Kirche haben kann. Was kann eine Privatoffenbarung, was kann etwa eine Marienerscheinung oder eine Engelsvision für die Kirche angesichts der Tatsache bedeuten, dass die Selbstmitteilung Gottes in Jesus Christus ihren unüberbietbaren Höhepunkt gefunden hat?

Viel drängender als diese Fragen scheint aber eine andere: Was soll man sich überhaupt unter einer Vision vorstellen?

2. Die Vision – Wahrnehmung einer objektiven Wirklichkeit oder Produkt der Psyche?

Was sieht (und hört) der Visionär? *Sieht* (und *hört*) er überhaupt etwas? Nimmt er tatsächlich eine körperlich gegenwärtige himmlische Person sinnlich wahr – so wie er im Alltag irdische Personen wahrnimmt? Sind die Bilder, die der Visionär schaut, folglich ein Abbild objektiver Gegebenheiten? Begegnet ihm also eine himmlische Person sozusagen in *Bild und Ton*? Oder muss man sich die Erscheinungen himmlischer Personen, die Menschen zu haben glauben, als Produkte ihrer eigenen – womöglich kranken – Psyche vorstellen? Produziert der Visionär in seinem Inneren jene Bilder, die er dann als Realität außerhalb seiner selbst zu sehen glaubt? Besteht damit Grund zur Annahme, dass Menschen, die von Visionen berichten, einfach nicht „normal" sind, weil sie etwas „sehen" und „hören", was als objektive Wirklichkeit außerhalb ihrer selbst gar nicht vorhanden ist?

Wann ist eine Vision *echt*?

a) Verschiedene theologische Erklärungsmodelle – Pro und Contra

Der Durchschnittschrist, der von einer Vision, etwa einer Marienerscheinung, hört, wird für sich die Echtheit an der Frage festmachen, ob die angeblichen Seher tatsächlich etwas gesehen und gehört haben oder nicht. Dabei wird „tatsächlich sehen und tatsächlich hören" für ihn in der Regel bedeuten: etwas bzw. jemanden sehen und hören, der objektiv anwesend

Sind Privatoffenbarungen möglich?

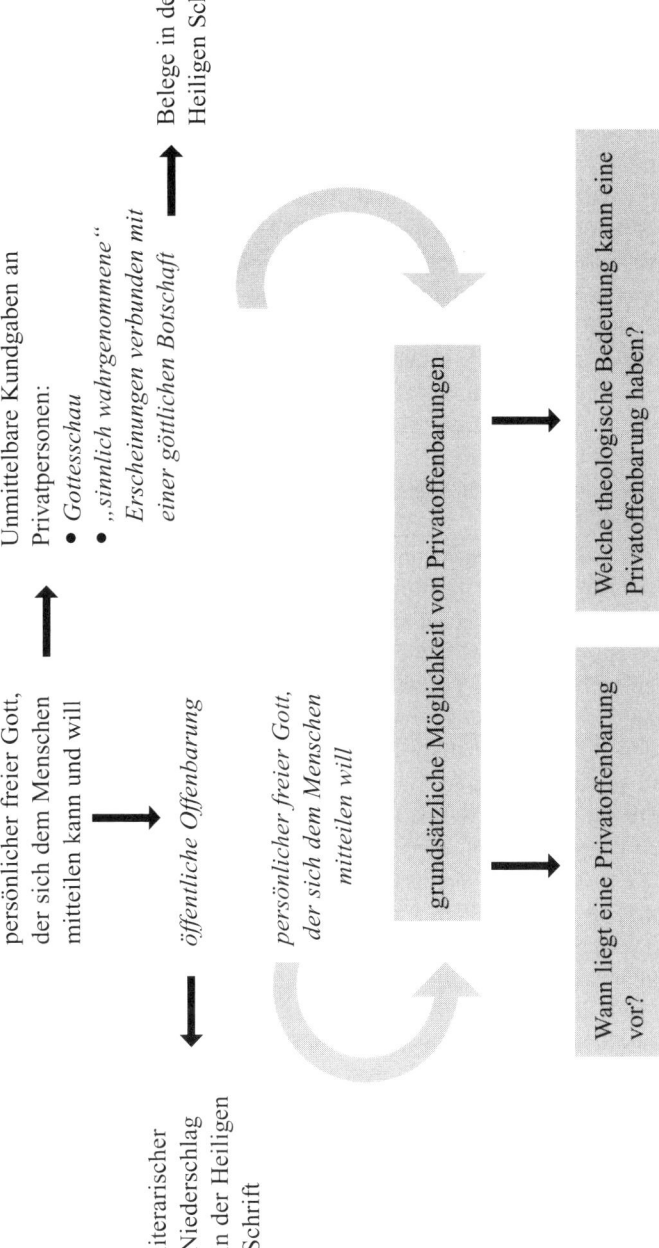

persönlicher freier Gott, der sich dem Menschen mitteilen kann und will

öffentliche Offenbarung

literarischer Niederschlag in der Heiligen Schrift

Unmittelbare Kundgaben an Privatpersonen:
- *Gottesschau*
- *„sinnlich wahrgenommene" Erscheinungen verbunden mit einer göttlichen Botschaft*

Belege in der Heiligen Schrift

persönlicher freier Gott, der sich dem Menschen mitteilen will

grundsätzliche Möglichkeit von Privatoffenbarungen

Welche theologische Bedeutung kann eine Privatoffenbarung haben?

Wann liegt eine Privatoffenbarung vor?

15

ist. Jemand, der eine echte Vision hat, kann diesem Verständnis zufolge aufgrund besonderen göttlichen Eingreifens etwas sehen und hören, was andere zwar nicht sehen und hören können, was aber trotzdem „da" ist. Die himmlische Person wäre demnach objektiv anwesend wie auch eine irdische Person, die man sieht und hört, objektiv anwesend ist, und der Seher wäre eben fähig, diese himmlische Person wahrzunehmen, wie „Normalsterbliche" irdische Personen wahrnehmen. Die Echtheit der Vision würde sich dann nach dem objektiven Wirklichkeitsgehalt des Gesehenen und Gehörten bemessen, und dieser objektive Wirklichkeitsgehalt wäre seinerseits in exakter Entsprechung zu dem Wirklichkeitsgehalt bei der Wahrnehmung irdischer Personen zu ermitteln: Wie die Wahrnehmung einer lachenden Frau im roten Kleid wahr ist, wenn eine solche Frau wirklich anwesend ist, wäre die visionäre Wahrnehmung einer himmlischen Person, die in einer bestimmten Weise gekleidet ist und sich in einer bestimmten Weise verhält, ebenfalls wahr und echt, sofern eine solche himmlische Person anwesend wäre.

Mit diesem Verständnis stößt man aber sehr rasch auf ernsthafte Schwierigkeiten:

Wie soll man es sich zum Beispiel erklären, dass himmlische Personen in einer Weise „gesehen" werden, die ihrem jetzigen „Zustand" ganz offensichtlich nicht entsprechen *kann*? Wie soll es möglich sein, dass Jesus als Kind erscheint? Welche Erklärung soll es dafür geben, dass bereits auferstandene himmlische Personen gemeinsam mit noch nicht auferstandenen wahrgenommen werden – wie zum Beispiel in Fatima, wo die Seherin Jacinta die Heilige Familie wahrnahm (den heiligen Josef mit dem Jesuskind und die Muttergottes)? Soll man annehmen, dass die einen in ihrem verklärten Leib erscheinen, während die anderen zum Zweck der Erscheinung einen Scheinleib angenommen haben?

Wie soll man es sich erklären, dass Maria, die doch bereits mit Leib und Seele in den Himmel aufgenommen ist, also den Zustand höchster Glückseligkeit erreicht hat, traurig ist und weint? Wie will man es sich erklären, dass manche Visionäre vergangene Ereignisse so sehen, als würden sie sich gerade abspielen, dabei aber durchaus in Widerspruch zu dem tatsächlichen historischen Geschehen bzw. zu anderen Visionären geraten, die dasselbe anders geschaut haben[3]?

Wie soll man bei Visionen von vergangenen Ereignissen oder auch

---

[3] Darauf weist Karl Rahner, Visionen und Prophezeiungen, Freiburg i. Br. [2]1958 (QD 4). S. 35 Anm. 28 im Zusammenhang mit Maria von Agreda und Katharina Emmerick hin.

dort, wo fremde, unverstandene Sprachen gehört werden – die Grenze zu natürlichen parapsychologischen Fähigkeiten ziehen[4]?

Wenn der Seher die Botschaft „hört" wie die Worte eines irdischen Gesprächspartners – wie ist es dann möglich, dass sich in den Botschaften mancher Seher historisch Falsches, theologisch „Schiefes" und auch Geschmackloses findet? Wie ist es dann etwa zu erklären, dass eine Heilige wie Katharina von Siena in einer Vision von Maria die Offenbarung empfangen haben will, sie sei nicht unbefleckt empfangen, oder dass der heilige Vinzenz Ferrer das unmittelbar bevorstehende Ende der Welt verkündet und sich für diese Schreckensnachricht auf Visionen beruft[5]?

Muss man daraus schließen, dass diese und andere Visionäre, die sich teilweise zu regelrechten Absurditäten verstiegen, einfach keine echten Visionen hatten?

Diese Fragen[6] sind zweifellos von großem Gewicht. Dagegen ist der von Gegnern des körperlichen Erklärungsmodells ebenfalls vorgebrachte Einwand, warum denn nicht *alle* Anwesenden dasselbe wahrnehmen, wenn die himmlische Person tatsächlich körperlich anwesend ist[7], leichter zu entkräften: Hier kann man mit der besonderen Gnade argumentieren, die Gott dem Seher zuteil werden lässt und die den Seher befähigt, das (objektiv Vorhandene) wahrzunehmen, was anderen verborgen bleibt. Trotzdem kann man nicht leugnen, dass beim körperlichen Erklärungsmodell Schwierigkeiten auftreten, die nur schwer zu lösen sein dürften.

---

[4] Der Hinweis, die „Rede von ‚natürlichen parapsychologischen Fähigkeiten'" konfudiere mehr als sie erkläre, und die Behauptung, die Parapsychologie könne nicht als seriöse Wissenschaft anerkannt werden, bis hin zu dem indirekten Vorwurf, bei dem Aufweis parapsychologischer Phänomene handele es sich um Betrug (vgl. Anton Ziegenaus, Kriterien für die Glaubwürdigkeit. Zur Prüfung der Echtheit von Marienerscheinungen: ders. [hrsg.], Marienerscheinungen – ihre Echtheit und Bedeutung im Leben der Kirche, Regensburg 1995 [Mariologische Studien X, S. 171 und Belegstellen dort], trägt weder zur Erhellung der Sache noch zum wissenschaftlichen Renommée jener Theologen bei, die auf diese Weise versuchen, den objektiv-körperlichen Charakter der Visionen und das „Wunder" zu „retten". Hier versucht man, die Schwierigkeit der Unterscheidung zwischen natürlichen [parapsychologischen] und übernatürlichen Phänomenen dadurch zu umgehen, dass man die Existenz parapsychologischer Phänomene einfach leugnet.

[5] Für diese und weitere Beispiele vgl. Rahner, Visionen, S. 66 f.

[6] Vgl. zu diesen Einwänden auch ebd., S. 33–36.

[7] Vgl. ebd., S. 35.

Deshalb wird die Auffassung, dass bei einer Vision die geschaute himmlische Person körperlich anwesend ist und dass der Seher sie folglich wie eine irdische Person wahrnimmt, heute in der Theologie auch kaum noch ausdrücklich vertreten. Die Mehrheit der Theologen schließt sich dem so genannten *imaginativen Erklärungsmodell* an, das vor allem von Karl Rahner dargelegt wurde[8]. Bei diesem Modell wird nicht ausgeschlossen, dass es auch körperliche Visionen geben *kann*, man geht aber davon aus, dass es sich auch bei echten Visionen in der Regel um imaginative Visionen handelt.

Was soll man sich nun unter einer imaginativen Vision vorstellen?

Zunächst ist klar, was die imaginative Vision *nicht* ist: Sie ist nicht die sinnliche Wahrnehmung einer körperlich anwesenden himmlischen Person. Trotzdem ist die imaginative Vision auch nicht einfach „Einbildung" in dem Sinne, als glaube der Visionär, hier eine himmlische Person zu sehen und eine himmlische Botschaft zu hören, ohne dass im Hintergrund irgendeine Realität, irgendein Eingreifen Gottes stünde. Das, was der Visionär „sieht" und „hört", wird vielmehr als *Echo* eines Vorgangs verstanden, den Gott im Innersten der Seele des Visionärs wirkt. Die Vision basiert also sehr wohl auf einer *Realität*, aber diese Realität besteht nicht in der wahrgenommenen himmlischen Person selbst, sondern in dem *Tiefenimpuls*, den Gott in der Seele des Visionärs setzt. Diesen Tiefenimpuls *gießt* der Seher dann sozusagen in Bilder, er *materialisiert* und *verleiblicht* ihn. Das primär von Gott Gewirkte besteht also nicht darin, dass der Visionär eine bestimmte himmlische Person sieht und hört, sondern in jenem mystischen Vorgang in der Seele, der dann dazu führt, dass der Seher Bilder und Worte von einer bestimmten himmlischen Person wahrnimmt.

Auch an dieses Erklärungsmodell kann und muss man natürlich kritische Fragen richten[9]. Dabei ist die Frage, wie man sich auf der Basis dieses Modells eigentlich den Unterschied zwischen einer Marienerscheinung und einer Christuserscheinung erklären soll, sehr ernst zu nehmen. Wenn sich das Wirken Gottes auf einen Tiefenimpuls in der Seele beschränkt, wieso „sieht" dann ein Visionär Maria und ein anderer Christus oder einen Engel?

Das imaginative Erklärungsmodell nehme, so lautet ein Vorwurf, zu wenig zur Kenntnis, dass „die meisten Seher die Erscheinung als extrakorporales objektives Ereignis erfahren"[10]. Solche Kritik mündet in den

---

[8] Vgl. oben Anm. 3.
[9] Vgl. etwa Ziegenaus, Kriterien, S. 167–182.
[10] Ziegenaus, ebd., S. 174.

Vorschlag, bei der Erklärung des Phänomens der Vision das körperliche und das imaginative Erklärungsmodell miteinander zu verbinden, zumal es Phänomene gebe, die sich nicht als einbildliche Visionen erklären ließen, wie schon der Umstand der Übereinstimmung mehrerer Seher zeige. Man müsse, so lautet damit ein Erklärungsmodell, das sich als Vermittlung zwischen körperlichem und imaginativem Modell verstanden wissen will, nicht nur den Tiefenimpuls in der Seele als unmittelbar gottgewirkt betrachten, sondern auch seine Konkretisierung: Das göttliche Wirken begleite und bestimme auch den Vorgang der Verleiblichung und Materialisierung des seelischen Tiefenimpulses beim Seher. Wie ist das aber zu verstehen, wenn es gleichzeitig heißt, man könne das körperliche und das imaginative Erklärungsmodell „in die Synthese bringen, dass Gott auch die Sinne der Seher in verschiedenem Grade zum Sehen und Hören befähigt" habe[11]. Liegt bei der Vision also doch eine – wie immer geartete – körperliche Anwesenheit himmlischer Personen vor (mehr oder weniger deutlich sehen und hören kann ich schließlich nur, was objektiv vorhanden ist) und ist eine besondere Gnade anzunehmen, die Gott dem Seher zuteil werden lässt und die den Seher befähigt, das (objektiv Vorhandene) wahrzunehmen, was anderen verborgen bleibt? Läuft diese Erklärung damit de facto nicht auf das körperliche Erklärungsmodell hinaus?

b) Körperliche oder imaginative Vision?

Auch die Kritiker des imaginativen Erklärungsmodells können nicht leugnen, dass die Schwierigkeiten, die bei dem körperlichen Erklärungsmodell auftauchen, durch das imaginative Modell behoben werden[12]: Wenn das, was der Visionär konkret zu hören und zu sehen glaubt, eine Verleiblichung und Materialisierung des Tiefenimpulses Gottes in seiner Seele ist, dann sind die Bilder, die er „sieht", und die Worte", die er „hört", zu einem nicht unwesentlichen Teil *seine* Bilder und *seine* Worte. Da der Seher aber eine bestimmte Persönlichkeit hat, da er von einer bestimmten Zeit und einer bestimmten Spiritualität geprägt ist, werden diese persönlichen „Bedingtheiten" seine Vision prägen und in sie einfließen. Von daher ist es dann durchaus zu erklären, dass der Seher auch historisch Falsches, theologisch Fragwürdiges oder religiös Geschmackloses „sieht" und „hört" – ohne dass man deshalb die Echtheit seiner Vision grundsätzlich anzweifeln muss.

---

[11] Ziegenaus, ebd., S. 176.
[12] So auch Ziegenaus, Kriterien, S. 172 f.

Hier vermischen sich dann eben Übernatürliches und Natürliches, Göttliches und Menschliches.

Die nicht in Abrede zu stellende Tatsache, dass die Seher in der Regel selbst meinen, sie würden eine himmlische Person objektiv sehen und hören, besagt nichts. Die Psychodiagnostik bzw. Psychopathologie kennt viele Beispiele dafür, dass Menschen fest davon überzeugt sind, etwas objektiv wahrzunehmen, was in Wahrheit objektiv nicht vorhanden ist. Auch suggestive Phänomene sind hinreichend bekannt. Von daher ist die Tatsache, dass mehrere Seher gemeinsam gleichzeitig dasselbe objektiv wahrzunehmen meinen, noch keineswegs ein Beleg dafür, dass das Wahrgenommene eine objektive Wirklichkeit ist. Wenn vier Personen gleichzeitig glauben, sie sähen das Jesuskind vor sich und es würde zu ihnen sprechen, muss das nicht heißen, dass das Jesuskind auch tatsächlich dasteht und redet. Daran ändert sich auch nichts, wenn die Zahl der Personen, die dieselbe Wahrnehmung haben, höher ist[13]. Im Gegenteil: Hier stellt sich die Frage, ob nicht eine Massensuggestion vorliegen könnte.

Die Bedeutung, die bei manchen Visionen Orten zukommt, an die zu gehen der Seher sich gedrängt fühlt oder einen Auftrag zu haben glaubt, wird durch das körperliche Erklärungsmodell keineswegs zwingend erklärt und ist deshalb auch kein Argument gegen das imaginative Modell. Hier wäre in jedem Einzelfall zu untersuchen, welche Beziehung der Seher möglicherweise schon vor seiner Vision zu den jeweiligen Orten hatte.

Der Vorwurf, beim imaginativen Erklärungsmodell werde das Wirken Gottes ganz über die Zweitursachen abgewickelt[14], ist nicht berechtigt:

Selbst wenn man das imaginative Erklärungsmodell dahingehend ergänzen würde, dass Gott nicht nur den Tiefenimpuls in der Seele setzt, sondern diesen Tiefenimpuls auch noch in Richtung einer Christus- oder Marienvision „lenkt"[15], wäre nicht einzusehen, warum Gott auch für die konkrete Ausgestaltung des „Gehörten" und „Gesehenen" verantwortlich sein sollte.

---

[13] Das gilt etwa für das Beispiel von Cnoc Mhuire, das Ziegenaus, ebd., S. 175 anführt, wo 15 Personen betroffen sind.

[14] Vgl. Ziegenaus, Kriterien, S. 173.

[15] Hier könnte man sich mit einigem Recht auf Thomas von Aquin berufen: „...die in der Einbildungskraft des Propheten vorbestehenden Bilder sind nur wie Elemente jener imaginären Vision, die von Gott her gezeigt werden, wenn diese aus ihnen gleichsam zusammengesetzt wird; und daher kommt es, dass der Prophet ihm vertraute Gleichnisse wählt" (De ver. 12, 7 ad 7um). Vgl. Thomas v. Aquin, Summa theologica. Deutsch-lateinische Ausgabe,

Gott selbst ist es, der direkt den Tiefenimpuls in der Seele des Sehers setzt. Insofern steht er mit dem Geschehen in einem *unmittelbaren* Zusammenhang. Die Objektivierung dieses Impulses geschieht durch den Seher, der insofern als Zweitursache der Vision zu gelten hat. Göttliche Unmittelbarkeit und menschliche Vermittlung, Übernatürliches und Natürliches wirken eng zusammen. Auch bei der Vision setzt die göttliche Gnade die menschliche Natur voraus! Gott bedient sich bei seinem Handeln grundsätzlich der von ihm selbst geschaffenen Gesetzmäßigkeiten soweit wie möglich:

Ein Einzelereignis in der Welt, das nur von Gott und nicht auch von geschaffenen Kräften herstammt, ist undenkbar, weil dies sowohl der Göttlichkeit Gottes als auch der Einheit des von Gott Geschaffenen widerspräche. Würde nämlich Gott ohne die – seine Unmittelbarkeit zum Geschehen nicht ausschließende – Vermittlung geschöpflich eigenständig wirkender innerweltlicher Ursachen etwas innerhalb der Welt hervorbringen, stünde er „auf der gleichen Ebene mit anderen weltlichen Ursachen und wäre deshalb nicht mehr der transzendente Schöpfer von Himmel und Erde"[16].

Die Einwände gegen das imaginative Erklärungsmodell scheinen daher nur wenig Berechtigung zu haben. Da diejenigen, die sie vorbringen, gleichzeitig nicht imstande sind, die genannten Schwierigkeiten zu lösen, die mit dem körperlichen Erklärungsmodell verbunden sind, ist dem imaginativen Erklärungsmodell grundsätzlich der Vorzug zu geben. Es ist, wie schon Karl Rahner feststellt, zwar nicht auszuschließen, dass es auch körperliche Visionen geben kann. Aber das Vorliegen einer körperlichen Vision wird sich wohl nur schwer beweisen lassen. Die imaginative Vision dürfte sozusagen den *Normalfall* der Vision darstellen[17].

Damit lässt sich das Geschehen, das in der Regel bei einer Vision vorliegt, von theologischer Seite wie folgt umschreiben:

Bd. 23: Besondere Gnadengaben und die zwei Wege menschlichen Lebens (II-IIae q. 171–182), Graz 1954, S. 341 f. (Kommentar von Leo Scheffczyk). Gleichzeitig betont Thomas die „Unausschöpflichkeit" und den Vorrang des eingegossenen Lichts hinsichtlich der Bilder, die nur eine Hilfe zur Verdeutlichung und Illustration dessen sind, was im Licht enthalten ist. Vgl. Scheffczyk, ebd. und die dort angeführten Belegstellen bei Thomas.

[16] Béla Weissmahr, Art. *Natürliche Phänomene und Wunder*: Christlicher Glaube in moderner Gesellschaft, Bd. IV, S. 141.

[17] Vgl. Rahner, Visionen, S. 41.

Der Seher wird im Innersten seiner Seele von Gott berührt. Hier ist auch das Eigentliche der Vision zu suchen. Dieser göttliche „Tiefenimpuls" findet dann sein Echo in der konkreten Vision selbst. Der Seher gießt sozusagen diesen Impuls in Bilder und Worte. Er verleiblicht und materialisiert ihn. Karl Rahner stellt unter Berufung auf die Altmeister der Mystik fest:

> „Sagen wir somit …, dass er nach den klassischen Beschreibungen der spanischen Mystik jener Vorgang ist, den diese als ‚eingegossene Beschauung' (von der ‚geistlichen Verlobung' bis zur ‚geistlichen Hochzeit', der vollen unio mystica) kennt. So wie die Ekstase als Bindung der sinnlichen Tätigkeit nur ein Begleitphänomen, eine Auswirkung des zentralen mystischen Vorgangs ist, die sogar bei einer vollendeten mystischen Entwicklung auf der höchsten Stufe wieder verschwindet, ja sogar in gewissem Sinn ein Anzeichen der ‚Schwäche' der Natur des Mystikers ist, der das Übermaß der mystischen Mitteilung Gottes nicht aushält, so ist die imaginative Vision, die eine solche eingegossene Beschauung als gegeben voraussetzt, nur deren Ausstrahlung und Reflex in die Sphäre des Menschen, die Verleiblichung des mystischen Vorgangs im Geist"[18].

Die Vision wird also in der Regel eine Synthese aus dem göttlichen Einwirken und den menschlichen individuellen Bedingtheiten des Sehers sein, sodass sie zugleich Werk Gottes und Produkt des Menschen ist[19]. Ob und inwieweit Gott auch bei dem Vorgang der Objektivierung des göttlichen Impulses eine Rolle spielt, dürfte kaum festzustellen sein.

Praktisch wird nicht klar zu trennen sein, was göttlich und was menschlich ist. Das ist auch gar nicht nötig, weil das Eigentliche nicht in der konkreten Vision, nicht in dem „Gesehenen" und „Gehörten", besteht, sondern im göttlichen Impuls im Innersten der Seele. Damit wird auch die in der Theologie gern angewandte Unterscheidung zwischen der Vision als einem geistig/geistlich-innerlichen Geschehen, also einem mystischen Erlebnis[20], und der Erscheinung als einem Geschehen, bei dem auch Sinne und Fantasie in Aktion treten, marginal, weil eine Scheidung im konkreten Fall schwerlich zu treffen sein dürfte.

---

[18] Rahner, ebd., S. 57.

[19] Dabei ist natürlich auch eine sog. „imaginative Vision„ subjektiv – von seiten des Visionärs her – betrachtet stets „körperlich", sofern seine Sinne, seine Gehirnfunktionen usw. an diesem Geschehen beteiligt sind und nicht ausgeklammert werden können. Vgl. auch unten S. 96–99, v. a. 97, die Ausführungen von U. Niemann.

[20] Vgl. Wolfgang Beinert, Theologische Information über Marienerscheinungen: Anz. f. d. Seelsorge 106 (1997), S. 250–258, S. 253.

Kurzzusammenfassung

In der Frage, was man sich unter einer Vision vorzustellen hat, werden in der Theologie im Wesentlichen zwei Erklärungsmodelle diskutiert: Folgt man dem heute kaum noch vertretenen körperlichen Erklärungsmodell, so nimmt der Visionär in seiner Vision eine himmlische Person sinnlich wahr, die tatsächlich objektiv anwesend ist.

Dieses Erklärungsmodell wirft eine Reihe von unlösbaren Schwierigkeiten auf, die entfallen, wenn man dem heute allgemein favorisierten imaginativen Erklärungsmodell folgt. Dieses Modell erklärt die konkreten (optischen und akustischen) Wahrnehmungen des Sehers als *Echo* auf einen Tiefenimpuls Gottes in der Seele. Der Seher materialisiert und verleiblicht im Rahmen seiner persönlichen Bedingtheiten und Fähigkeiten sozusagen das, was Gott in ihm wirkt. Das Eigentliche der Vision ist demzufolge nicht in dem „Gesehenen" und „Gehörten" selbst zu sehen, sondern in dem mystischen Erlebnis. Die „Echtheit" der Vision hängt folglich nicht davon ab, ob der Seher tatsächlich eine objektiv anwesende himmlische Person gesehen und gehört hat. Bei der Frage nach der Echtheit der Vision ist in erster Linie die Tatsächlichkeit des mystischen Erlebnisses, also des Tiefenimpulses Gottes in der Seele des Sehers, zu hinterfragen.

Wie aber kann man feststellen, ob in einem konkreten Fall ein Tiefenimpuls Gottes in der Seele tatsächlich stattgefunden hat und die Vision folglich „echt" ist, oder nicht? Anders gefragt: Welche Kriterien gibt es, um die „Echtheit" einer Vision zu ermitteln? Wie sicher sind sie bzw. wie sicher kann das Urteil über eine Vision sein?

II. Wann ist eine Vision „echt"?

1. Negativkriterien

Da es unmöglich ist, in die Tiefenschichten der Seele des Visionärs zu blicken und dort den göttlichen Tiefenimpuls zu „lokalisieren", muss man das Hauptaugenmerk zunächst allgemein auf die Persönlichkeit des Sehers richten.

Hinweise auf ein übersteigertes Selbstwertgefühl, die erkennbare Neigung, sich mit der angeblichen himmlischen Vision in den Vordergrund zu spielen, sich als „etwas Besonderes" zu fühlen und eine „überlegene Haltung" einzunehmen, eine unreife, zu Exaltiertheiten neigende Spiritualität, die Einbindung in ein (spirituelles) Umfeld, das stark auf Wundergläubigkeit ausgerichtet ist und in dem so etwas wie ein religiöses „Tropenklima" herrscht, sind Negativkriterien. Negativ ist es auch zu werten, wenn die angebliche Botschaft Angst, Abkapselung und Isolation erzeugt. Eindeutige Negativkriterien sind natürlich außerdem Diskrepanzen zwischen der angeblichen Botschaft und der öffentlichen Offenbarung sowie eine Gefährdung der Einheit der Kirche durch die Inhalte dieser „Botschaft" bzw. durch die Art und Weise, wie der „Seher" und sein Umfeld mit diesen Inhalten umgehen.

Was die Inhalte der Vision angeht, so spricht auch eine große Deutlichkeit und Detailfreude gerade nicht für die Echtheit der Vision, sondern für eine ausgeprägte Phantasie des „Sehers". Wo „alles Alltag" bleibt, wo sozusagen „zwischen Frühstück und Mittagessen" detailreiche „Visionen" des Himmels mit spielenden Kindern im Himmelsgarten und martialischen Erzengeln stattfinden, dürfte kaum ein echtes und tiefes mystisches Erlebnis vorliegen.

Wo diese Kriterien gegeben sind, kann man mit an Sicherheit grenzender Wahrscheinlichkeit davon ausgehen, dass es sich nicht um ein übernatürliches Phänomen handelt. Der Umkehrschluss: *Also kann man, wo diese Negativkriterien nicht erfüllt sind, von der „Echtheit" der Vision ausgehen,* greift allerdings zu kurz.

2. Voraussetzungen und Positivkriterien

a) Voraussetzungen

Auch dort, wo es keinerlei Anhaltspunkte für ein übersteigertes Selbstwertgefühl oder den Drang, sich durch außergewöhnliche *übernatürliche* Erlebnisse in den Mittelpunkt zu rücken, gibt, ist noch kein positives Kriterium für die Echtheit einer Vision gewonnen. Dass jemand subjektiv ehrlich und aufrichtig fromm ist, kann zwar als Grundvoraussetzung dafür gelten, dass eine echte Vision *möglich* ist, schließt aber keineswegs aus, dass er sich bzgl. dessen, was er erlebt zu haben meint, einer Täuschung hingibt. Auch mancher Mystiker und Heilige ist hier schon einem Irrtum aufgesessen.

Darauf hat bereits Johannes vom Kreuz hingewiesen:

> „Es kommt das sehr häufig vor, dass sich auf diese Weise manche täuschen [d. h. durch die Verwechslung natürlicher Einsichten mit göttlichen Botschaften] und meinen, sie befänden sich im Zustand außerordentlichen Gebetes und in Verbindung mit Gott. Dann schreiben sie das, was in ihnen vorgeht, nieder oder lassen es niederschreiben. Und doch ist vielleicht alles nichts und enthält nicht eine Idee von Tugend, und dient zu nichts weiter, als dass sie sich damit nur aufblähen"[21].

Die subjektive Überzeugung, eine übernatürliche Erfahrung gemacht zu haben, sagt über die Tatsächlichkeit der Erfahrung nichts aus. Aus der Tatsache, dass ein Visionär körperlich und seelisch gesund zu sein scheint, kann man ebenfalls nicht ohne weiteres auf die Echtheit seiner Vision schließen. Dass jemand im Alltag ganz „normal" wirkt, dass er gesellschaftlich und familiär integriert ist, dass er keinerlei Anzeichen für „Überspanntheiten" oder „Verrücktheiten" zeigt, sondern „funktioniert", wie es der allgemeinen Erwartung entspricht, erscheint fälschlicherweise vielen als Kriterium für die Echtheit einer Vision: Wenn der Betreffende nicht lügt und „normal" ist, dann muss sein Erlebnis ja übernatürlich sein, denn wer etwas sieht und hört, was andere nicht sehen und hören, ist entweder „verrückt" oder ein Heiliger, der in direktem Kontakt mit Gott steht.

Auch diese Schlussfolgerung greift zu kurz: Es gibt sehr wohl Erscheinungen, die zwar ungewöhnlich sind, aber weder krankhaft noch über-

---

[21] Johannes vom Kreuz, Aufstieg zum Berg Karmel, ed. Ambrosius a Santa Teresa: Sämtliche Werke in fünf Bänden, Bd. I, 2, 27, S. 253.

natürlich. Nicht alles, was außergewöhnlich ist, ist deshalb schon krankhaft. Außergewöhnliche Phänomene bei einem psychisch Gesunden haben nicht zwangsläufig eine übernatürliche Ursache, sondern können grundsätzlich durchaus natürlich erklärt werden.

Hier wäre etwa an eidetische Fähigkeiten zu denken wie das Vermögen, sich etwas so plastisch vorzustellen, dass es Wahrnehmungscharakter hat[22]. Auch parapsychologische Phänomene, wie z. B. die Telepathie, fallen in den Bereich des Natürlichen und sind, sofern sie zu den Begleitumständen einer Vision zählen, kein Argument für deren Echtheit.

Neben der Persönlichkeit des Sehers ist natürlich die in den Visionen möglicherweise empfangene Botschaft von zentraler Bedeutung für die Beurteilung des Geschehens. Allerdings ist die Übereinstimmung dieser Botschaft mit der öffentlichen Offenbarung und der Lehre der Kirche zwar eine Grundvoraussetzung, sozusagen die *conditio sine qua non*, aber noch keineswegs ein Beleg für die Echtheit der Vision.

Immerhin ist nicht von vornherein auszuschließen, dass der Inhalt seiner Botschaft einem Seher auch sehr wohl auf natürlichem Wege zugewachsen sein kann. Es ist nicht a priori klar, dass der Inhalt den Horizont des Sehers und sein religiöses Wissen mit Sicherheit übersteigt. Auch dass er seine Botschaft aus dem ihn umgebenden spirituellen Umfeld *aufgesogen* hat, kann grundsätzlich ebenso wenig ausgeschlossen werden wie die Möglichkeit einer *Regie von außen* – das gilt umso mehr, wenn sich in der Botschaft (kirchenpolitische) Tendenzen widerspiegeln, die in einem bestimmten Umfeld immer wieder begegnen.

Schließlich ist auch die positive Wirkung einer angeblichen Vision auf das kirchlich-religiöse Leben für sich allein noch kein Beleg für die Echtheit. Das bekannte Bibelwort, demzufolge man einen Baum an seinen Früchten erkennt (Mt 7,17f), sollte in diesem Kontext nicht zu der vorschnellen Schlussfolgerung verleiten, dass also dort, wo begrüßenswerte Früchte vorliegen, auch ein veritabler und guter Baum im Hintergrund stehen muss. Auch hier sollte man sich die Haltung der Mystiker zu eigen machen, die stets darauf hingewiesen haben, dass die guten Früchte keinen Wert in sich darstellen, sondern nur als Früchte aus der Wahrheit des Heiligen Geistes wertvoll sind. Die Feststellung, dass eine angebliche Vision zu einem Aufschwung des religiösen Lebens beigetragen habe, degradiert also die Wahrheitsfrage keineswegs zur Nebensache, sondern fordert sie geradezu heraus. Hier kann nicht nach dem Motto verfahren werden, dass das Mittel durch den guten Zweck in jedem Fall geheiligt wird. Man muss

---

[22] Vgl. hierzu die Darlegungen von Ulrich Niemann, unten S. 69 f.

sich vielmehr fragen, ob dort, wo eine Anbetung auf einer Vision basiert, die nach menschlichem Ermessen nicht auf Wahrheit beruht, noch eine Anbetung *im Geist und in der Wahrheit* gegeben sein kann:

> „Wenn religio die menschliche Tugend der Gottesverehrung ist, Erscheinungen aber eine der höchsten Möglichkeiten der Gottesverehrung darstellen, dann gehört die Frage nach ihrer Echtheit mit zum religiösen Verhalten. Religion kann an diesem einen ihrer Höhepunkte nicht auf Wahrheit und Wahrhaftigkeit verzichten, sonst entsteht die Gefahr, dass dieses Höchste durch menschliche Schwachheit, Bosheit oder Irrtum entstellt wird und das religiös-übernatürliche Ziel, das mit den Erscheinungen angestrebt wird, in das Gegenteil verkehrt erscheint. Man darf deshalb behaupten, dass es wesentlich zu einem kernigen, hochherzigen Glauben an Wunder und Erscheinungen gehört, sie nur auf überzeugende Gründe hin anzunehmen"[23].

Auf welche positiven Kriterien soll sich der Glaube an eine Vision stützen?

b) Grundhaltungen

Die großen Lehrer der Mystik nennen die *Demut* und ihr verwandte Haltungen als Kriterium für die Echtheit einer Vision. Damit meinen sie allerdings anderes und mehr als Eigenschaften wie Frömmigkeit, Bescheidenheit oder Zurückhaltung, die landläufig mit dem Begriff Demut assoziiert werden. Im Zusammenhang mit dem Phänomen der Vision bezeichnet Demut für sie eine *entscheidende religiöse, den Menschen verwandelnde Vertiefung, die mit dem Ereignis eintritt und sich hält.*

Wo der durch die Vision ausgelöste religiöse Impuls eine „Eintagsfliege" bleibt, wird man mit einigem Recht folgern können, dass die Vision nicht echt ist, denn „echte Erscheinungen prägen um"[24].

Umgekehrt wird man in der Tatsache, dass die Seher durch ihr Erlebnis eine bleibende Prägung für ihr Leben erhalten haben, die sie zu einem überzeugenden christlichen Verhalten befähigt, das den Rahmen des Üblichen übersteigt, ein Kriterium für die Gottgewirktheit und damit für die Echtheit der Vision sehen dürfen.

---

[23] Leo Scheffczyk, Die theologischen Grundlagen von Erscheinungen und Prophezeiungen, Leutesdorf 1982, S. 19.

[24] Ziegenaus, Kriterien, S. 178.

Auch die *Grundhaltung*, die der Visionär *gegenüber seinem eigenen Erlebnis* zeigt, kann als positives Kriterium herangezogen werden: Wo der Seher deutlich erkennen lässt, dass er um den Vorrang der allgemein christlichen Haltungen von Glaube, Liebe und Hoffnung vor jeder Vision weiß und ihm Rechnung trägt, wo er sich bewusst ist, dass nicht das „Gesehene" und „Gehörte", sondern das mystische Erlebnis, das „Berührtwerden von Gott" das Eigentliche und Entscheidende ist, dort wird man mit einigem Recht auf die Echtheit seines Erlebnisses schließen.

Allerdings kann man mit ebenso viel Recht einwenden, dass auch diese „Positivkriterien" nichts zwingend beweisen. Schließlich ist es nicht unmöglich, dass ein Mensch auch dort, wo seine Vision rein psychogen ist, ihr also kein göttlicher Impuls zugrunde liegt, in einer positiven Weise geprägt bzw. umgeprägt wird.

Die genannten Kriterien werden nur in Verbindung mit der gleichzeitigen Erfüllung anderer Voraussetzungen (Übereinstimmung mit der öffentlichen Offenbarung und der Lehre der Kirche, positive Auswirkungen auf das religiös-kirchliche Leben, subjektive Integrität und psychische Gesundheit des Sehers) zu einem gewissen Urteil über die Echtheit der Vision befähigen. Allerdings kann dieses Urteil nicht mehr als ein Wahrscheinlichkeitsurteil sein.

Ein solches Wahrscheinlichkeitsurteil dürfte aber vollkommen ausreichen, wo der Seher die Vision als ein Ereignis seines persönlichen religiösen Lebens betrachtet, das zwar für ihn selbst absolut gültig und bindend ist, aber keinerlei verpflichtende Forderung für Außenstehende beinhaltet. Um dem inneren religiösen Erleben eines anderen Menschen mit Respekt zu begegnen, genügt ein solches Wahrscheinlichkeitsurteil allemal – ob daraus auch Folgerungen für das eigene religiöse Leben abzuleiten sind, muss jeder für sich entscheiden[25].

Anders als bei einer solchen *mystischen Vision* scheinen die Dinge bei einer *prophetischen* oder *charismatischen Vision* zu liegen, also dort, wo der Seher mit dem Anspruch auftritt, er habe eine göttliche Botschaft oder Forderung zu überbringen, die nicht immer schon – unabhängig von der Vision – für alle gültig und verpflichtend war[26]. Müssen Botschaften und Forderungen, die nicht nur für den Visionär, sondern für alle in der Kirche gelten sollen, die also den Anspruch des Prophetischen erheben, ihren

---

[25] Zur grundsätzlichen Verbindlichkeit von Visionen vgl. unten S. 45 ff.

[26] Die Unterscheidung zwischen mystischer und prophetischer Vision stammt von Rahner, Visionen, S. 80 ff.

göttlichen Ursprung und die daraus erwachsende absolute Verbindlichkeit durch ein *Wunder* ausweisen? Ist das Wunder also *das* positive Echtheitskriterium der prophetischen Vision[27]? Beweisen folglich die Heilungen von Lourdes, dass Bernardette Soubirous die Muttergottes erschienen ist?

Mit dem Begriff des Wunders entstehen sofort neue Schwierigkeiten: Was ist ein Wunder? Lässt sich ein Wunder „beweisen"?

c) Wunder

Ein Wunder ist nach klassischer Definition ein Geschehen, das „unerwartet eintritt, im allgemeinen innerweltlich unerklärlich ist und als Hinweis auf Gottes Wirken in der Welt (…) gewertet werden kann"[28]. Als Wunder wäre demnach in unserem Kontext z. B. eine unerwartete, unerklärliche Heilung zu bezeichnen, die im Zusammenhang mit einer Vision bzw. am Ort einer Vision (wie etwa in Lourdes) erfolgt. Kann aber eine solche Heilung tatsächlich die Echtheit einer (prophetischen) Vision beweisen?

Selbstverständlich ist eine angebliche Heilung zunächst mit allen zur Verfügung stehenden Mitteln durch verschiedene, voneinander unabhängige Ärzte medizinisch zu untersuchen. Selbst dort, wo man auf der Basis dieser Untersuchung zu dem Ergebnis kommt, dass hier tatsächlich eine unerwartete Heilung vorliegt, die nach derzeitigem medizinischem Kenntnisstand nicht zu erklären ist, ist damit noch nichts darüber gesagt, ob es sich tatsächlich um ein Wunder handelt und ob die zugrundeliegende Vision *echt* ist. Ein solches Urteil würde die Aufgabe und Kompetenz des Mediziners bei weitem überschreiten. Er kann als Empiriker lediglich feststellen, dass hier ein Sachverhalt vorliegt, den er nicht oder noch nicht erklären kann.

Da die Erkenntnisse der Psychologie und auch der Parapsychologie inzwischen nicht mehr von der Hand zu weisen sind[29], bleibt zu untersuchen, ob im konkreten Fall eine unerwartete, medizinisch nicht erklärbare Hei-

---

[27] So die Einschätzung von Rahner, ebd., S. 81 f.: „Treten uns aber ,prophetische' Visionen … entgegen …, dann ist das einzige Kriterium, das einen solchen Anspruch begründen kann, das eigentliche (physische und moralische) Wunder im strengen Sinn". … *Ohne* Wunder kann eine solche Vision jedenfalls überhaupt nicht einen Anspruch auf die Zustimmung der Außenstehenden machen".

[28] Lothar Ullrich, Art. *Wunder*: LdkathD, S. 560–563, hier S. 560.

[29] Vgl. oben Anm. 4.

lung auf dieser Basis verstehbar und damit u. U. natürlich erklärbar sein könnte.

Auch wenn dies der Fall sein sollte, wäre damit über das Vorliegen bzw. Nichtvorliegen eines Wunders und über die Echtheit der in Frage stehenden Vision ebenfalls noch nicht entschieden. Die Feststellung, dass eine bestimmte psychologische Erklärung greifen *könnte* oder dass gleiche bzw. ähnliche Phänomene auch parapsychologisch erklärt werden *können*, ist noch kein zwingender Gegenbeweis gegen das Wunder. Auch dort, wo eine psychologische bzw. parapsychologische Erklärung viel Wahrscheinlichkeit für sich hätte, wäre die Frage nach dem Wunder noch nicht negativ entschieden. Wenn Gott grundsätzlich bei den natürlichen Gegebenheiten des Menschen anknüpft, spricht nichts dagegen, dass er sich auch in diesem Fall natürlicher psychologischer oder parapsychologischer Faktoren bedient. Zumindest ist das nicht positiv auszuschließen. Ebenso wenig wie man mit einer psychologischen oder parapsychologischen Erklärung widerlegen kann, dass es sich um ein Wunder handelt, kann man auf irgendeine Weise das Wunderbare, Übernatürliche eines Geschehens, in diesem Fall einer Heilung, objektiv beweisen. Das Geschehen ist aus dem Kontext, in dem es sich vollzieht, nicht zu lösen. Dieser Kontext ist aber der Kontext des Glaubens: Ein Mensch, der nicht glaubt, der nicht innerlich davon überzeugt ist, dass Gott sein Leben begleitet und in sein Leben eingreift, wird auch bei einer unerklärlichen Heilung einer wie immer gearteten natürlichen Erklärungsmöglichkeit den Vorzug geben. Wer dagegen in dem Glauben und der tiefen Gewissheit lebt, dass Gott in dieser Welt gegenwärtig ist und immer wieder in sie hineinwirkt, wer eine starke persönliche Gottesbeziehung hat, wird auch dort, wo eine natürliche Erklärung möglich ist, für sich zu dem Ergebnis kommen: Das ist ein Wunder. Er erfährt in dem, was da geschieht, die Gegenwart Gottes.

An diesem Punkt wird für ihn ganz persönlich Gottes Heil erfahrbar. In seinem Glauben erkennt er seine Heilung als Wunder: „Wundererkenntnis ist also die am deutlichsten ausgeprägte Form von *Glaubenserkenntnis*"[30].

Ähnlich wie ich einem anderen Menschen meine Liebe durch nichts, was ich tue, zwingend beweisen kann, lässt sich auch das Vorliegen eines Wunders nicht zwingend beweisen. Auch bei dem, was ich aus Liebe tue, sind immer andere Erklärungen möglich: Berechnung, Verstellung, Heuchelei, Mitleid … Nur derjenige, der zutiefst von der Liebe des

---

[30] Béla Weissmahr: H.P. Dürr, Physik und Transzendenz. Die großen Physiker des Jahrhunderts über die Begegnung mit dem Wunderbaren, Bern u. a. 1986, S. 146.

anderen überzeugt ist, weil er aufgrund eines inneren, von außen nicht einsehbaren und fassbaren Dialogs mit dem anderen die tiefe Gewissheit hat, von ihm geliebt zu werden, wird das, was der andere tut, als Tat der Liebe erkennen.

Der gläubige Mensch erkennt auf dem Hintergrund seiner Gottesbeziehung, seiner tiefen Glaubensgewissheit das, was da an ihm geschieht, als Wunder. Die Heilung braucht den Glauben, um überhaupt mit subjektiver Gewissheit als Wunder erkannt werden zu können.

Allerdings sind bei der Liebe zwischen zwei Menschen ja nicht die Taten der Liebe das Entscheidende, sie können die Liebe nicht „herstellen", sondern nur indizieren und bekräftigen. Das Entscheidende, das „eigentlich Wunderbare" ist die Liebe selbst. Analog kann auch ein als wunderbar eingestuftes Geschehen wie eine unerklärliche Heilung nicht das Eigentliche sein. Auch sie kann den Glauben nicht herstellen. Das Entscheidende, das eigentlich Wunderbare ist der Glaube selbst, die tiefe Gottesbeziehung, die zu der inneren Gewissheit führt: „Gott hat Großes an mir getan".

Bedeutet das aber nicht, dass es bezüglich eines Wunders, etwa bezüglich der Heilungswunder von Lourdes, stets nur eine subjektive Gewissheit geben kann? Und was heißt das für unsere Ausgangsfrage, inwieweit ein Wunder als Ausweis und positives Kriterium einer echten (prophetischen) Vision gelten kann?

Objektiv lässt sich nur feststellen und belegen, dass nach derzeitigem wissenschaftlichem Kenntnisstand eine medizinisch unerklärliche Heilung vorliegt, dass es aber unter Umständen psychologische oder parapsychologische Erkenntnisse gibt, die diese Heilung erklärbar(er) machen können. Alles, was darüber hinausgeht, fällt in den Bereich persönlicher Entscheidung. Das gilt für die Ablehnung des Wunders ebenso wie für den Glauben an das Wunder. Inwieweit ich als Außenstehender der subjektiven Gewissheit des Geheilten folge, ob ich also seinen Glauben an ein Wunder teile oder nicht, ist meine ganz persönliche Entscheidung.

So gesehen kann natürlich auch das Wunder nicht die Echtheit der zugrunde liegenden Vision *beweisen*. Die Heilungen von Lourdes *beweisen* nicht, dass Bernadette Soubirous tatsächlich Marienerscheinungen hatte. Für den Menschen, der – sei es als Betroffener oder als Außenstehender – aufgrund seines Gottesglaubens zu der inneren Überzeugung gekommen ist, dass Gott in Lourdes an Menschen Wunderbares getan hat, wird Lourdes zu einem Ort, an dem das Heil Gottes für ihn in besonderer Weise erfahrbar wird. Diese innere Gewissheit wird für ihn natürlich auch *das* Kriterium für die Echtheit der Erscheinungen von Lourdes sein.

Für die Beurteilung „von außen" stellt das Wunder allerdings keinen zwingenden Ausweis oder gar Beweis hinsichtlich der Echtheit der prophetischen Vision dar! Sein „Wert" als positives Echtheitskriterium ist daher beschränkt. In der Tatsache, dass viele Menschen an einem Visionsort die innere Erfahrung des göttlichen Heils machen – bis hin zu der Gewissheit, dass an ihnen ein Wunder geschehen ist –, kann man nicht mehr als ein Indiz dafür sehen, dass die Gnade Gottes an diesem Ort besonders wirksam ist und dass die dort angeblich geschehene Vision auf göttliche Einwirkung zurückging.

Vielversprechender, weil stärker objektivierbar ist auch hier der Blick auf den Seher selbst. Die Frage nach dem Leben des Sehers ist bei der prophetischen Vision noch entscheidender als bei der mystischen Vision.

d) Heiligkeit

Prophetie – und darum handelt es sich, wenn ein Mensch mit dem Anspruch auftritt, er habe in einer Vision eine für alle in der Kirche relevante göttliche Botschaft erhalten – ist ein Charisma, eine Gnadengabe Gottes.

Nach *Thomas von Aquin* setzt die Verleihung eines Charismas im Vollsinn des Wortes die Heiligkeit des Empfängers zwar nicht voraus, fordert sie aber. Wer ganz von Gott in Beschlag genommen wird – und das gilt schon für die alttestamentlichen Propheten – ist von Gott „geheiligt" und kann darauf nur mit seiner vollkommenen Zugehörigkeit zu Gott antworten. Ausweis des Charismatikers bzw. des Propheten ist also das „Sein für Gott". Da die Charismen aber nach Paulus eine soziale Funktion haben, da sich das Vorliegen eines Charismas in der Auferbauung der Gemeinde verifizieren und der fortschreitenden Verwirklichung der christlichen Liebe in der Gemeinde dienen muss, ergeben sich in Anlehnung an Thomas positive Kriterien für das Vorliegen echter Prophetie und damit auch echter prophetischer/charismatischer Visionen:

- das Leben von Gott her und auf Gott hin,
- das Vorliegen der Gaben des Heiligen Geistes, die nach Paulus als die inneren Eigenschaften der christlichen Gottes- und Nächstenliebe auftreten: (Liebe,) Freude, Langmut, Freundlichkeit, Güte, Treue, Sanftmut und Selbstbeherrschung (Gal 5,22f). Diese Gaben liegen dort offensichtlich nicht vor, wo die visionären Erfahrungen zur Darstellung der eigenen vermeintlichen Großartigkeit des Sehers führen oder wo sie – bei dem Seher selbst oder bei anderen – Angst, Abkapselung und Isolation erzeugen,

- das Wissen um die „Zweitrangigkeit" des Charismas der Prophetie und damit der Vision gegenüber den Gaben von Glaube, Hoffnung und Liebe,
- das Bewusstsein von der „dienenden Funktion" des eigenen Charismas und die damit zwangsläufig verbundene Fähigkeit, hinter dem eigenen Auftrag zurückzutreten,
- der Einsatz für den christlichen Glauben,
- die positive Wirkung der Botschaft, aber auch des persönlichen Auftretens des Sehers auf den Glauben und die Gläubigen.

Die beiden letzten Punkte machen deutlich, dass nur eine solche Vision glaubhaft als gottgewirkt gelten kann, die die Einheit des Glaubens und der Kirche fördert. Wo durch eine Vision oder ihre Botschaft bzw. die Art und Weise ihrer Verbreitung diese Einheit gefährdet oder gar untergraben wird, ist ein entscheidendes Kriterium nicht erfüllt. In wesentlichen Punkten decken sich diese Kriterien für das Vorliegen des Charismas der Prophetie mit den Positivkriterien, die bei jeder echten Vision – auch der mystischen – erfüllt sein müssen. Als Distinktivum der prophetischen Vision lässt sich demnach das heiligmäßige, oder moderner ausgedrückt, das ganz von Gott und dem christlichen Glauben geprägte, vorbildliche christliche Leben des Visionärs ausmachen. Damit soll nicht behauptet werden, dass alle angeblichen Visionen von kanonisierten Heiligen auch wirklich übernatürlich sind – es gibt genügend Gegenbeispiele. Wo aber jemand mit dem Anspruch einer prophetischen Vision auftritt und alle anderen Kriterien für eine „echte" Vision erfüllt sind, muss er sich für diesen hohen Anspruch durch sein Leben ausweisen. Wo Gott einen Menschen wahrhaft in dieser Weise „heiligt", kann er nicht anders als mit „Heiligkeit" antworten.

Kurzzusammenfassung

Für das Vorliegen einer Vision gibt es keine Kriterien von objektiv-zwingender Beweiskraft. Bestenfalls wird man zu einem gut begründeten Wahrscheinlichkeitsurteil gelangen können. Dabei wird es nicht darauf ankommen, aus dünnen Fäden ein starkes Seil zu knüpfen, sondern aufzuzeigen, dass nach den Regeln der Vernunft das Vorliegen einer Vision nicht nur nicht ausgeschlossen ist, sondern sogar ein hohes Maß an objektiver Wahrscheinlichkeit für sich hat.

Dies kann mit Hilfe bestimmter Kriterien geschehen, durch die sich eine Vision entweder als unwahrscheinlich (Negativkriterien) oder als wahrscheinlich (Positivkriterien) einstufen lässt.

Voraussetzungen und Kriterien für bzw. gegen („echte") Visionen

Negativkriterien	Voraussetzungen	Positivkriterien
übersteigertes Selbstwertgefühl der „Seher"	körperliche und psychische Gesundheit der „Seher"/ Fähigkeit der Realitätswahrnehmung und -bewältigung	entscheidende religiöse, den Menschen verwandelnde Vertiefung, die mit dem Ereignis eintritt und sich hält
erkennbare Neigung der „Seher", sich mit der angeblichen himmlischen Vision in den Vordergrund spielen zu wollen	subjektive Ehrlichkeit der „Seher"/subjektive Überzeugung, eine übernatürliche Erfahrung gemacht zu haben	Distanz des „Sehers" zur eigenen Erfahrung: Wissen um den Vorrang der allgemein christlichen Haltungen von Glaube, Liebe und Hoffnung vor jeder Vision; Fähigkeit, hinter der eigenen Botschaft zurücktreten zu können
Neigung, sich als „etwas Besonderes" zu fühlen		
Einnehmen einer „überlegenen Haltung"		
unreife, zu Exaltiertheiten neigende Spiritualität		
Einbindung in ein (spirituelles) Umfeld, das stark auf Wunderglaubigkeit ausgerichtet ist	aufrichtige Frömmigkeit	
Erzeugung von Angst, Abkapselung und Isolation durch die „Botschaft"	gute soziale Integration	
Diskrepanzen zwischen der angeblichen Botschaft und der öffentlichen Offenbarung	Übereinstimmung der Botschaft mit dem Glauben und der Lehre der Kirche	
Gefährdung der Einheit der Kirche durch die Inhalte dieser „Botschaft" bzw. durch die Art und Weise wie der „Seher" und sein Umfeld mit diesen Inhalten umgehen	positive Wirkung der angeblichen Vision auf das kirchlich-religiöse Leben	
große Deutlichkeit und Detailfreude bei der angeblichen Vision		
		Bei der prophetischen Vision: „heiligmäßiges Leben" des Sehers

Dabei ist zwischen so genannten mystischen und so genannten prophetischen/charismatischen Visionen zu unterscheiden. Mystische Visionen verbleiben sozusagen in der „Privatsphäre" des Sehers, sofern sie nur für ihn wegweisend und verbindlich sind. Prophetische/charismatische Visionen erheben dagegen den Anspruch, für alle relevant und verbindlich zu sein, sofern sie eine für alle gültige göttliche Botschaft übermitteln. Trotz dieser grundsätzlich hilfreichen Unterscheidung, die aufgrund des unterschiedlichen Anspruchs notwendig ist, der von den Sehern jeweils erhoben wird, ist in beiden Fällen das Hauptaugenmerk auf die Seherpersönlichkeit zu richten: Als Hauptkriterium wird hier die *entscheidende religiöse den Menschen verwandelnde Vertiefung* gelten dürfen, *die mit dem Ereignis eintritt und sich hält.* Sie wird dort, wo jemand mit dem Anspruch einer prophetischen Vision auftritt, noch eklatanter und eindeutiger sein müssen als dort, wo es sich „nur" um eine mystische Vision handelt.

Hier lassen sich die in Anlehnung an Thomas von Aquin aufzustellenden Kriterien für das Vorliegen des Charismas der Prophetie anwenden. Wer den Anspruch erhebt, eine prophetische Vision gehabt zu haben, wird in seinem Leben die Gottes- und Nächstenliebe in herausragender Weise verifizieren müssen, er wird – etwas altmodisch gesagt – ein heiligmäßiges Leben vorweisen müssen, wobei sich diese „Heiligmäßigkeit" im Umgang mit anderen, in Familie, Gesellschaft und Kirche, ebenso verifizieren muss wie in der Haltung zur eigenen Botschaft. Nur wer um die zweitrangige und dienende Funktion seiner (Vision und) Botschaft weiß und fähig ist, hinter ihr zurückzutreten, ist als Visionär und Prophet glaubwürdig.

Neben der Seherpersönlichkeit ist natürlich auch die angebliche Botschaft selbst genau zu analysieren. Dabei ist die volle Übereinstimmung mit der in der Heiligen Schrift niedergelegten Offenbarung Gottes und mit der Lehre der Kirche die entscheidende Voraussetzung für die Glaubwürdigkeit.

Was bedeutet diese relative Unsicherheit, mit der eine Bewertung angeblicher Visionen hinsichtlich ihrer Echtheit verbunden bleibt, für das Urteil der Kirche über Visionen? Wie kann die Kirche eine Vision als echt „anerkennen"? Welche Verbindlichkeit hat ein solches Urteil für die Gläubigen?

III. Was bedeutet die „Anerkennung" einer Vision durch die Kirche?

1. Grundsätzliches zur Rolle der kirchlichen Autorität

Die Tatsache, dass das kirchliche Lehramt über die Echtheit oder, wie es korrekt heißt, über der *Authentizität* einer Vision zu befinden hat, hat ihren Grund darin, dass die Kirche Hüterin der Offenbarung ist. Es ist die Aufgabe des kirchlichen Lehramtes, die Christusoffenbarung, in der die Offenbarung Gottes ihren Abschluss gefunden hat, im Hören auf das Wort Gottes zu bewahren und auszulegen[31]. Dazu gehört auch die Pflicht, gegen Irrtümer vorzugehen und auf der Einhaltung der Normen des christlichen *Kultes*[32] zu bestehen.

Weil, wie das Zweite Vatikanische Konzil in seiner Offenbarungskonstitution *Dei Verbi* feststellt, nach Christus „eine neue öffentliche Offenbarung nicht mehr zu erwarten"[33] ist, kann niemand in der Kirche für sich in Anspruch nehmen, er habe privat von Gott Mitteilungen erhalten, die über den Inhalt dieser öffentlichen Offenbarung hinausgehen. Wo jemand dies tut, hat die Kirche in ihrer Funktion als Bewahrerin der einen Offenbarung Gottes das Recht und die Pflicht, dies zurückzuweisen. Wo jemand allerdings von angeblichen göttlichen Botschaften berichtet, die mit dem Glauben der Kirche in Einklang stehen, die also etwa einen bestimmten Aspekt der öffentlichen Offenbarung nochmals vertiefen oder verdeutlichen bzw. auf eine aktuelle Problematik anwenden, dort kann die Kirche dies positiv feststellen. Die Kirche kann also sagen: Die Botschaften, die in dieser angeblichen Vision empfangen werden, stehen in Einklang mit der (öffentlichen) Offenbarung Gottes in Jesus Christus. Sie sind eine (für die Gemeinschaft der Glaubenden förderliche und fruchtbringende) Vertiefung und Verdeutlichung dessen, was in der Christusoffenbarung enthalten ist, und die Frömmigkeit, die sich auf diese Botschaften stützt, bleibt im Rahmen des christlichen Kultes. Die Kirche *kann* auf dieser Basis unter Anwendung der genannten Kriteriologie dann zu dem Urteil kommen,

---

[31] Vgl. DV 10; vgl. auch DH 3011 (Vatikanum I).

[32] Der Begriff *Kult* hat in der theologischen Fachsprache nicht den negativen Beigeschmack, der ihm heute umgangssprachlich anhaftet, sondern steht für die Verehrung Gottes und der Heiligen.

[33] DV 4.

dass die Visionen, in denen diese Botschaft empfangen wurde, authentisch sind.

Da aber, wie wir inzwischen wissen, auch bei gewissenhafter Anwendung aller Kriterien nur ein Wahrscheinlichkeitsurteil möglich ist, kann das Urteil der Kirche über die Authentizität einer Vision auch nur Wahrscheinlichkeit für sich beanspruchen. Es ist nicht notwendig irrtumsfrei und daher nicht unfehlbar. Das Lehramt kann bei der Beurteilung der Authentizität einer Vision irren.

2. Der rechtliche Rahmen des kirchlichen Urteils

Verständlicherweise begann das kirchliche Lehramt sich erst mit der Frage zu beschäftigen, wie bei der Beurteilung von Visionen zu verfahren ist, als es durch eine Flut von Visionen in seiner Rolle als Hüterin der Offenbarung herausgefordert wurde. Folgerichtig war die erste kirchenamtliche Reaktion im Spätmittelalter zu verzeichnen – einer tief im Religiösen verankerten und gleichzeitig zutiefst verunsicherten Epoche, in der die Berichte über angebliche Visionen rapide zunahmen.

Das V. Laterankonzil reagierte darauf mit ersten einschränkenden juristischen Maßnahmen. Es stellte fest:

„Wir wollen, dass normalerweise die sog. Eingebungen von jetzt an der Untersuchung durch den Heiligen Stuhl vorbehalten seien, bevor sie veröffentlicht oder dem Volk verkündet werden. Falls dies ohne Gefahr im voraus nicht möglich ist, oder wenn irgendein dringender Umstand es anders empfiehlt, dann soll dies in gleicher Weise dem Ortsordinarius bekannt gegeben werden. Dieser soll zusammen mit drei oder vier gelehrten und ernsthaften Männern sorgfältig diesen Fall prüfen. Erscheint es ihnen angemessen – was wir ihrer gewissenhaften Sorgfalt und Klugheit unterstellen –, dann können sie die Erlaubnis erteilen"[34].

Damit war klar, dass eine Vision bzw. die in ihr empfangene Botschaft vor ihrer Veröffentlichung normalerweise dem Heiligen Stuhl zur Beurteilung vorgelegt werden musste. Nur wo dies aus dringenden Gründen – die sich in der Regel aus dem Umstand der schier endlosen Verfahrensdauer in Rom ergaben – nicht möglich oder angeraten war (weil möglicherweise vor

---

[34] Lateranense V, Decretum *Circa modum praedicandi*: Conciliorum oecumenicorum decreta, Bologna 1973 (COD), S. 635 (Sessio XI).

Ort ein gewisser Entscheidungsdruck entstand), konnte auch durch den Ortsbischof ein entsprechendes Verfahren eingeleitet werden. Sofern es ihm und den von ihm herangezogenen Beratern angemessen schien, *konnte er die Erlaubnis zur Veröffentlichung* der in Frage stehenden Vision oder Botschaft *erteilen.*

Das Konzil von Trient nahm im Jahr 1563 eine ähnlich restriktive Haltung ein. In dem Bemühen, das Anliegen der Reformatoren hinsichtlich der Einschränkung der verbreiteten Wundersucht und der Übertreibungen in der Frömmigkeitspraxis aufzugreifen, betonte es:

> „Kein neues Wunder darf zugelassen werden … ohne Kenntnis und Billigung des Bischofs. Dieser soll, sobald er davon erfährt, Rat bei Theologen und anderen frommen Männern einholen, und das tun, was der Wahrheit und Frömmigkeit angemessen erscheint. Wenn ein zweifelhafter oder schwerer Missbrauch auszumerzen ist oder wenn sich in diesem Bereich eine schwerwiegende Frage ergibt, dann soll der Bischof – bevor er diesen Streit schlichtet – das Gutachten des Metropoliten und der Mit-Bischöfe der Kirchenprovinz auf einer Provinzialsynode einholen. Dies soll so erfolgen, dass nichts Neues oder bisher in der Kirche Ungebräuchliches ohne Kenntnis des römischen Papstes entschieden wird"[35].

Während es bis zu diesem Zeitpunkt offensichtlich in erster Linie darum geht, die Kontrolle der kirchlichen Autorität zu sichern und Missständen wirksam entgegen zu treten, bemüht sich die Kirchenleitung in späteren Stellungnahmen um eine sachliche Präzisierung.

Wegweisend, weil bis heute maßgeblich, werden dabei die grundsätzlichen Feststellungen, die *Prosper Lambertini,* der spätere Papst *Benedikt XIV.* (1740–1758), trifft. Er stellt ein für allemal die Aufgabe der Kirche klar:

> „Man muss wissen, dass die kirchliche Anerkennung einer Privatoffenbarung *nichts anderes ist als die nach sorgfältiger Prüfung zugestandene Erlaubnis, diese Offenbarung zur Belehrung und zum Nutzen der Gläubigen bekannt zu geben*"[36].

---

[35] Decretum *De invocatione, veneratione et reliquiis sanctorum, et de sacris imaginibus:* COD ²613 (Sessio XXV; 3./4. Dezember 1563).

[36] Benedictus XIV. olim Prosper de Lambertinis, Opus de Servorum Dei Beatificatione, et Beatorum Canonizatione II, 32, 11: Opera Omnia in tomos XVII distributa, Vol. II, Prati 1839, p. 300.

Die späteren kirchlichen Stellungnahmen folgen der damit vorgegebenen Linie. Die römische Ritenkongregation beschäftigt sich zwischen 1875 und 1900 in mehreren Antworten und Dekreten unter anderem mit Marienerscheinungen, deren Tenor Papst Pius X. in zusätzlichen Ausführungen in seiner Enzyklika *Pascendi* vom 8. September 1907 bestätigt. Er unterstreicht, dass die kirchliche Erlaubnis, eine Privatoffenbarung zur Belehrung und zum Nutzen der Gläubigen zu veröffentlichen, nicht so verstanden werden darf, als stelle die Kirche damit fest, hier habe tatsächlich eine Vision stattgefunden. Die Kirche bürgt durch ihr Urteil keineswegs für die Tatsächlichkeit des Geschehens, sondern sie hindert lediglich nicht „zu glauben, wofür Beweggründe menschlichen Glaubens vorhanden sind"[37].

Daraus ergeben sich, da weitere kirchenamtliche Stellungnahmen fehlen[38], folgende Schlussfolgerungen:

- Wenn die Kirche eine Privatoffenbarung als authentisch anerkennt, sie also *approbiert*, bezieht sich diese Approbation *nicht* darauf, dass tatsächlich eine übernatürliche Erscheinung stattgefunden hat. Die Kirche hat also beispielsweise dadurch, dass sie die Verehrung „Unserer Lieben Frau von Lourdes" sowie die Veröffentlichung der Botschaften von Lourdes erlaubt hat, nicht zugleich kirchenamtlich ausdrücklich festgestellt, in Lourdes sei tatsächlich die Muttergottes sichtbar geworden. Einerseits setzt die Erlaubnis die Authentizität der Erscheinungen von Lourdes natürlich indirekt voraus – wenn die Kirche nicht davon ausgehen würde, dass dort mit hoher Wahrscheinlichkeit etwas Übernatürliches stattgefunden hat, würde sie die Erlaubnis nicht erteilen –, andererseits wird durch diese Vorsicht der Kirche aber auch die Bedeutung der Erscheinung(en) relativiert: Sie verweist – auch wenn sie authentisch sein sollte – immer nur auf die Verehrung Christi und der kanonisierten Heiligen, in diesem Fall Marias, die in der Kirche ohnehin zu pflegen ist. Gleichzeitig wird so noch einmal unterstrichen, dass das Urteil der Kirche nur ein Wahrscheinlichkeitsurteil sein kann.
- Positiv besagt die kirchliche Approbation, dass die mit dem Erscheinungsphänomen verknüpfte Botschaft mit dem Glauben und der Lebensweisung der Kirche übereinstimmt. Sie darf daher veröffentlicht werden. Das Ereignis selbst darf damit zum Ausgangspunkt der Gottesverehrung gemacht werden, die natürlich auch mittelbar in der

---

[37] AAS 40 (1907), S. 649.
[38] Der Codex Iuris Canonici von 1983 nimmt zu der Frage nicht Stellung.

Verehrung der Heiligen, etwa Marias, geschehen kann. Dabei ist es erlaubt, diese Verehrung unmittelbar mit dem Ereignis zu verknüpfen: Maria darf also als „Liebe Frau von Lourdes" verehrt werden.

Damit ist der grundsätzliche Rahmen deutlich, innerhalb dessen sich das Urteil der Kirche bewegt. Unklar bleibt aber noch, wie die konkrete Entscheidungsfindung vor sich geht und wie verbindlich die Entscheidung selbst für die Gläubigen ist.

3. Der Prozess der Entscheidungsfindung und die drei möglichen Qualifikationen des Urteils

a) Zuständigkeit und Aufgabenstellung

Wo jemand öffentlich mit dem Anspruch einer Privatoffenbarung auftritt, ist es in erster Linie Aufgabe des Ortsbischofs, eine Prüfung einzuleiten. Das wird in der Regel nur dann nötig und der Fall sein, wenn der Empfänger dieser Privatoffenbarung gleichzeitig den Anspruch erhebt, eine für alle in der Kirche relevante und verbindliche Botschaft empfangen, also eine prophetische Vision gehabt zu haben. Das Urteil des Ortsbischofs über die Authentizität einer in seiner Diözese angeblich geschehenen Privatoffenbarung kann später durch die Glaubenskongregation bestätigt werden, muss es aber nicht.

Der Bischof wird für seine Urteilsfindung gemäß den kirchlichen Richtlinien eine Expertenkommission mit der Untersuchung der Vorgänge beauftragen. Die Kommission wird – entsprechend den aufgestellten Kriterien – nicht nur die Botschaft selbst, sondern auch den Seher bzw. die Seherin einer sorgfältigen Prüfung unterziehen. Während die Untersuchung der Botschaft natürlich ausschließlich durch Theologen erfolgen kann, ist eine Befragung der Seher durch Theologen allein nicht ausreichend. Hier ist die Hilfe der Humanwissenschaften unverzichtbar.

b) Die Rolle der Humanwissenschaften bei der Urteilsfindung

Die Rolle der Humanwissenschaften, speziell der Neurologie und Psychiatrie sowie der Psychologie und Psychoanalyse, beschränkt sich keineswegs darauf, *Krankhaftes* wie hirnorganische Erkrankungen und psychopathologische Zustände auszuschließen. Eine psychische Erkrankung wird sich wohl in den seltensten Fällen diagnostizieren lassen.

Die eigentliche Aufgabe der Humanwissenschaften in diesem schwierigen Untersuchungsprozess wird sehr gut deutlich, wenn man sich daran erinnert, dass die psychische Gesundheit des Visionärs noch nichts über die Tatsächlichkeit der von ihm selbst als real erlebten Vision aussagt[39]. Die weitverbreitete Auffassung: *Wer psychisch gesund ist, kann nur echte Visionen haben – es sei denn er lügt,* entspringt einer grundsätzlichen Unkenntnis über die Möglichkeiten der menschlichen Psyche. Nicht alles, was außergewöhnlich ist, ist deshalb schon krankhaft. Es gibt außergewöhnliche, nicht krankhafte Phänomene, die trotzdem nicht übernatürlich sind. Die „Tatsache des Realitäts*eindrucks* des Visionsgegenstandes auf den Visionär und selbst die Eingliederung des Gegenstands in den normalen Wahrnehmungsraum"[40], der Umstand, dass „die geschaute Person ‚spricht', ‚sich bewegt', ja selbst ‚sich berühren lässt'"[41], besagt auch bei einem psychisch gesunden Menschen noch nicht, dass er tatsächlich etwas Übernatürliches und Gottgewirktes erlebt hat. All dies kann auch eine „Leistung" seines schöpferischen Unbewussten sein. Das wäre nur dann auszuschließen, wenn der Inhalt des „Geschauten" und „Gehörten" eindeutig über den Möglichkeiten des Bewusstseins des Visionärs liegen würde – was aber wohl kaum zu beweisen sein dürfte. Aber selbst dann müsste man noch psychoanalytische oder parapsychologische Erklärungen in Betracht ziehen[42].

Aufgabe der Humanwissenschaften ist es also auch, die psychische Struktur der angeblichen Visionäre herauszuarbeiten, mögliche Veranlagungen und „Befähigungen" zur kreativen Imagination, zu Wach- oder Tagträumen oder so etwas wie eine eidetische Begabung etc. festzustellen. Die Untersuchung kann natürlich auch ergeben, dass so etwas nicht der Fall ist, sondern dass bei dem angeblichen Visionär/der angeblichen Visionärin beispielsweise nur ein übersteigertes Geltungsbedürfnis vorliegt.

Ein solches Urteil ist aber nur auf der Basis eines umfassenden Persönlichkeitsprofils möglich. Die Erstellung eines solchen Profils setzt allerdings voraus, dass die Humanwissenschaftler auch ausreichend Gelegenheit haben, ihre Untersuchungen durchzuführen, dass die angeblichen Visionäre sich dem nicht verweigern – was für die Kommission schon ein

---

[39] Vgl. oben S. 25.
[40] Rahner, Visionen, S. 36.
[41] Ebd., S. 37.
[42] Ebd., S. 37 f.

negatives Vorzeichen sein sollte! – und dass ihnen von Seiten der Kommission jede notwendige Unterstützung zuteil wird.

In diesem Zusammenhang können die Humanwissenschaften auch eine wichtige Hilfe bei der Beantwortung der Frage sein, ob das grundlegende Kriterium der *entscheidenden, religiösen, den Menschen verwandelnden Vertiefung, die mit dem Ereignis eintritt und sich hält,* erfüllt ist. Das setzt allerdings eine längerfristige Beobachtung und Begleitung der Seher durch die Humanwissenschaftler voraus.

Die Untersuchung und Beschreibung des Phänomens mit humanwissenschaftlicher Methodik und Kriteriologie ist für die Theologen, die hier häufig noch immer eine erstaunliche Unkenntnis und Naivität erkennen lassen, schon deshalb eine wichtige Hilfe, weil ihnen so die Komplexität psychischer Vorgänge, Zusammenhänge und Möglichkeiten bewusst wird und sie damit um mögliche natürliche Erklärungen für Phänomene wissen, die dem Laien grundsätzlich unerklärlich und deshalb vorschnell „übernatürlich" scheinen.

Sofern nach dem Urteil der Humanwissenschaftler die Grenze zur wahnhaften Idee nicht überschritten ist, ist die Feststellung, hier liege eine kreative Imagination, ein subjektives optisches Anschauungsbild, eine Illusion, ein Wach- oder Erinnerungstraum oder gar eine bestimmte Art von Halluzination vor[43], von Seiten des Theologen betrachtet für das Urteil, ob es sich hier grundsätzlich um ein gottgewirktes Phänomen handeln *kann, in sich allein* noch nicht ausreichend. Sie sagt aus theologischer Sicht für sich allein weder negativ noch positiv etwas Endgültiges über die Echtheit der Vision aus. Da davon auszugehen ist, dass man in aller Regel mit einer imaginativen Vision zu tun hat, bleiben die natürlichen psychischen Strukturen des Visionärs bei dem gottgewirkten Geschehen in Takt[44]. Warum also sollte Gott, wenn er den Impuls in der Seele des Sehers setzt, für die Verleiblichung und Konkretisierung dieses Impulses nicht auch mit möglichen eidetischen Fähigkeiten des Sehers „rechnen"[45]? Warum sollte

---

[43] Vgl. hierzu Gerd Schallenberg, Visionäre Erlebnisse, Aschaffenburg 1979, S. 353–356.

[44] Vgl. oben S. 20 f.

[45] Mit dem Vorliegen solcher Fähigkeiten ist also die Frage der Übernatürlichkeit einer Vision noch nicht negativ entschieden. Anders Ziegenaus, Kriterien, S. 177: „Wer im Sinn des engeren Echtheitsbegriffs Kriterien für den übernatürlichen Ursprung sucht, wird also jede auffällige natürliche Veranlagung zu übersinnlichen Erfahrungen negativ, d. h. gegen die Echtheit, auswerten."

ein übernatürliches Handeln Gottes nicht auch innerhalb der natürlichen psychischen Strukturen möglich sein?

Wo die Humanwissenschaften unter Ausschöpfung aller Möglichkeiten einer – notwendig auch längerfristigen – Untersuchung, Befragung und Beobachtung der Seher zu dem Ergebnis kommen, dass eine hirnorganische bzw. psychische Erkrankung auszuschließen ist, dass keine Persönlichkeitsstörung vorliegt, dass die Seher aufgrund ihrer Persönlichkeit als subjektiv glaubhaft und nicht von außen beeinflusst einzuordnen sind und dass sie in ihren Äußerungen, ihrem Verhalten und ihren Lebensumständen dauerhaft (!) durch ihr Erlebnis geprägt erscheinen, beginnt die eigentliche Aufgabe der Theologen. Sie müssen die Ergebnisse der Humanwissenschaftler zur Kenntnis nehmen und als hilfreiche Basis ihrer eigenen Untersuchungen nutzen. Umgekehrt müssen die Humanwissenschaftler ihre Ergebnisse den Theologen in dem Bewusstsein zur Verfügung stellen, dass sie zwar einen wichtigen Beitrag zu der Beantwortung der Frage leisten können, ob hier mit hoher Wahrscheinlichkeit ein übernatürliches Ereignis vorliegt, dass sich die eigentliche Antwort auf diese Frage aber ihrer Zuständigkeit und Kompetenz entzieht.

Der Humanwissenschaftler kann z. B. feststellen, dass bei dem angeblichen Seher eine eidetische Begabung vorliegt und diese Feststellung als mögliche natürliche Erklärung für die in Frage stehende Vision konstatieren. Damit bleibt die Frage der Echtheit der Vision aber zunächst offen, denn – wie wir inzwischen wissen – eine Vision *kann* auch dann einen übernatürlichen Ursprung haben, wenn bei dem Seher eine natürliche eidetische Begabung vorliegt, *muss* es aber selbstverständlich *nicht*. Der Humanwissenschaftler kann darüber nicht mehr befinden. Das ist Sache des Theologen, der in diesem Punkt unter Anwendung aller ihm zur Verfügung stehenden Kriterien nach den Regeln menschlicher Klugheit zu einem Wahrscheinlichkeitsurteil kommen muss. Allerdings kann der Theologe sich bei seiner Urteilsfindung nicht darüber hinwegsetzen, wenn die humanwissenschaftliche Untersuchung ergeben hat, dass der angebliche Seher unter einer schweren Psychose oder einer gestörten Wahrnehmung der Realität leidet.

Der Humanwissenschaftler kann dem Theologen wichtige Anhaltspunkte hinsichtlich der Persönlichkeit des Sehers und seiner Entwicklung nach dem angeblichen Visionserlebnis liefern, kann ihm aber die Entscheidung, ob hier tatsächlich eine umfassende religiöse Vertiefung eingetreten ist, die als wichtiges Kriterium für ein übernatürliches Erlebnis zu gelten hat, nicht abnehmen.

Sofern die humanwissenschaftliche Untersuchung ergibt, dass es sich bei dem angeblichen Seher um eine Persönlichkeit mit ausgeprägtem (religiösem) Geltungsbedürfnis handelt, die sich gerne im Mittelpunkt des Interesses sieht und die offensichtlich stark nach dem religiösen „Kick" strebt, werden die Theologen wohl schwerlich zu dem Ergebnis kommen können, dass der Seher um die Zweitrangigkeit und die dienende Funktion seiner Vision weiß und damit ein wichtiges Kriterium erfüllt, an das die Echtheit einer Vision gebunden ist.

Die Arbeit der Humanwissenschaftler erweist sich so als für die konkrete Entscheidungsfindung unverzichtbar, denn sie liefern Eckdaten, die von den Theologen nicht einfach ignoriert werden können, wenn sie wirklich nach den Regeln der Klugheit (Unterscheidung der Geister) und damit „vernünftig" entscheiden wollen.

c) Drei Möglichkeiten der Beurteilung

Wenn die vom Bischof eingesetzte Untersuchungskommission unter Anwendung aller ihr zur Verfügung stehenden Kriterien bei Einbeziehung der Ergebnisse der humanwissenschaftlichen Untersuchung zu einem Urteil gekommen ist, wird sie für den Bischof einen Abschlussbericht mit einer entsprechenden Empfehlung erstellen. Die endgültige Entscheidung über die Authentizität der angeblichen Vision liegt dann beim Bischof selbst.

Dabei stehen drei mögliche „Qualifikationen" zur Verfügung. Die Kirche kann bzgl. der in Frage stehenden Vision feststellen:

- *„Constat de supernaturalitate"* – *„Die Übernatürlichkeit steht fest".*
  Mit diesem Urteil wäre die Vision approbiert, also als „echt", d. h. als auf übernatürliche Weise von Gott gewirkt, anerkannt. Sie kann aber auch zu dem exakt entgegengesetzten Ergebnis kommen und konstatieren:
- *„Constat de non supernaturalitate"* – „Es steht fest, dass es sich hier nicht um etwas Übernatürliches handelt". Oder sie kann die Frage der Übernatürlichkeit offen lassen. Dann lautet das Urteil:
- *„Non constat de supernaturalitate"* – „Die Übernatürlichkeit steht nicht fest".

Da es sich in allen drei Fällen nur um ein Wahrscheinlichkeitsurteil handeln kann und deshalb auch ein Irrtum möglich ist, darf das „Constat" selbstverständlich nicht im Sinne einer absoluten Gewissheit missverstanden werden, sondern ist so zu verstehen, dass nach den Regeln menschlicher Klugheit (unter Heranziehung der Regeln zur Unterscheidung der Geister) eine Übernatürlichkeit wahrscheinlich oder nicht wahrscheinlich ist bzw. dass nach den Regeln menschlicher Klugheit ein abschließendes Urteil bzgl. der Übernatürlichkeit nicht möglich ist. Neben diesen Aussagen über die Authentizität können auch disziplinäre Auflagen gemacht werden, die sich etwa auf die Zulässigkeit oder Nichtzulässigkeit einer bestimmten Verehrung am Ort der (angeblichen) Erscheinung beziehen können.

4. Die Verbindlichkeit einer „anerkannten" Vision für die Gläubigen

Da es sich bei der Approbation einer Privatoffenbarung nur um ein Wahrscheinlichkeitsurteil handeln kann, versteht sich eigentlich von selbst, dass dieses Urteil für die Gläubigen keine absolute Verbindlichkeit haben kann:

> „Wo eine Anerkennung vorliegt, hat sie deutlich nicht den Rang eines Dogmas und nimmt auch nicht die Autorität des Lehramtes für die Authentizität dieser übernatürlichen und außergewöhnlichen Ereignisse in Anspruch. Papst Pius X. hat formell festgelegt, dass eine Anerkennung in dieser Hinsicht, die sich auf Vermutungen stützen muss, lediglich die Geltung einer Genehmigung und des ‚Nihil obstat' hat"[46].

Eine absolute Gewissheit, wie sie für die Annahme einer Glaubenswahrheit verlangt ist, kann es hier nicht geben. Deshalb kann es auch keine absolute Verbindlichkeit geben. Die Kirche kann zwar Respekt gegenüber ihrer Entscheidung verlangen, aber sie kann nicht einfordern, dass alle in der Kirche an die Übernatürlichkeit einer von ihr als authentisch anerkannten Privatoffenbarung *glauben*.

Bleibend gültig sind auch hier die Aussagen *Prosper Lambertinis*, des späteren *Benedikt XIV.*:

> „Folglich kann man seine Zustimmung zu solchen Offenbarungen, unbeschadet des katholischen Glaubens, auch nicht geben oder verweigern, vorausgesetzt es geschieht mit gebotener Zurückhaltung, nicht ohne Grund und jenseits aller Geringschätzung"[47].

Auch ein guter Katholik muss also nicht „an Lourdes" glauben. Sofern er aufgrund einer ernsthaften Auseinandersetzung mit dieser Frage zu dem

---

[46] René Laurentin, Marienerscheinungen: W. Beinert/H. Petri, Handbuch der Marienkunde, Regensburg 1984, S. 528–555, hier S. 528.

[47] Benedictus XIV (Anm. 36) III, cap. Ult. 15; Vol. III, Prati 1840, p. 610.

Mit der Anerkennung der Authentizität einer Vision bürgt die Kirche *nicht* für die Tatsächlichkeit des Geschehens *(Pius X., Enzyklika Pascendi, 8. September 1907).*

Sie erlaubt damit lediglich nach sorgfältiger Prüfung, dass diese Privatoffenbarung zur Belehrung und zum Nutzen der Gläubigen bekannt gegeben werden darf: „Die Kirche hindert nicht zu glauben, wofür Beweggründe menschlichen Glaubens vorhanden sind" *(Prosper Lambertini/Benedikt XIV.).*

Haltung der Gläubigen

grundsätzliche Glaubensbereitschaft und Respekt

nach sorgfältiger Prüfung zustande gekommene subjektive Überzeugung, den Glauben an diese Privatoffenbarung nicht teilen zu können.

Übereinstimmung mit dem katholischen Glauben

begründeten Urteil gekommen ist, dass er nicht an die Übernatürlichkeit der Vorgänge von Lourdes glauben kann, dass er also nicht glauben kann, in Lourdes sei *Bernadette Soubirous* die Muttergottes erschienen, ist er nicht weniger christlich und nicht weniger katholisch als diejenigen, die von der „Echtheit" der Erscheinungen von Lourdes tief überzeugt sind:

> „Jeder Katholik hat für sich die Freiheit, *nicht* an eine Erscheinung zu glauben; das gilt selbst für Lourdes"[48].

Allerdings muss derjenige, der für sich zu dem Urteil gekommen ist, dass er nicht „an Lourdes glauben" kann, jenen, die „an Lourdes glauben", mit demselben Respekt begegnen, den er für seine Entscheidung erwartet.

Kurzzusammenfassung

Die Zuständigkeit der Kirche für die Beurteilung angeblicher Privatoffenbarungen ergibt sich aus ihrer Rolle als Hüterin der Offenbarung. Als solche hat sie das Recht und die Pflicht, gegen Irrtümer vorzugehen und die Einhaltung der Normen des christlichen Kultes zu sichern. Wo jemand öffentlich mit dem Anspruch auftritt, er habe eine göttliche Botschaft erhalten, die für alle in der Kirche relevant und verbindlich ist, wird die Kirche sich dieser Verpflichtung nicht entziehen können und die Authentizität der angeblichen Privatoffenbarung prüfen müssen. Die unmittelbare Zuständigkeit für diese Überprüfung liegt bei dem Bischof, in dessen Diözese die angebliche Privatoffenbarung stattgefunden haben soll. Er wird zur Prüfung der Vorgänge eine Untersuchungskommission einsetzen. Diese aus Theologen bestehende Kommission ist für eine qualifizierte Entscheidungsfindung auf die Zusammenarbeit mit Humanwissenschaftlern (Neurologen, Psychiatern, Psychologen, Psychoanalytikern, Parapsychologen) und deren Untersuchung des Sehers und seiner Persönlichkeit angewiesen. Sie kann unter Anwendung aller ihr zur Verfügung stehenden Kriterien bei Einbeziehung der Ergebnisse der humanwissenschaftlichen Untersuchungen allerdings nur zu einem Wahrscheinlichkeitsurteil kommen.

Bei dem kirchlichen Urteil, das dann durch den Diözesanbischof zu fällen ist, gibt es drei Möglichkeiten:
- die Kirche kann zu dem Ergebnis kommen, dass die Übernatürlichkeit nach den Regeln menschlicher Klugheit wahrscheinlich ist („Constat de supernaturalitate") und damit die Privatoffenbarung als übernatürlich, von Gott gewirkt „anerkennen", sie also approbieren;

---

[48] Laurentin, Marienerscheinungen, S. 528.

- die Kirche kann aber auch folgern, dass die Übernatürlichkeit unwahrscheinlich ist („Constat de non supernaturalitate") und damit die Privatoffenbarung als nicht übernatürlich zurückweisen;
- sie kann schließlich aber auch die Frage der Übernatürlichkeit offen lassen, weil sie ihr nicht eindeutig beantwortbar scheint („Non constat de supernaturalitate"). Damit ist die Privatoffenbarung weder approbiert noch klar zurückgewiesen.

Auch dort, wo die Kirche eine Privatoffenbarung „anerkennt", verbürgt sie sich damit nicht dafür, dass es sich hier tatsächlich um ein übernatürliches Geschehen handelt. Die kirchliche Anerkennung bedeutet nur: Die Kirche hat keine Einwände, dass diese Privatoffenbarung den Gläubigen öffentlich bekannt gemacht und von ihnen gläubig angenommen wird.

Kein Katholik ist verpflichtet, die kirchliche Approbation einer Privatoffenbarung als „übernatürlich" im Glauben anzunehmen. Er kann dieser kirchlichen „Anerkennung" seine Zustimmung auch verweigern, wenn dies aus guten Gründen und mit dem notwendigen Respekt geschieht. Wer nicht „an" die Übernatürlichkeit einer kirchlich approbierten Erscheinung „glaubt", ist deshalb nicht weniger rechtgläubig und nicht weniger katholisch als derjenige, der das kirchliche Urteil gläubig annimmt.

Die relativ geringe Verbindlichkeit, die das kirchliche Urteil über die Authentizität einer Privatoffenbarung verlangt, indiziert eine gewisse Zurückhaltung von Kirchenleitung und Theologie gegenüber diesem Phänomen[49]. Ist diese Zurückhaltung gerechtfertigt? Wie sollen wir mit angeblichen Privatoffenbarungen, mit angeblichen Visionen in der Kirche umgehen?

---

[49] Vgl. dazu auch Laurentin, Marienerscheinungen, S. 542 f.

IV. Visionen und der Glaube der Kirche

1. Mehr Schaden als Nutzen?

a) Ambivalenzen

Die Frage, ob bzw. in welchem Umfang Privatoffenbarungen bzw. Erscheinungen oder Visionen für den Glauben und die Kirche von Nutzen sein können, ist umstritten. Während für die einen bzgl. der Botschaft einer Erscheinung gilt:

> „Sie erinnert oder verkündet mit neuem Glanz, was schon offenbart ist. Sie hat die Aufgabe, ..., den Glauben und die Hoffnung wieder neu zu beleben",

und sie daran festhalten, dass diese Phänomene eine positive Wirkung für die Vertiefung des Glaubens und die Auferbauung der Kirche haben, warnen andere:

> „Das Phänomen der Erscheinungen bewegt sich ganz und gar auf der Ebene des Mirakulösen. Es vermag zwar den Glauben anzustoßen, aber beschwört immer die Gefahr herauf, das Mirakel mit dem Glauben zu verwechseln. Das aber wäre nicht christlich"[50].

Nicht zu leugnen ist, dass sowohl kirchlich „anerkannte" wie kirchlich „nicht anerkannte" Erscheinungsorte einen enormen Zulauf an Pilgern zu verzeichnen haben und dass sich im Umfeld solcher Orte teilweise mitgliederstarke innerkirchliche Bewegungen gebildet haben, die deren Förderung oder kirchliche „Anerkennung" betreiben. Gleichzeitig kann man nicht in Abrede stellen, dass für viele Menschen, die diese Orte besuchen, damit in der Tat Glaubensimpulse und affektive Glaubensstärkungen verbunden sind, ja dass es sogar ernstzunehmende „Bekehrungserlebnisse" gibt.

Was so für die einen die Befriedigung tiefer emotional-religiöser Bedürfnisse bedeutet, ist für andere in der Kirche ein Zeichen von Naivität,

---

[50] Laurentin, ebd. (1), Beinert, Theologische Information, S. 256 (2).

Rückständigkeit, um nicht zu sagen Beschränktheit. Folgerichtig erscheint die Lage manchem als verfahren:

> „Auf der einen Seite stehen extrem kritische Theologieprofessoren und häufig ängstliche Bischöfe, auf der anderen Seite sehr engagierte und glaubensfrohe Laien. Die einen sind bereit, neunzig Prozent der Anhänger dieser Frömmigkeit schlicht für verrückt zu halten … Die anderen hängen ihr Herz daran und reisen scharenweise zu den bekannten Orten"[51].

Kirche und Theologie werden einerseits an dem Faktum der „Erscheinungsfrömmigkeit" nicht vorbei kommen und es – vielleicht mehr als es bisher der Fall ist – ernst nehmen müssen. Sie werden andererseits aber auch die Gläubigen auf mögliche Gefahren hinweisen und einer falschen Identifizierung von christlichem Glauben und Wunderglauben entgegentreten müssen. Für die Kirche ist dies ein Teil ihrer Hirtenaufgabe, bei dessen Wahrnehmung sie der Unterstützung durch die Theologie bedarf.

Glaube ist nach der klassischen Definition des Hebräerbriefs *Feststehen in dem, was man erhofft, Überzeugtsein von Dingen, die man nicht sieht* (Hebr 11,1). Glauben heißt: „auf das Wort, auf das innerste Zeugnis der Macht Gottes hin, den unsichtbaren Wahrheiten zuzustimmen"[52]. Der Glaube entsteht nicht durch „Mirakel", die ihn wecken, sondern durch das Hören auf das Wort Gottes im Evangelium (Röm 10,14–21). Wer glaubt, tut dies aufgrund der inneren Gewissheit, dass das Wort Gottes wahr ist. In der Predigt Jesu ist der Glaube nicht das Ergebnis, sondern die Voraussetzung für seine Wunder (Mk 6,5f) und Heilungen (Mk 5,34; Mt 9,23f). Wer im Vertrauen auf das Wort Gottes in der inneren Gewissheit und Zuversicht lebt, dass Christus auferstanden ist und dass er selbst auferstehen wird, wenn er Christus nachfolgt, braucht keine äußere Bestätigung durch „wundersame Ereignisse". Christsein braucht keine Erscheinungsfrömmigkeit, sondern fordert einzig und allein den Glauben an den Auferstandenen und die Bemühung um seine Nachfolge.

Jede Privatoffenbarung wird sich folglich daran messen lassen müssen, ob sie klar und eindeutig auf den Kern des christlichen Glaubens bezogen und für die Nachfolge Christi förderlich ist. Dabei ist nicht zu vergessen:

---

[51] Klaus Berger, Wenn Gott auf krummen Zeilen gerade schreibt. Visionen und Marienerscheinungen in der Kirche der Gegenwart – Die Sicht des Neutestamentlers: DT Nr. 132 v. 2. 11. 2002, S. 1–5, hier S. 2.
[52] Laurentin, Marienerscheinungen, S. 550.

„im Armen und Notleidenden erscheint uns Christus am gewissesten. Im Sakrament und in der Gnade des Heiligen Geistes, die sich jedem Christen anbietet, hat Gott seine lauterste Gegenwart … Gut in allen Geistern ist nur, was uns zu besseren Christen macht"[53].

b) Gefahren

Wo eine Privatoffenbarung dies leistet – wo sie also vom Glauben an den auferstandenen Christus und die Hoffnung auf Auferstehung geprägt ist und diesen Glauben und diese Hoffnung unterstreicht, wo sie Möglichkeiten echter Christusnachfolge positiv aufzeigt – kann sie durchaus hilfreich für den Glauben und die Kirche sein. Selbst dann aber ist sie nicht *notwendig*[54].

Man muss sich allerdings fragen, ob Privatoffenbarungen, ob Erscheinungen bzw. Visionen dies auch tatsächlich immer leisten oder doch häufig einer oder mehreren *Gefahren* erliegen, die mit den Erscheinungsphänomenen offensichtlich verbunden sind[55]:

Hier ist zunächst die Gefahr der *Verfälschung der christlichen Botschaft* zu nennen. Die Erscheinungsfrömmigkeit ist nicht selten von einer Art „Endzeitstimmung" geprägt. Häufig ist von bevorstehenden Katastrophen, einer Art „Gottesgericht", Höllenvisionen u. ä. die Rede. Selbstverständlich spricht auch das Neue Testament von der Realität des Bösen und betont durch den Hinweis auf die Möglichkeit ewiger Verdammnis den Ernst der Entscheidung für oder gegen Christus. Aber diese „dunklen" Aussagen dürfen nicht isoliert gesehen werden. Sie bilden sozusagen den Hintergrund für die Heilsaussage der Heiligen Schrift: Wir *sind* durch Christus erlöst.

Bei nicht wenigen „Erscheinungsbotschaften" entsteht allerdings der Eindruck, wir müssten uns diese Erlösung erst noch verdienen – und

---

[53] Rahner, Visionen, S. 85.

[54] Das gilt auch bzgl. der Marienerscheinungen: Wo sie deutlich machen, dass Marias Größe und ihr Vorbildcharakter in ihrem bedingungslosen Glauben bestehen, und Maria als Schwester im Glauben verkünden, die den Christen auf dem Pilgerweg des Glaubens zur Seite steht, *können* sie hilfreich sein. Daraus erwächst aber noch keineswegs eine wie immer geartete Notwendigkeit von Marienerscheinungen bzw. dem Glauben an solche Erscheinungen, denn das kann der Christ auch der Schrift und der Tradition entnehmen.

[55] Vgl. zum Folgenden auch Beinert, Information, S. 256 f.

dies nicht durch eine radikale Nachfolge Christi, sondern durch die Befolgung bestimmter Forderungen eines himmlischen Boten, in der Regel Marias.

Wo durch das Schüren von Unsicherheit und Angst eine „Disziplinierung" von Christen angestrebt wird, wo Mündigkeit eingeschränkt wird, liegen Negativkriterien für die Echtheit einer Vision vor[56].

Nicht weniger problematisch ist es, wenn in einer Botschaft das „Ableisten" ganz bestimmter Gebete und Praktiken gefordert wird, um etwa bevorstehende Katastrophen oder ein bevorstehendes Gottesgericht abzuwenden. Das Rosenkranzgebet hat seinen guten Wert, aber man wird in ihm wohl kaum den „Königsweg" des Christen zum Heil sehen können. Wenn das Beten des Rosenkranzes gefordert wird, um den Zorn Gottes abzuwenden, ist dies mehr als fragwürdig. Die *Universalisierung partikulärer Frömmigkeitsformen* ist eine Gefahr, die sich bei nicht wenigen Erscheinungen als real erweist.

Auch vor der Gefahr einer *„unerleuchteten Frömmigkeit"*[57] wird man mit Recht warnen. Allzu leicht können Sensationslust, Wundersucht oder ein falsches Sicherheitsstreben, das „wissen" möchte, wo es zu glauben gilt, gefördert werden. Vielleicht ist es nicht unbedingt zu kritisieren, dass es Menschen „mit … Sehnsucht nach religiösem ‚Kick' gibt"[58], aber wo der eigene Glaube über den „religiösen Kick" definiert wird, wird er problematisch – zumal die Gefahr besteht, dass man immer neue „religiöse Kicks" braucht, damit der Glaube lebendig bleibt.

Zweifellos tun die meisten Menschen, die zu einem angeblichen Erscheinungsort pilgern, dies gläubig und in der Hoffnung, Stärkung für ihren Glauben oder Erhörung für ihre Gebetsanliegen zu finden. Für manche ist eine solche Pilgerfahrt in einer Notlage, z. B. einer chronischen oder unheilbaren Krankheit, so etwas wie ein letzter Strohhalm, an den sie sich klammern. Wo diese Menschen gestärkt nach Hause zurückkehren, wo sie wieder neu fähig sind, ihr Schicksal im Vertrauen auf Gott anzunehmen, ist dies ein Wert in sich, der nicht geringgeschätzt werden darf. Gerade sie müssen aber vor der Gefahr beschützt werden, dass ihre naive Gläubigkeit von bestimmten Kreisen zur Durchsetzung kirchenpolitischer Ziele missbraucht wird. Wo in Botschaften bestimmte Päpste, Konzilien oder Bischöfe bzw. bestimmte kirchliche Aussagen gelobt oder getadelt werden

---

[56] Vgl. oben S. 24.
[57] Beinert, Information, S. 256.
[58] So Berger, Wenn Gott, S. 4.

und damit – für die meisten gutgläubigen Anhänger undurchschaubar – eine bestimmte theologisch-kirchenpolitische Richtung sozusagen „himmlisch bestätigt" wird, ist Vorsicht angesagt.

Die Kirche wird also in vielen Fällen nicht umhinkommen, zu angeblichen Visionen Stellung zu nehmen – ob sie dies immer tun muss, wird noch zu klären sein. Ihre Stellungnahme ist häufig gerade dann unvermeidlich, wenn sie den Nutzen, den Erscheinungen haben *können*, bewahren und Schaden vom Glauben und den Gläubigen abwenden will. Beides ist Teil ihrer Hirtenaufgabe.

Sind aber aufs Ganze gesehen die Gefahren und damit der mögliche Schaden nicht größer als der wahrscheinliche Nutzen? Wie soll die Kirche also grundsätzlich mit Privatoffenbarungen umgehen – restriktiv oder großzügig?

2. Wie soll die Kirche mit Visionen umgehen?

Für die Beantwortung dieser Frage ist es hilfreich, wenn man sich an die Unterscheidung zwischen mystischer und prophetischer Vision erinnert: Eine mystische Vision bindet nur den Seher selbst, die in ihr empfangene Botschaft ist nur für ihn und sein Leben relevant und verbindlich. Eine prophetische Vision beinhaltet immer auch den Anspruch der Verbindlichkeit für andere: Der Seher hat eine himmlische Botschaft erhalten, die er im Auftrag Gottes verkünden soll und die für alle verbindlich ist.

Wie oben schon gesagt[59], wird sich die Kirche bei der Einleitung einer förmlichen Untersuchung in aller Regel auf die prophetischen Visionen beschränken können. Wo „nur" eine mystische Vision vorliegt, wo also ein Mensch von der subjektiven Gewissheit erfüllt ist, er habe eine göttliche Botschaft erhalten, die ihn betrifft und nach der er sein Leben ausrichten muss, wird die Kirche zumindest so lange nicht zur offiziellen Stellungnahme herausgefordert sein, als diese angebliche Vision nicht auf ein breiteres öffentliches Interesse stößt. Eine mystische Vision kann dem privaten religiösen (Er-)Leben zugerechnet werden:

> „Wenn die ‚Vision' inhaltlich nicht gegen Glauben und christliche Sittlichkeit verstößt, inhaltlich also unbedenklich ist, wenn sie sein religiöses Leben fördert, ohne ihn zu verleiten, solchen Dingen eine unberechtigte

---

[59] Vgl. oben S. 47.

Aufmerksamkeit zu schenken, für sein eigenes religiöses Leben und als ‚Prophet' anderen gegenüber aufzutreten ..., kann er sie als Förderung seines eigenen geistlichen Lebens in Demut, Dankbarkeit und *Schweigen* für sich verwerten"[60].

Sofern eine mystische Vision im Bereich des Privaten bzw. wenigstens eines geschlossenen Kreises von Menschen bleibt, kann sie einer klugen seelsorgerlichen Begleitung überlassen bleiben und verdient – sofern keine Anzeichen für Betrug oder Krankheit vorliegen und die Übereinstimmung mit dem Glauben und der Lehre der Kirche gegeben ist – den Respekt, der jeder persönlichen Glaubenserfahrung geschuldet ist.

Anders liegen die Dinge dort, wo bei einer mystischen Vision (was eher selten sein dürfte) eine breite Öffentlichkeit hergestellt wird *und* das Auftreten des angeblichen Sehers und seine Verkündigung Anlass zur Sorge für das Wohl von Glauben und Kirche geben.

Unumgänglich ist ein Eingreifen aber zweifellos, wo öffentlich der Anspruch einer prophetischen Vision erhoben wird. Hier wird die Kirche, sofern sich das Ganze nicht als „Eintagsfliege" erweist, aktiv werden müssen – einmal, um die Gläubigen ggf. vor „falschen Propheten" zu schützen, zum andern aber auch, um in der Öffentlichkeit – und das gilt gerade heute angesichts einer weitgehenden „Entchristlichung" – keine Missverständnisse hinsichtlich des christlichen bzw. kirchlichen Glaubens aufkommen zu lassen. Es gehört auch zu den Pflichten der Kirche und zu ihrem Verkündigungsauftrag, in einer pluralistischen Gesellschaft deutlich zu machen, was christlicher Glaube ist (Glaube an den auferstandenen Herrn; Nachfolge Christi) und was nicht (auf Erscheinungsfrömmigkeit basierender Wunderglaube). Dabei sind – zumal bei einer angeblichen prophetischen Vision – die genannten Kriterien konsequent anzuwenden.

Was die (prophetischen sowie u. U. auch die einer breiten Öffentlichkeit bekannt gemachten mystischen) Visionen angeht, sollte die Kirche also durchaus konsequent vorgehen. Sie kann hier auf die Unterscheidung zwischen *krankhaft* und *gesund*, *natürlich* und *übernatürlich* nicht verzichten[61] – zum einen, weil sie es nicht zulassen kann, dass christlicher bzw. katholischer Glaube in der Öffentlichkeit mit psychopathologischen

---

[60] Rahner, Visionen, S. 79 f.

[61] Dagegen Berger, Wenn Gott, S. 4 f.: „... sollte man die unselige Unterscheidung zwischen ‚krankhaft' und ‚gesund' bei den Visionären und den Anhängern unterlassen ... sollte man die Unterscheidung zwischen natürlich und übernatürlich für diesen Bereich vergessen".

Wahnvorstellungen identifiziert wird, zum anderen weil es nicht angeht, dass jeder in der Kirche ungeprüft mit dem Anspruch auftritt, ein Bote Gottes und von ihm unmittelbar beauftragt zu sein.

Was das eigentliche Urteil angeht, sollte sich die Kirche nicht unter Zeitdruck setzen lassen – zumal die konsequente Anwendung der genannten Kriterien eine sehr langfristige Beobachtung des Lebens der angeblichen Seher erfordert. In Fällen, wo allerdings relativ früh offensichtlich ist, dass es sich mit hoher Wahrscheinlichkeit nicht um ein übernatürliches Phänomen handelt, oder wo sich im Umfeld einer angeblichen Vision, über deren Übernatürlichkeit ein Urteil noch nicht möglich ist, bedenkliche Praktiken einschleichen, sollte die Kirche Mut zur Autorität haben und notfalls auch restriktiv vorgehen.

Davon sorgfältig zu unterscheiden ist aber der Umgang mit den angeblichen Sehern und mit jenen, die gläubig an Erscheinungsorte pilgern.

Was zunächst die Seher selbst betrifft, die ja in aller Regel subjektiv davon überzeugt sind, ein übernatürliches Erlebnis gehabt zu haben, sollte die Kirche all ihre Möglichkeiten ausschöpfen, um sie ggf. einer klugen seelsorgerlichen oder auch therapeutischen Begleitung zuzuführen bzw. sie aus einer ihnen nicht förderlichen oder gar schädlichen seelsorgerlichen Begleitung zu lösen. Die Verantwortung der Kirche endet hier nicht bei dem Urteil über die Vision.

Wie aber geht man mit den Menschen um, die gläubig von Erscheinungsort zu Erscheinungsort pilgern – häufig ohne lange nach dem kirchlichen Urteil zu fragen? Wie geht man um mit der naiven Frömmigkeit dieser in der Kirche ganz und gar nicht kleinen Gruppe?

Der Hinweis, schon der Apostel Paulus habe zwischen den *Starken*, d. h. den vernunftgeleiteten, souveränen, aufgeklärten Christen, und den *Schwachen*, d. h. den leicht irritierbaren, emotional, „vom Bauch her" Bestimmten unterschieden, die zwischen religiösen Ängsten und Hoffnungen leben und sich an frommen Gebräuchen, Geboten und Verboten orientieren, hilft nur bedingt weiter[62]. Ist die Empfehlung des Paulus, die Starken sollten auf die Schwachen Rücksicht nehmen[63], auf das Phänomen der Erscheinungsfrömmigkeit wirklich *uneingeschränkt* anwendbar? Geht es Paulus hier nicht in erster Linie darum, dass die *Starken*, also jene, die ihr reflektierter Glaube zu einem souveräneren Umgang mit Geboten und Verboten befähigt gemäß dem Jesuswort: „Nicht der Mensch ist für das

---

[62] Vgl. Berger, Wenn Gott, S. 3. Berger, der keine Bezugsstellen nennt, bezieht sich hier wohl auf Röm 14,1–23 bzw. 1 Kor 8,1–13.

[63] Vgl. ebd.

Gesetz da, sondern das Gesetz ist für den Menschen da", die *Schwachen*, die zu einer solchen reflektierten und differenzierten Sicht nicht imstande sind, nicht „herausfordern" und so überfordern und in ihrem Glauben irre machen sollen? Paulus mahnt die *Starken* zur Selbstbeschränkung ihrer christlichen Freiheit zugunsten der *Schwachen*. Auch dort, wo sie aufgrund ihres reflektierten Glaubens zu der Erkenntnis gekommen sind, etwas tun zu dürfen, sollten sie darauf verzichten, wenn die Schwachen davon Kenntnis erhalten und dadurch in ihrem Glauben irritiert werden könnten:

> „Der Schwache geht an deiner ‚Erkenntnis' zugrunde, er, dein Bruder, für den Christus gestorben ist. Wenn ihr euch auf diese Weise gegen eure Brüder versündigt und ihr schwaches Gewissen verletzt, versündigt ihr euch gegen Christus" (1 Kor 8, 11–12).

Diese Mahnung des Paulus sollte zweifellos hinsichtlich vieler Fragen beherzigt werden, die innerkirchlich umstritten sind, aber auf das Problem der Erscheinungsfrömmigkeit ist sie nur teilweise anwendbar:

- Ganz ohne Zweifel verdienen auch jene, die in einer Gläubigkeit, die heute einer Mehrheit naiv scheint, zu den verschiedensten Erscheinungsorten pilgern, in ihrem Glauben Respekt.

  Grundsätzlich tun diese Menschen, „das, was wir als Christen alle tun sollten: Sie beten und hoffen auf Erhörung"[64].

- Zumal wo es sich um kirchlich approbierte Erscheinungen handelt, gibt es keinen Grund, von der „Warte des aufgeklärten Christen her" Menschen zu belächeln oder an den Rand zu drängen, in deren Frömmigkeit diese Erscheinungen eine große Rolle spielen – selbst dann nicht, wenn diese Frömmigkeit naiv, unreflektiert und kitschig scheint. Es gibt Fälle, da würde „einem Mensch *sein* Lourdes nehmen" bedeuten, ihm seine Hoffnung zu nehmen, und das wäre zweifellos ein Verstoß gegen die Liebe – selbst dann, wenn seine Art zu hoffen gegen die „theological correctness" verstoßen sollte.

  Bis zu einem gewissen Grad wird man mit Formen der Ungleichzeitigkeit des Gleichzeitigen (hier die „aufgeklärten" Christen, dort die naiven Frommen) leben müssen und sollte im Namen des christlichen Liebesgebots wohl auch dazu fähig sein.

- Trotzdem wird man nicht einfach alles wuchern lassen können, was da wächst. Zur Verpflichtung der *Starken* gehört es auch, die *Schwachen*

---

[64] So ein Zitat bei Berger, ebd., S. 4, für das allerdings keine Referenz angegeben ist.

zu schützen – mitunter auch vor sich selbst. Dabei muss die Kirche immer wieder deutlich machen, dass der christliche Glaube nicht das Mirakel braucht. Aber mit einem theoretischen und abstrakten Hinweis ist es nicht getan. Das Bedürfnis vieler Menschen nach stark emotional geprägten religiösen Erfahrungen bleibt, und dieses Bedürfnis ist auch grundsätzlich nicht zu tadeln, denn der Glaube ist eine Sache des *ganzen* Menschen. Trotzdem gibt es natürlich Formen religiösen Überschwangs und emotionaler Verehrung – etwa im Bereich der Marienfrömmigkeit –, die das Eigentliche des christlichen Glaubens eher verdunkeln als erhellen. Dies kann man – wenn man die Wahrheit des christlichen Glaubens bewahren und bei seiner Verkündigung in dieser Gesellschaft ernst genommen werden will – nicht einfach mit dem Mantel der Liebe zudecken und darauf hoffen, dass Gott schon auf krummen Zeilen gerade schreiben wird. Die Kirche ist vielmehr gefordert, die Bedürfnisse der Gläubigen, die jene emotionale Wärme, jene „Geborgenheitserfahrung", die sie für ihren Glauben und ihre Frömmigkeit brauchen, im kirchlichen Mainstream nicht mehr finden, zu sehen und in geordnete Bahnen zu lenken, statt ihre Befriedigung bestimmten Kreisen zu überlassen.

Maria ist als Mutter des Gottessohnes und unsere Schwester im Glauben aller Verehrung wert. Viele Menschen finden gerade in der Frau Maria einen emotionalen religiösen Bezugspunkt. Wenn die Kirche dieses Bedürfnis auf der Basis einer theologisch geerdeten Marienverehrung „kanalisiert" und „bedient", die als Form der Christus- und Gottesverehrung erkennbar bleibt, werden viele Probleme gar nicht erst auftauchen.

- Dabei ist auch zu bedenken, dass es hier eben mitunter nicht die *Schwachen* sind, die durch das Tun der *Starken* in ihrem Glauben irritiert werden, sondern umgekehrt. Nicht selten fühlen sich Christen durch exzessive Frömmigkeitsformen und naive Wundergläubigkeit im Umkreis von Erscheinungsorten abgestoßen – bis hin zu dem Gefühl, in dieser Kirche nicht mehr zu Hause zu sein. Nicht nur aus Verantwortung gegenüber den Schwachen, sondern auch aus Verantwortung gegenüber den Starken muss die Kirche daher die emotionalen religiösen Bedürfnisse vieler Menschen deutlich mehr als bisher aufgreifen und sie kritisch-fördernd theologisch und spirituell begleiten. Das geschieht einerseits durch die Zugrundelegung einer soliden Theologie (etwa im Bereich der Marienverehrung einer angemessenen, biblisch orientierten Mariologie) und andererseits durch die Anbindung an „traditionelle Formen katholischer Volksfrömmigkeit, nämlich an Wallfahrt, Andachten und lateinische Liturgie"[65]. Auf diese Weise könnte durchaus eine spirituelle Vielfalt entstehen, die mit der Einheit der Kirche in Einklang stünde.

- Dazu gehört allerdings auch, dass die Kirche sich nicht scheut, Fehlformen als solche zu benennen und dabei auch entsprechend korrigierend einzugreifen. Das ist sie nicht nur den *Starken* schuldig, sondern auch ihrer Rolle als glaubwürdige und ernstzunehmende Verkünderin des christlichen Glaubens in der Öffentlichkeit.

Deshalb sollte man auch nicht meinen, man könne im Namen der Einheit zwischen *Schwachen* und *Starken* die Frage nach der „Echtheit" angeblicher Visionen als zweitrangig betrachten[66]. Obwohl diese Frage schwer zu beantworten ist und immer nur ein Wahrscheinlichkeitsurteil erreicht werden kann, darf die Kirche sich von diesem Urteil nicht dispensieren: Die Einheit muss eine Einheit in der Wahrheit sein. „Spiritueller Wildwuchs" zerstört mittelfristig die Einheit.

Sofern die Kirche immer Kirche in der Welt ist und den christlichen Glauben in dieser Welt zu verkünden hat, gibt es auch keine „innerkatholischen Angelegenheiten". Das gilt selbst für die Einheit der Kirche. Die Art und Weise, wie die Kirche ihre Einheit wahrt, hat gravierende Auswirkungen auf ihre Glaubwürdigkeit für Außenstehende[67]. Glaubwürdig ist sie nur, wenn auch für die Wahrung der Einheit der oberste Maßstab die Wahrheit des Glaubens ist, den sie verkündet.

Kurzzusammenfassung

Der christliche Glaube braucht keine Privatoffenbarungen, Visionen oder Erscheinungen. Er entsteht im Hören auf Gottes Wort und vollzieht sich im Glauben an den auferstandenen Herrn und in seiner Nachfolge. Mit Privatoffenbarungen sind zwar durchaus Gefahren verbunden (Verfälschung oder zumindest Verdunkelung der christlichen Botschaft, Universalisierung partikulärer Frömmigkeitsformen, unerleuchtete Frömmigkeit, kirchenpolitische Instrumentalisierung naiver Gläubigkeit), dennoch können sie für den Glauben

---

[65] Berger, ebd., S. 2 f.

[66] So die Tendenz bei Berger, ebd., S. 3.

[67] Dagegen stellt Berger, ebd, S. 3 fest: „Die entscheidende Frage ist nicht die der ‚Echtheit' von Visionen …, sondern das Wichtigere ist das Miteinander beider Gruppen in der Kirche. Es ist also eine Frage der Kircheneinheit – eine ganz und gar innerkatholische Frage".

und die Kirche fruchtbar sein, wenn sie vom Glauben an den auferstandenen Christus und die Hoffnung auf Auferstehung geprägt sind, wenn sie diesen Glauben und diese Hoffnung unterstreichen und wenn sie Möglichkeiten echter Christusnachfolge positiv aufzeigen. Wo eine Privatoffenbarung Glaube, Liebe und Hoffnung stärkt und dem Aufbau der Kirche dient, ist sie in ihrer Wirkung als positiv einzustufen und kann *ein* Mittel zur Erhellung und Vertiefung des christlichen Glaubens sein.

Bei der Frage nach dem Umgang der Kirche mit Privatoffenbarungen bzw. Visionen ist zu unterscheiden zwischen dem Umgang mit der Vision selbst, dem Umgang mit dem Visionär und dem Umgang mit jenen Gläubigen, die eine deutliche Erscheinungsfrömmigkeit erkennen lassen.

Was den Umgang mit der Vision selbst angeht, so ist die Unterscheidung zwischen mystischer und prophetischer Vision zu beachten. Die Kirche muss sich nicht zu jedem angeblichen Fall einer Vision offiziell äußern – vieles wird als persönliche Glaubensüberzeugung einer klugen seelsorglichen Begleitung überlassen bleiben können –, bei einer prophetischen Vision wird eine kirchliche Untersuchung aber in der Regel unvermeidbar sein. Hier sind die genannten Kriterien konsequent anzuwenden. Dabei dürfte in vielen Fällen eine sehr langfristige Beobachtung der „Seher" unumgänglich sein, was eine Entscheidung „unter Zeitdruck" ausschließt.

Bei den Sehern selbst ist das Bemühen auf eine angemessene seelsorgerliche Begleitung zu richten.

Jenen Gläubigen, die ihren Glauben und ihre Frömmigkeit in starkem Maße an „Erscheinungen" und „Erscheinungsorten" festmachen, ist grundsätzlich mit Respekt zu begegnen. Die Kirche muss einerseits den Mut haben, Fehlformen der Frömmigkeit, die den christlichen Glauben eher verdunkeln als erhellen, auch als solche zu benennen und nach Möglichkeit zu unterbinden, sie muss andererseits aber – sozusagen flankierend – die tiefen emotionalen Bedürfnisse der Menschen, die ihren Glauben und ihre Frömmigkeit bevorzugt an Erscheinungen festmachen bzw. an Erscheinungsorten ausüben, ernst nehmen, aufgreifen und „kanalisieren". Das setzt zum einen die Hinführung zu einer soliden Theologie und darin verwurzelten Formen der Frömmigkeit voraus und zum anderen die Anbindung an traditionelle katholische Frömmigkeitsformen.

Ulrich Niemann SJ

Das Phänomen der Vision in humanwissenschaftlicher Sicht

I. Außergewöhnliche Erfahrungen als menschliche Grenzphänomene

1. Visionen im heutigen Kontext

Viele Menschen in der so genannten „westlichen Welt" suchen heute nach Erfahrungen, die spannend und ungewöhnlich sind und die ihre eigene Existenz und ihr Alltagsleben übersteigen.

Diese Wünsche und Sehnsüchte gibt es in allen Gesellschaften, Kulturen und Religionen. Sie begegnen uns in Form von esoterisch ausgelösten Glücksgefühlen, hypnotisch indizierten Seancen, asketischen Hochleistungen (z. B. in Extremsportarten mit entsprechend messbaren Endomorphinen), außergewöhnlichen Lebensstilen (z. B. Parties der Jetset-Szene), ungewöhnlichen Ferienerlebnissen, in einem „religiösen Kick", der den einzelnen aus seinem Alltag heraushebt, und in der mehr oder weniger ernsthaften Beschäftigung mit fernöstlichen Meditationsformen.

Frühere Generationen haben die Befriedigung der Wünsche und Sehnsüchte nach *außergewöhnlichen Erfahrungen* in der christlichen *Spiritualität* und vielleicht auch in der mystischen Erfahrung gesucht. In diesen Bereich des *Spirituellen* und *Mystischen* haben stets auch Phänomene wie *„Visionen"* und *„Auditionen"* gehört.

2. Was sind „Außergewöhnliche Erfahrungen"?

Mit *Außergewöhnlichen Erfahrungen* (AgE) sind allgemein Phänomene gemeint, die „für den Großteil der Bevölkerung in ihrer besonderen subjektiven Erlebnisqualität so außergewöhnlich sind und von den Wirklichkeitserklärungen der Betroffenen so deutlich abweichen, dass sie nicht in vorhandene kognitiv-emotionale Schemata integrierbar sind. Welche Erklärung dann zur Einordnung und Verarbeitung (Therapie) dieser Erfahrung benutzt wird, ist eine Frage des bereits vorhandenen oder später akquirierten Beliefsystems der Betroffenen. Ein paranormales Glaubens- und Überzeugungssystem ist dabei eines von mehreren möglichen Erklärungsmodellen, auf das die Betroffenen zurückgreifen"[68]. Wie sich jemand seine außergewöhnlichen Erfahrungen erklärt, hängt also von der Weltsicht ab, die er grundsätzlich hat. Wer für „Übersinnliches" offen ist, wird dazu neigen, seine außergewöhnlichen Erfahrungen in diesen mehr oder weniger rationalen Bereich einzuordnen.

Zur genaueren Erklärung der eben zitierten Arbeitsdefinition von AgE wird festgestellt: „Diese Arbeitsdefinition hat vorläufigen und provisorischen Charakter und spiegelt den aktuellen Erkenntnisstand wider. Sie vermeidet eine Vermischung AgE mit Aspekten psychischer Gestörtheit, respektiert die subjektiv besondere Qualität dieser Erfahrungen, ohne zu diagnostizieren oder zu etikettieren, und spezifiziert den Themenbereich. Sie macht auch keine Aussagen zum Wahrheitsgehalt der Erfahrungsberichte, über die Persönlichkeit bzw. Fähigkeiten der Betroffenen und die mögliche Funktionalität des Beliefsystems"[69].

3. Quantität und Qualität außergewöhnlicher Erfahrungen

Die Fülle von möglichen außergewöhnlichen Erfahrungen zeigt eine Tabelle, welche – im Rahmen eines wissenschaftlichen Forschungsprojektes am Institut für Grenzgebiete der Psychologe und der Psychohygiene (IGPP) und des Psychologischen Instituts der Albert-Ludwigs-Universität Freiburg – erstellt wurde (Herbst 1998 bis Herbst 2001).

---

[68] Psychologisches Institut der Albert-Ludwigs-Universität-Freiburg, Beratung für Menschen mit Außergewöhnlichen Erfahrungen: Abschlussbericht. Projektleitung: Dr. Martina Belz-Merk. Gefördert durch das Institut für Grenzgebiete der Psychologie und Psychohygiene e. V., Freiburg i. Br. 2002, S. 12–13.
[69] Ebd.

Tabelle 1[70]

Art der AgE	Anzahl			%		
	Ja	Nein	Gesamt	Ja	Nein	Gesamt
Außersinnliche Wahrnehmung (ASW)						
Ahnungen/Präkognition (ASW)	125	575	700	17,9	82,1	100,0
Hellsehen/Telepathie (ASW)	117	583	700	16,7	83,3	100,0
Sonstige ASW	18	682	700	2,6	97,4	100,0
Außergewöhnliche Träume (AT)						
Wahrträume/Präkognition (AT)	85	615	700	12,1	87,9	100,0
Hellsehen/Telepathie (AT)	12	688	700	1,7	98,3	100,0
Luzide Träume	7	693	700	1,0	99,0	100,0
sonstige AT	31	669	700	4,4	95,6	100,0
Außergewöhnliche Wahrnehmungen (AT)						
Visuelle Phänomene external	136	564	700	19,4	80,6	100,0
Visuelle Phänomene internal	46	654	700	6,6	93,4	100,0
Akustische Phänomene	118	582	700	16,6	83,1	100,0
Stimmenhören (internal)	108	592	700	15,4	84,6	100,0
Olfaktorische Phänomene	20	680	700	2,9	97,1	100,0
Somatische Phänomene	157	543	700	22,4	77,6	100,0
Kinetische Phänomene	169	531	700	24,1	75,9	100,0
Spüren einer Anwesenheit	79	621	700	11,3	88,7	100,0
Beeinflussungserleben	172	528	700	11,3	88,7	100,0
Sonstige AW	55	645	700	7,9	92,1	100,0
Veränderte Bewusstseinszustände (VB)						
Außerkörperliche Erfahrungen	16	684	700	2,3	97,7	100,0
Schlafparalyse	17	683	700	2,4	97,6	100,0
Trancezustände	17	683	700	2,4	97,6	100,0
Todesnäheerfahrungen	4	696	700	0,6	99,4	100,0
Mystische Erfahrungen	14	686	700	2,0	98,0	100,0
Mediumismus/Channeling	22	678	700	3,1	96,9	100,0
Automatisches Schreiben	22	678	700	3,1	96,9	100,0
Glossolalie/Xenoglossolalie	8	692	700	1,1	98,9	100,0
sonstige VB	28	672	700	4,0	96,0	100,0
Andere Erfahrungen (AE)						
Bedeutungsvolle Zufälle	37	663	700	5,3	94,7	100,0
Paranormale Heilungen	27	673	700	3,9	96,1	100,0
sonstige AE	57	643	700	8,1	91,9	100,0

---

[70] Diese Tabelle findet sich als Tabelle 27 in: ebd., S. 78.

In Tabelle 2 sind die Häufigkeiten der AgE aufgelistet. Die Angaben beziehen sich auf N = 700 KlientInnen, bei denen in der Freiburger Arbeit Art und Häufigkeit der AgE dokumentiert wurden. Es konnten jeweils Mehrfachantworten gegeben werden.

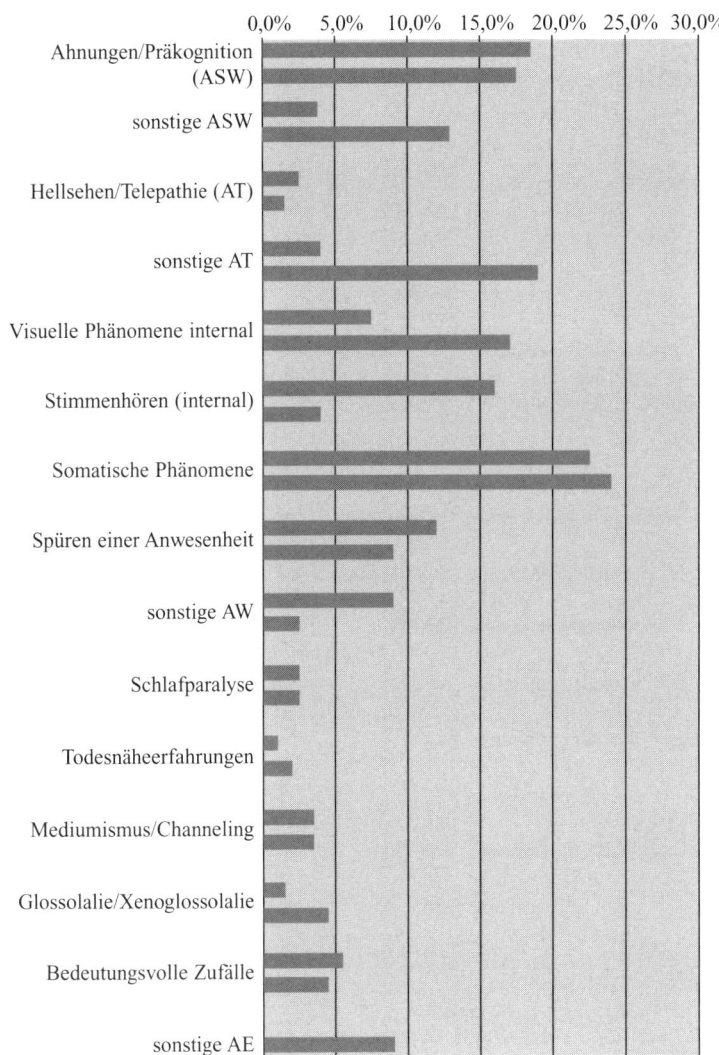

Fast zur gleichen Zeit, nämlich vom 01. 01. 2001 bis zum 30. 06. 2002 (also für eineinhalb Jahre) wurde mit den gleichen Fragebögen ein vorwiegend westdeutsches und norddeutsches Klientel durch eine Arbeitsgruppe im Rahmen des Sekteninfos Essen e. V. befragt. Es handelt sich um N = 259 Befragte. Mehrfachnennungen waren auch hier möglich.

Dabei ergab sich in Essen (west- und norddeutscher Raum) eine ähnliche Differenziertheit von außergewöhnlichen Erfahrungen (vgl. die folgende Tabelle) wie für den süddeutschen Raum in Freiburg.

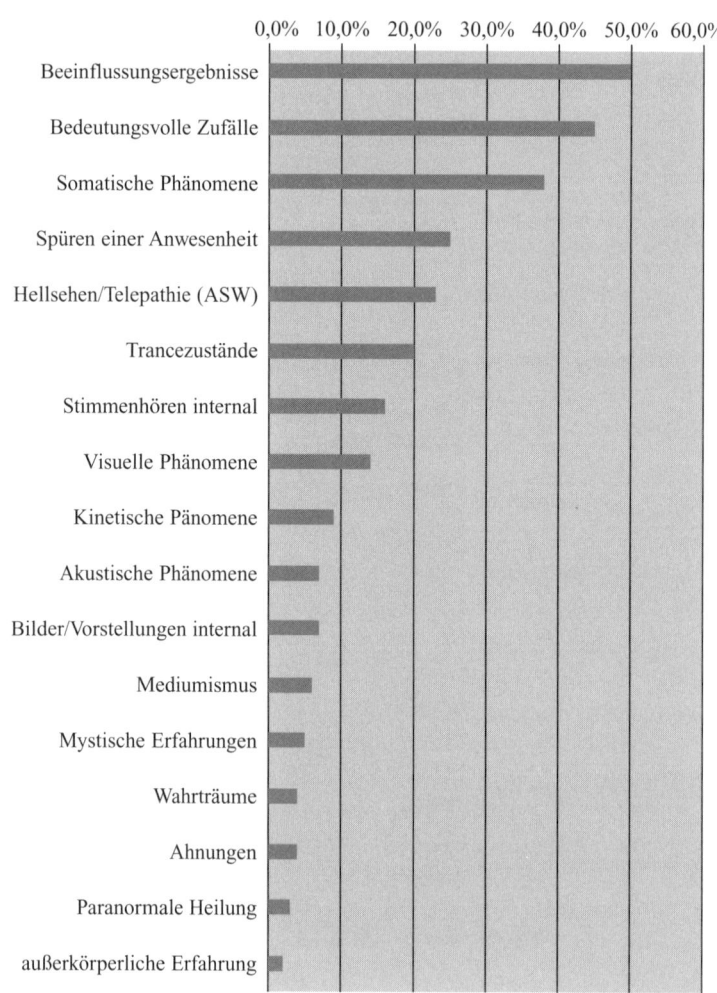

Nur wenig anders sehen die Zahlen im Erhebungszeitraum 01. 07. – 31. 12. 2003 aus (N = 20):

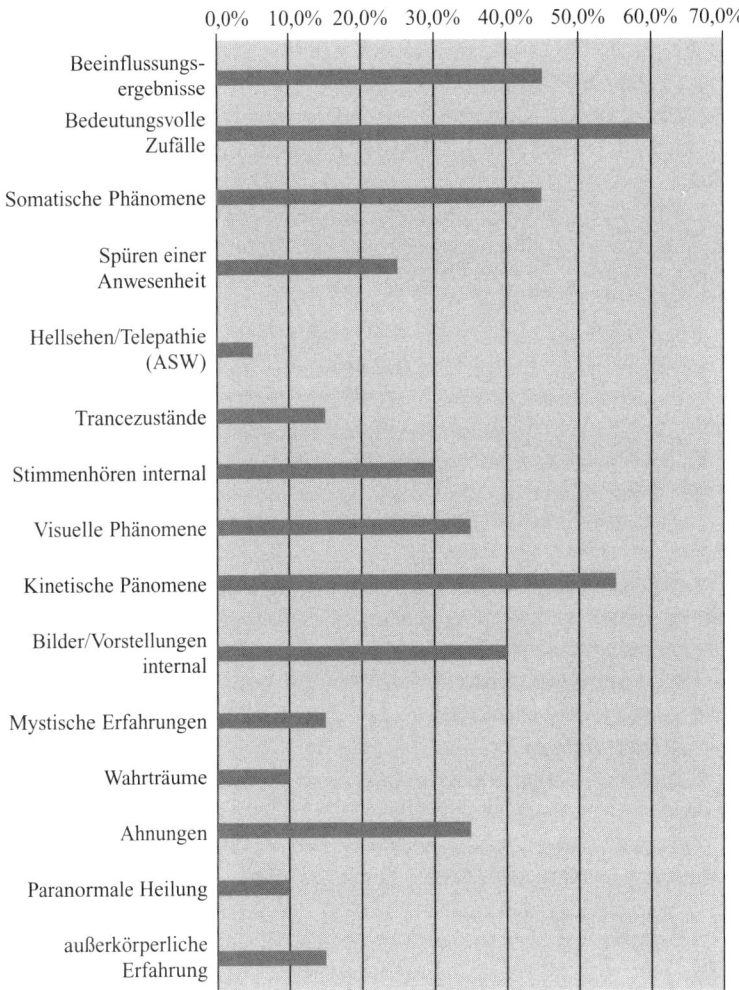

4. Außergewöhnliche Erfahrungen als Grenzphänomene

Festzuhalten ist, dass alle außergewöhnlichen Erfahrungen Grenzphänomene sind, welche den Menschen als empirisch fassbares Wesen übersteigen. Auch für diejenigen, welche die AgE erleben, bleiben diese letztlich rätselhaft. Diese Erfahrungen haben per se (in sich) keinen Krankheitswert. Eine Gleichsetzung von außergewöhnlichen Erfahrungen mit psychischer Krankheit (z. B. Hysterie und Schizophrenie) verbietet sich daher.

Zur Erklärung des Begriffs der *Grenzphänomene* wird hier die Deutung von *Karl Jaspers* übernommen, der in seiner *Einführung in die Philosophie* schreibt:

> Grenzsituationen sind „Situationen, über die wir nicht hinauskönnen, die wir nicht ändern können. Das Bewusstwerden dieser Grenzsituationen ist nach dem Staunen und dem Zweifel der tiefere Ursprung der Philosophie. Im bloßen Dasein weichen wir oft vor ihnen aus, indem wir die Augen schließen und leben, als ob sie nicht wären. Wir vergessen, dass wir sterben müssen, vergessen unser Schuldigsein und unser Preisgegebensein an den Zufall"[71].

Allerdings können Menschen in Form von Wünschen und Projektionen oder im Glauben, Hoffen und Lieben (als natürliche und als „übernatürliche" menschliche Erfahrungen oder „Tugenden") ihre natürlichen Grenzen übersteigen. Das bedeutet: Der Mensch ist ein Grenz- und Mängelwesen, das aber zugleich Sehnsucht nach unendlicher Erfüllung hat: „ens finitum, capax infiniti"[72].

Gerade im Bereich von Spiritualität und Mystik haben Menschen immer wieder Grenzerfahrungen gemacht. Daher ist zu fragen, was eigentlich mit Spiritualität und Mystik gemeint ist und welche Rolle in diesem Zusammenhang außergewöhnliche Erfahrungen spielen.

---

[71] Karl Jaspers, Einführung in die Philosophie, München 1953, S. 21.

[72] Die Autorschaft dieser Definition ist umstritten: Jörg Splett findet sie in der Form „Finitum capax infiniti" bei J. Brenz, Tübingen 1562/63; siehe Th. Mahlmann, Endlich II: HWP II 467–489. Vgl. Jörg Splett, Gottergreifen. Grundkapitel einer Religionsanthropologie, Köln 2001, S. 7 Anm. 1. A. Görres weist die Definition in der Form „ens finitum, capax infiniti" dem römischen Philosophen Boethius zu. Vgl. A. Görres, Kennt die Psychologie den Menschen? Fragen zwischen Psychotherapie, Anthropologie und Christentum, München ²1986, S. 27.

5. Außergewöhnliche Erfahrungen im Kontext von Spiritualität und Mystik

Unter *Spiritualität* ist hier die besondere religiöse Lebenseinstellung der Hinwendung auf das Geheimnisvolle zu verstehen, das Einfache und das zugleich Umfassende und das Umgreifende, welches dem Menschen aber letztlich weitgehend unfassbar bleibt.

Dieser Begriff von Spiritualität deckt sich nicht mit der verbreiteten oberflächlichen Begeisterung für „spirituelle Wege". Spirituelle Wege faszinieren als Ideal. Das heutige Modewort „*Spiritualität*" hat für Menschen in der euro-amerikanischen Kultur hohe Bedeutung. Dabei wird übersehen, dass mit einem solchen Weg deutliche Forderungen an personale Läuterungen und Strukturierung der Lebensführung verbunden sind: Ohne Konkretisierungen im Alltagsleben bleiben alle Idealisierungen wirkungslos.

Auch der Begriff des Mystischen wird heute oft missverständlich gebraucht. *Mystik* meint die tiefe, vertrauensvolle Beziehung des einzelnen einmaligen Menschen zu seinem höchsten Sinn und Wert. Im christlichen Glauben ist dieser „Wert" der persönliche Gott. Allgemeiner bezeichnet Mystik Annäherungen an Mysterien (Gott antwortet mir im Gebet, Christus ist in der Eucharistie real gegenwärtig, in der Krankensalbung erfahre ich die helfende Gnade Gottes, im Bußsakrament wird mir die Vergebung Gottes zugesagt, Gott sendet Menschen in seinem Namen, die seine Gnade vermitteln, und steht ihnen mit seinem Geist tatkräftig bei), welche sich etwa in der christlichen Kultur in persönlichem Gebet (Bittgebet), in Liturgien und Sakramenten sowie in caritativer Arbeit äußern.

Ebenso oberflächlich und fragwürdig wird oft der Begriff „Vision" bzw. „Audition" verwendet.

6. Visionen und Auditionen im Kontext außergewöhnlicher Erfahrungen

Als *Visionen* bezeichnen wir optische Wahrnehmungen im Zusammenhang mit religiös-ekstatischen Erlebnissen. Es können sowohl leuchtende Gestalten wie Gott, Christus, Maria, Engel, Verstorbene, Lichterscheinungen,

Naturerlebnisse als auch schreckliche Bilder wie Fratzen, Teufel, wilde Tiere, Feuer und Chaos „gesehen" werden[73].

Unter *Auditionen* verstehen wir akustische Wahrnehmungen (Botschaften bzw. Prophezeiungen) verschiedener Form und verschiedenen Inhalts.

„Visionen" begegnen in dem oben vorgestellten Freiburger und Essener Klientengut unter den Inhalten *Visuelle Phänomene (external)*, also in der Umwelt wahrgenommene Erscheinungen in Form von Lichtbildern und Gestalten, bzw. *Visuelle Phänomene (internal)*, d. h. visuelle Eindrücke, die als ungewöhnliche innere Bilder, Erlebnisse oder Phantasien erlebt werden.

„Prophezeiungen" bzw. „Auditionen" fallen unter *Akustische Phänomene (external)*, wie unerklärliche Geräusche, Klopfen, Schritte, Stimmen, die in der Außenwelt lokalisiert werden, bzw. *akustische Phänomene (internal)*, also Stimmen oder Eingebungen, die „im Kopf" gehört und lokalisiert werden, z. B. intonierte gehörte Worte, Sätze, Botschaften, Befehle usw.[74].

7. Zusammenfassung: Was sind Visionen und Auditionen?

Visionen und *Auditionen* gehören zu den außergewöhnlichen Erfahrungen. Daher gilt auch für sie, was grundsätzlich für alle außergewöhnlichen Erfahrungen gilt:

- Sie stellen Grenzphänomene dar, die den Menschen als empirisch fassbares und medizinisch analysierbares Wesen übersteigen.
- Sie haben per se keinen Krankheitswert. Das heißt: Sie *können* krankhaft sein, *müssen* es aber nicht. Daher sind beim Umgang mit außergewöhnlichen Erfahrungen in Form von Visionen und Auditionen entsprechende diagnostische Kriterien anzuwenden und – wenn nötig – entsprechende Therapien einzuleiten.

---

[73] Vgl. Uwe Henrik Peters, Wörterbuch der Psychiatrie und medizinischen Psychologie, München u. a. [4]1995, S. 568.

[74] Vgl. oben Tab. 1, S. 62. Hinzuweisen wäre hier auf die schwierige Beurteilung, ob es sich bei diesen außergewöhnlichen Erfahrungen um Phänomene von Krankheitswert (z. B. im Rahmen einer paranoid-halluzinatorischen Psychose) handelt oder nicht. Diese genauere Differenzierung konnte aufgrund der Interviewtechnik und der Strukturierung der Fragebögen nicht vollzogen werden.

- Visionen und Auditionen können Anzeichen bzw. Begleiterscheinungen von Spiritualität und Mystik sein. Ob es sich hier um ein spirituelles oder mystisches Phänomen handelt, entzieht sich allerdings dem Urteil des Humanwissenschaftlers.
- Humanwissenschaftler können zunächst feststellen, ob eine individuell und/oder sozial fassbare Krankheit vorliegt oder nicht.
- Sie können weiter fragen, ob Trance- bzw. Ekstase-Zustände vorliegen und welche Symptome mit diesen Zuständen verbunden sind.

8. Trance und Ekstase als außergewöhnliche menschliche Erfahrungen

Trance als ins Deutsche übernommener Begriff aus der französischen Sprache scheint sich ethymologisch von dem lateinischen Begriff *transitus* (wörtl.: *Übergang*) herzuleiten. Der entsprechende deutsche Ausdruck wird (nach *Peters*[75]) mit *Entrückung* angegeben. Dem entspricht eher das lateinische *raptus*[76] – entrissen sein bzw. entrissen werden. Im griechischen Neuen Testament wird das Verbum *arpazo*, d. h. *rauben, wegführen, entrücken* benutzt.

Der Zusammenhang des *Entrückens* bzw. *Gerissenwerdens* scheint die Phänomenologie des Trancezustandes eher wiederzugeben als *transitus* als das (bewusste) Hinübergehen (*transire*) in einen anderen Zustand.

Phänomenologisch-inhaltlich ist Trance die Beschreibung für einen hypnoseähnlichen Zustand (Hypnoid) mit individuell-besonderer Einengung des Bewusstseins und Einschränkung von Handlungsmöglichkeiten. Gleichzeitig ermöglicht Trance (Entrückung) neue Fähigkeiten des ganzen Menschen, wie z. B. ein anderes Sicheinfühlen in psychisches Erleben und Verhalten anderer Wesen bzw. in andere seelische Zustände. Ferner ist die „Entrückung" ein neuer und meist dynamisch-kraftvoller Vorgang in einem Menschen, der auf Veränderung abzielt.

Dazu scheint es besondere Begabungen und Veranlagungen zu geben, welche zusätzlich durch besondere Trainingsformen geübt werden

---

[75] Vgl. Peters , Wörterbuch, S. 535.

[76] Vgl. 2 Kor 12, 2–4: „Scio hominem … raptum. Et scio huiusmodi hominem … raptus est in paradisum et audivit arcana verba" (Vulgata-Übersetzung). „Ich kenne jemand …, der … entrückt wurde. Und ich weiß, dass dieser Mensch in das Paradies entrückt wurde. … Er hörte unsagbare Worte" (Einheitsübersetzung).

können. Diese so veranlagten bzw. geübten Menschen werden „Medien"[77] genannt. Man spricht hier auch von „eidetischen" Begabungen.

Im kulturell-religiösen Kontext wird der Begriff *Ekstase* (oder bei „Besessenen" *Krise*) dem Begriff der Trance vorgezogen. Ekstase ist ein rauschhafter, den Menschen überfallender, ins Extreme gesteigerter Affekt. Er wird meist als glücklich machend, bisweilen aber auch als angstauslösend und manchmal als beides zugleich erlebt. Dabei besteht eine weitgehende Aufhebung der Sinne durch Anschauung eines außergewöhnlichen oder außersinnlichen Gegenstandes[78]. Solche „Gegenstände" beherrschen dann das Bewusstseinsfeld und schränken kritische Besinnungen und andere (störende) Affekte ein.

Sozialpsychologisch gesehen ist die *Ekstase* eine subjektiv-sinnliche Wahrnehmung von Realität, welche für den „Sehenden" wahrnehmbar, für alle anderen aber unsichtbar und nicht wahrzunehmen ist. Eine empirische Erforschung von Ekstasen kann Aufschluss geben u. a. über Kommunikations- und Rezeptionsformen zwischen „Visionären" und „Nichtsehenden" („Nichtglaubenden").

Derart kosmisch-mystische Erlebnisformen, in welchen höchste Erkenntnisse auf vollkommene Weise erreichbar scheinen, sind seit dem Altertum bekannt[79].

Ekstasen können auch durch toxikologische Intervention künstlich herbeigeführt werden, z. B. durch LSD und andere Halluzinogene. Auch Hungern und Schlafentzug können Ekstasen begünstigen[80].

Als Krankheitsphänomen wird die *Entrückung* bzw. *Ekstase* im Ausbrechen schizophrener Psychosen oft als Befreiung von innerseelischen Fesseln erlebt. Auch bei Angst-Glücks-Psychosen (in der Psychopathologie von *Karl Leonhard*) gibt es Gefühle besonderer Berufung und des Auserwähltseins[81].

---

[77] Damit sind zum einen bevorzugte Menschen gemeint, welche als Vermittler zwischen Lebenden und Toten tätig zu werden in Anspruch nehmen, zum anderen aber auch Personen, die in besonderer Weise begabt sind, hypnotisiert zu werden. C. G. Jung nahm systematische Untersuchungen von medial begabten Personen vor.

[78] Der Naturforscher und Philosoph Teilhard de Chardin berichtet von visionären Erlebnissen, die er beim Anblick eines Stückes Eisen hatte.

[79] Vgl. 2 Kor 12, 2–4. Vgl. auch unter dem Stichwort „Entrückung": Apg 8,39; 22,17; 1 Thess 4,16; Offb 12,5.

[80] Vgl. Gesprächsteil unten S. 175.

[81] Vgl. Peters, Wörterbuch, S. 33.

Eine besondere Form der Ekstasen aus psychiatrischer Sicht sind so genannte *ekstatische Visionen.* Diese sind durch Hypnose hervorgerufene Zustände von Tagträumen (vgl. auch Oberstufe des Katathymen Bilderlebens). Die Betroffenen sehen ganze Ereignisse, z. B. die eigene Beerdigung, behalten daran Erinnerungen, sodass sie später Phantasie und Realität nicht auseinanderhalten können.

Trancezustände oder Ekstasen – wie sie häufig im Zusammenhang mit Visionen zu beobachten sind – können in ähnlicher Form bisweilen Symptom oder Begleiterscheinung schwerwiegender hirnorganischer oder psychotischer Störungen sein. Sie können durch Intervention von außen – wie Halluzinogene oder Hypnose – verursacht sein, können aber auch ohne eine solche Intervention (sozusagen „endogen") entstehen.

Im religiösen Kontext sind Trancezustände oder Ekstasen gewöhnlich mit Visionen und Auditionen verbunden. Ob es sich hier um krankhafte oder nicht krankhafte Formen von Trancezuständen oder Ekstasen handelt, bedarf einer genaueren diagnostischen Einordnung.

9. Trance und Ekstase[82] in der psychiatrischen Diagnostik

Im *Internationalen Diagnosenschlüssel psychischer Krankheiten ICD-10*[83] sind Trance- und Besessenheitszustände unter der Ziffer F 44.3 erfasst und eingeordnet.

Zunächst stellt sich hier die Frage, ob diese Zustände Krankheitswert haben oder lediglich relativ „normale" Befindlichkeitszustände sind. Entscheidend ist das Kriterium, ob solche Zustände deutliche Einschränkungen im privaten und/oder beruflichen Alltagsleben mit sich bringen oder nicht.

Der Einordnung in den ICD-10 entspricht die Klassifikation des *Diagnostic and Statistical Manual (American Psychiatric Association*, DSM IV; 1994), welche vorwiegend im Rahmen der klinischen Psychologie und Psychotherapie angewandt werden. In einem anderen Kontext ordnen Psychiater aufgrund von entsprechenden Übereinkünften mit allen deutschen Krankenkassen diese „Persönlichkeitsstörungen" in den ICD-10 ein.

---

[82] Trance und Ekstase haben hier den gleichen Bedeutungsgehalt, wobei von Ekstase eher im religiösen und von Trance eher im psychiatrischen Bereich gesprochen wird.

[83] WHO (Hrsg.), Internationale Klassifikation psychischer Störungen ICD-10 Kapitel V (F). Klinisch-diagnostische Leitlinien, 4., korr. u. erg. Aufl., Bern u. a. 2000.

Unter dem Sammelbegriff *dissoziative Störungen* (bzw. früher Konversionsstörungen oder noch früher Hysterien) werden im ICD-10 unter F. 60 f. (F44) Trance- und Besessenheitszustände beschrieben:

„Störungen, bei denen ein zeitweiliger Verlust der persönlichen Identität und der vollständigen Wahrnehmung der Umgebung auftritt; in einigen Fällen verhält sich ein Mensch so, als ob er von einer anderen Persönlichkeit, einem Geist, einer Gottheit oder einer ‚Kraft' beherrscht wird. Aufmerksamkeit und Bewusstsein können auf nur ein oder zwei Aspekte der unmittelbaren Umgebung begrenzt und konzentriert sein, und häufig findet sich eine eingeschränkte, aber wiederholte Folge von Bewegungen, Stellungen und Äußerungen. Hier sollen nur Trancezustände einbezogen werden, die unfreiwillig oder ungewollt sind, und sich innerhalb täglicher Aktivitäten abspielen, die also außerhalb religiöser oder anderer in diesem Sinn kulturell akzeptierter Situationen auftreten oder höchstens im Anschluss an diese[84].

Hier dürfen keine Trancezustände klassifiziert werden, die während schizophrener oder akuter Psychosen mit Halluzinationen oder Wahn oder im Rahmen einer multiplen Persönlichkeit auftreten.

Diese Kategorie ist nicht zu verwenden, wenn der Trancezustand mit einer körperlichen Krankheit (wie etwa Temporallappenepilepsie oder einer Kopfverletzung) oder mit einer Intoxikation durch psychotrope Substanzen in Zusammenhang steht"[85].

Wer im religiösen Kontext Visionen und Auditionen zu haben beansprucht, sollte einer genaueren psychiatrischen Diagnostik – selbstverständlich in humaner und toleranter Weise – unterzogen werden, bevor ein kirchliches Urteil über die „Echtheit" der Phänomene gefällt wird.

---

[84] Die Formel „höchstens im Anschluss an diese" zeigt die innere Verflochtenheit und auch Abhängigkeit von Sinnstrukturen und Beliefsystems. Im Einzelnen wird man versuchen müssen, die jeweiligen bestimmenden Faktoren bei Trance- und Besessenheitszuständen herauszuarbeiten.

[85] ICD-10, S. 178. Der Vollständigkeit halber sind weitere Störungen unter den dissoziativen Störungen subsumiert: dissoziative Fugue (F 44.1), dissoziativer Stupor (F 44.2), dissoziative Störungen der Bewegung und der Sinnesempfindung (F 44.4–44.7). Unter sonstigen dissoziativen Störungen rangiert v. a. die so genannte multiple Persönlichkeitsstörung, welche nach ICD-10 „selten" sei. Ferner wird hier kontrovers diskutiert, in welchem Ausmaß sie iatrogen und/oder kulturspezifisch ist.

10. Außergewöhnliche Erfahrungen und menschliches Bewusstsein

a) Fragestellung: Visionen und Bewusstsein

Die verschiedenen oben angeführten außergewöhnlichen menschlichen Erfahrungen in ihren spezifischen Erscheinungsformen lassen nach dem Entstehen, den Ursachen und dem Sinn dieser Phänomene fragen. Grundsätzlich fragt sich, inwieweit diese Phänomene überhaupt empirisch bzw. statistisch zugänglich sind. Sollten etwa diese Phänomene nur an den Spuren ihrer Wirkungen indirekt erschlossen werden können?

Oder: Ist das „Außergewöhnliche" überhaupt nicht empirisch-wissenschaftlich fassbar? Aber dann wären diese Phänomene – als wichtige Dimensionen des Menschlichen – von vornherein jeder Erfahrungswissenschaft entzogen. Dann aber sollte es wenigstens gestattet sein, in Form von Hypothesenbildung und empirisch fundierten Theorien sich an die Phänomene des „Außergewöhnlichen" heranzutasten.

Ferner wäre zu fragen: Wie entstehen zum Beispiel Visionen? Was erleben Menschen bei „Außergewöhnlichen Erfahrungen"?

Bei diesen Fragen stoßen wir unweigerlich auf die Dimension des menschlichen Bewusstseins. Denn: Jede menschliche Erfahrung, auch die Vision, ist eng mit dem Bewusstsein des Menschen verknüpft. Jeder Visionär ist – nach einer Zeit der Irritation – meistens überzeugt davon, dass er es ist, der hier und jetzt eine außergewöhnliche Erfahrung erlebt. Da es wegen der verschiedenen philosophischen und weltanschaulichen Standpunkte keine allgemein gültige Definition von Bewusstsein gibt, sei zunächst eine Beschreibung versucht.

b) Was ist Bewusstsein?

Ein westeuropäischer Mensch wacht zu gewohnter Zeit – etwa um ca. 6.00 Uhr – an einem Ferienort auf, weil das seine Zeit zum Aufstehen ist. Er weiß vage, dass er keinen Wecker gestellt und noch viel Zeit bis zum Aufstehen hat. Er hört Vögel zwitschern und merkt, dass sich die Nachbarn schon regen. Er fühlt sich rundum wohl und warm, seine Muskulatur ist entspannt und er döst noch ein wenig vor sich hin. Er hat angenehme Gefühle und freut sich ganz unbestimmt, dass er noch nicht aufstehen muss. Kurz: Er befindet sich in einer vermindert wachen Bewusstseinslage bzw. seine Bewusstseinshelligkeit ist reduziert. Dieser Zustand wird in der Praxis des Autogenen Trainings (I. H. Schultz) auch „hypnoid" genannt.

Hilfreich für das Verständnis ist ferner die Vorstellung, dass das Bewusstsein eine Art Bühne des seelischen Geschehens ist, auf der die Bewusstseinsinhalte kommen und gehen wie die Akteure einer Komödie bzw. eines Dramas.

Um sich dem Phänomen des Bewusstseins weiter zu nähern, sei Gustav Theodor Fechner zitiert:

> „Jeder Mensch birgt in seiner Seele ein kleines Reich, worin sich allerlei Empfindungen, Gefühle, Vorstellungen und Gedanken drängen und treiben, einander hervorrufen und verdrängen, sich vertragen und streiten, sich vergleichen und scheiden. Es herrscht nie Ruhe darin, sondern alles ist in beständiger Bewegung, in dauerndem Fluss. Nur eines bleibt fest im Wechsel der Erscheinungen: Ich selbst, der diese Empfindungen, Gefühle und Gedanken hat, mein Bewusstsein" (1851)[86].

In der *Psychologie* bedeutet Bewusstsein das klare Wissen eines Menschen um Erinnerung, Erleben, Vorstellungen, Gedanken, Gefühle, Wünsche, Willensentschlüsse etc. und das gleichzeitige Wissen, dass *er* es ist, der all das erlebt[87].

Die *Psychiatrie* meint mit Bewusstsein den besonderen Grad von Helligkeit, Klarheit, Fülle, Beweglichkeit, Ablauftempo und Rangordnung des inneren Erlebens und der psychischen Funktionen. In der klinisch-psychiatrischen Diagnostik wird unterschieden zwischen Bewusstseinstrübung, *Somnolenz* (Benommenheit mit charakteristischen Merkmalen wie Schwerbesinnlichkeit, Herabsetzung der Aufmerksamkeit etc.), *Sopor* (gegenüber der Somnolenz noch verstärkte Bewusstseinseintrübung: der Patient reagiert nur auf stärkere Schmerzreize) und *Koma* (Bewusstseinsverlust).

---

[86] Zitiert nach Peters, Wörterbuch, S. 70. Gustav Theodor Fechner (1801–1887) war Professor für Physik und ein bedeutender Naturphilosoph. Er war der Begründer der Psychophysik und der Vater der Experimentalpsychologie. Er hat sowohl den bedeutenden Psychiater Emil Kraepelin als auch Sigmund Freud stark beeinflusst.

[87] Vgl. ebd.

c) Das Versunkenheitsbewusstsein

Gottfried Roth hat im Anschluss an Carl Albrecht zwei Formen von Bewusstseinsänderungen bei Visionen entdeckt, die angeblich weiterhelfen können, visionäre Phänomene zu verstehen[88]. Er unterscheidet zwischen Versenkungsbewusstsein und Versunkenheitsbewusstsein. Dabei handelt es sich um „plötzliche Änderungen des Wachzustandes", welche zum Beispiel während des Betens entstehen. Es kommt zu einem „Zustand der Abschaltung" gegenüber der Außenwelt, den bei der Vision anwesenden Mitmenschen und der übrigen Umwelt[89].

Das *Versenkungsbewusstsein* ist eine Übergangserscheinung (Weg) zwischen Wachbewusstsein und Versunkenheitsbewusstsein. In diesem Zustand werden Störungserlebnisse (z. B. zugeführter Lärm von 70 Dezibel) oder anwesende befreundete Personen „ausgeblendet". Das führt zu einer „Einfügung" aller äußeren und inneren Vorgänge in eine einheitliche Grundgestimmtheit der Ruhe und zur „Konzentration" auf das eine (visionär oder auditiv) Erfasste. Angewendet auf die Vision ist dies der Bewusstseinszustand während der Zeit des Betens vor der Vision[90].

Das *Versunkenheitsbewusstsein* definiert der Neurologe und Pastoralmediziner Gottfried Roth als einen „voll integrierten, einheitlich und einfach gefügten, überklaren und entleerten Bewusstseinszustand, dessen Erlebnisstrom verlangsamt ist, dessen Grundgestimmtheit die Ruhe ist und dem als einzige Funktion eines nur noch passiv erlebten Ichs die Innenschau zugeordnet ist. Das Versunkenheitsbewusstseins ist ein überklares Bewusstsein"[91]. Nach Carl Albrecht bezeichnet das Versunkenheitsbewusstsein den Bewusstseinszustand während der Vision[92]. Demnach dürfte der Begriff des Versunkenheitsbewusstseins vom Begriff der Trance bzw. Ekstase zu unterscheiden sein: Trance bzw. Ekstase wären dann empirisch

---

[88] Vgl. Gottfried Roth, Discretio spirituum. Differentialdiagnostische Erwägungen über publizierte Befundberichte: René Laurentin/Henri Joyeux (Hrsg.), Medizinische Untersuchungen in Medjugorje, Graz u. a. ²1987, 182–193; Carl Albrecht, Psychologie des mystischen Bewusstseins, Bremen 1951.

[89] Vielleicht entspricht diese Unterteilung den Erfahrungen im Autogenen Training, wo von einem fluktuierenden Bewusstsein in dem Sinne gesprochen wird, dass Wachheit und Aufmerksamkeit variieren.

[90] Vgl. C. Albrecht, Psychologie, S. 117.

[91] Roth, Discretio spirituum, S. 187.

[92] Vgl. Albrecht, Psychologie, S. 117.

fassbare Begleiterscheinungen des Versunkenheitsbewusstseins. (Dagegen wäre somnambules Bewusstsein [Schlafwandeln bei mangelnder bis aufgehobener Erinnerungsfähigkeit] ein getrübtes oder unterwaches Bewusstsein[93].)

Die *Versunkenheit* kann sich angeblich für die Betroffenen unmerklich, spontan und plötzlich und wie von selber einschalten, ohne dass der Mensch von außen beeinflusst wurde: „Man kann ohne Selbstversenkung und ohne Fremdbeeinflussung von der Versunkenheit überfallen werden"[94].

Die Versunkenheit soll aber auch durch Fremd- oder Selbsthypnose oder durch liturgisch-rituelle Ereignisse ausgelöst werden können. So fällt eine von mir seelsorglich begleitete vierundsechzigjährige Frau in der Hl. Messe kurz vor der Wandlung in eine „Versunkenheit" (bzw. in Trance), bei der sie sich zunächst hinkniet, Kelch und Brot „anstarrt", um dann beim „Gedächtnis der Verstorbenen" mit lautem Seufzen und mit Schütteln von Oberkörper und Armen „aufzuwachen" und sich mit den Worten zu erheben: „O, mein Herr!" – Das „Vaterunser" betet sie dann im Wachzustand laut und bewusst mit.

Der Eintritt und die Auslösung der „Versunkenheit" ist bei dieser Frau durchaus seelsorglich zu beeinflussen: Im Anfang der geistlich-seelsorglichen Begleitung fiel diese Frau erst nach dem Empfang der Heiligen Kommunion in ihre „Versunkenheit". Auf den seelsorglichen Hinweis, dass der Herr und Heiland doch schon bei der Wandlung „realpräsent" sei, „ereignete sich" die „Versunkenheit" schon bei den Worten der Wandlung: „Denn in der Nacht ...".

Der Zustand der „Versunkenheit" ist bei dieser Frau durch Aufhebung des Lidschlags, durch eine gewisse mimische Starre und durch eine Steifheit des Oberkörpers gekennzeichnet.

Allerdings fragt sich *grundsätzlich*, ob die Differenzierung in Versenkungs- und Versunkenheitsbewusstsein für das Verständnis des hier beschriebenen Phänomens – wie generell von Visionen und Auditionen – eine Klärung bringt, die über das hinausgeht, was durch die psychiatrischen Begriffe Trance und Ekstase schon definiert ist.

Eine andere Hypothese über die Einheit und Vielschichtigkeit des Bewusstseins hat Dieter Vaitl aufgestellt, indem er für die sich verändernden Bewusstseinszustände vier Basisdimensionen beschrieben hat.

---

[93] Vgl. ebd.
[94] Albrecht, ebd., S. 113.

d) Sich verändernde Bewusstseinszustände

Unter den vier *Basisdimensionen* versteht Vaitl: Aktivierung, Wahrnehmungsspanne, Selbstwahrnehmung und Dynamik sensorischer Prozesse. Die Basisdimensionen sind nicht eindeutig definierbar und klar voneinander abgrenzbar, sondern gehen fließend ineinander über und „überschneiden" sich in den Funktionen des Gesamtbewusstseins.

Aktivierung meint die Bereitschaft, „aktiv" mit seiner (eigenen) psychophysischen Welt oder mit der (fremden) sozialen Umgebung kurz oder dauerhaft in Kontakt zu treten. Diese vitale Dimension reicht von höchster Wachheit bzw. heftiger Erregung bis zur weitgehenden Entspannung (besonders der Muskulatur) und inneren Ruhe (Schlaf).

Die *Wahrnehmungsspanne* prüft die Enge bzw. Weite der Aufmerksamkeit des einzelnen Menschen, der hier und jetzt viele (alle?) Dinge in seiner Umgebung erfasst oder (nur) selektiv Dinge und Ereignisse im Bewusstsein wahrnimmt. Die Aufmerksamkeit kann sich auf die Außenwelt und die Innenwelt des jeweiligen Menschen richten. Diese Zustände können dann sofort oder später registriert werden.

Die *Selbstwahrnehmung* begleitet ständig die Auseinandersetzung zwischen menschlicher Innenwelt und objekthafter Außenwelt. So können Menschen ganz in ihrer Umgebung aufgehen (Absorbtion). Sie können aber auch (nur) ganz in sich hineinfühlen und hineinleben (z. B. in Zeiten der „Selbstvergewisserung"). Jeder Mensch kann gleichzeitig und „ex post" diese Selbstwahrnehmungen mehr oder weniger bewusst registrieren. (Vgl. auch die Charakterisierung von „introvertierten" bzw. „extrovertierten" Menschen.)

Unter *Dynamik innerer Prozesse* versteht Vaitl, dass sich subjektives Erleben sowohl sensorisch (d. h. sinnenhaft; mit mindestens fünf Sinnen) als auch perzeptionell (von der Aufnahmefähigkeit her) ständig verändert. Das sinnenhafte Erleben kann eingeschränkt (z. B. durch Tranquilizer) oder verstärkt (z. B. durch Alkohol) sein.

Besondere sinnenhafte Eindrücke entstehen z. B. bei Tagträumen und Tagwünschen und bei optischen und/oder akustischen Halluzinationen. Die wechselnde Lebendigkeit und die verschiedene Farbigkeit des Erlebten gehören mit zu dieser Basisdimension des Bewusstseins. Als Beispiele seien Autogenes Training, meditative Übungen und visionäre Erlebnisse erwähnt:

- Im Erleben des *Autogenen Trainings* sind die Dimensionen der Aktivierung und der Wahrnehmungsspanne gewöhnlich reduziert, während die Selbstwahrnehmung und die Dynamik sensorischer (sinnenhafter) Prozesse sowohl gesteigert wie auch gedämpft sein kann.

- In der *Meditation* können – je nach Bewusstseinszustand und Zeit – alle vier Basisdimensionen jeweils hoch und niedrig (für Aktivierung) und weit und eng (für die Wahrnehmungsspanne) sein. Hierbei ist hervorzuheben, wie vielschichtig und spannungsreich gerade meditative Prozesse sein können. Es wird wohl besonders deutlich, wie disparat intellektuelle Erkenntnisse und inneres Erleben sein können.

- Will man die „Inhalte" der vier Basisdimensionen auf die Phänomenologie der *Visionen* und *Auditionen* anwenden, so könnten einige konkrete Beschreibungen (um die „Sache" wenigstens etwas zu erhellen) angeführt werden:

  – Im Prozess der *Aktivierung* werden durch Trance- bzw. Ekstasezustände äußere Aktivitäten (wie z.B. Beobachten oder Beurteilen) zunächst zurückgestellt, d.h. VisionärInnen werden ruhiger, innerlicher und wenden dabei ihre Aufmerksamkeit mehr auf „innere" Objekte (z.B. Gefühle des Glücks oder des Entsetzens) und „äußere" (z.B. imaginierte) Objekte, die aber doch als „äußere" Objekte erlebt werden (z.B. Maria oder andere Heilige). Es kommt sozusagen dabei zu einer „Verlagerung" von Äußerem (Aktivitäten) nach innen (z.B. Wachsamkeit und Empfängnisfähigkeit).

  – Die *Wahrnehmungsspanne* erscheint bei Visionen und Auditionen zunächst reduziert (die Außenwelt tritt – ähnlich wie beim Hypnoid des Autogenen Trainings – zurück), um dann der erlebten Entspannung und Gelöstheit mehr inneren Raum geben zu können. „Äußere" Objekte wie innere imaginierte Bilder können – was die Wahrnehmung angeht – leichter gesucht werden. Als Inhalte im Rahmen der Wahrnehmungsspanne können auch ungeordnete und zerstörerische Elemente, wie Fratzen und angstauslösende Szenen, vorkommen – ähnlich wie bei Träumen.

  – Die *Selbstwahrnehmung* (bzw. Selbstreflexion oder Selbstkontrolle) begleitet – gerade bei VisionärInnen ständig mehr oder weniger – die individuellen Bewusstseinszustände.

  Die Selbstwahrnehmung dürfte grundsätzlich je nach Persönlichkeitsstruktur verschieden sein: Zur Zwanghaftigkeit neigende Menschen dürften sich stark selbst kontrollieren: „Wie fühle ich mich jetzt dabei?" oder: „Was denkt mein Gegenüber jetzt von mir?" – Menschen mit histrionischen (früher: hysterischen) Persönlichkeitsanteilen dürften eher registrieren, wie es um ihre Außenwirkung und ihre Ausstrahlung bestellt ist (z.B. Schauspieler oder Prediger).

  Das bedeutet, dass auch VisionärInnen – besonders in ihrer Selbstwahrnehmung – u. a. von ihrer Persönlichkeitsstruktur bestimmt werden.

Dynamik innerer Prozesse meint im Kontext von Visionen und Auditionen, dass die Vorgänge im eigenen inneren „Selbst" und in dem Außenerleben sich ständig verändern. Zum Beispiel wird die Muttergottes bei Sonnenschein und Wärme bzw. bei Regen und Kälte den VisionärInnen „verschieden" vorkommen. Auch werden die Sehenden es anders erleben, wenn die Gottesmutter z. B. sagt: „Betet den Rosenkranz und tut Buße", als wenn sie den jungen Leuten in Medjugorje auf Anfrage sagt: „Ihr könnt die Untersuchung durch das EEG zulassen."

Als *Resümee der Beschreibung* bzw. der Annäherung an die Phänomenologie des menschlichen Bewusstseins gilt festzuhalten, dass die „Einheit" des Bewusstseins, die zugleich „Zerstreutheit" der Bewusstseinserlebnisse ist, stets nur fragmentarisch und unbefriedigend erfahren wird. Das haben schon alte (scholastisch geprägte) Philosophen in dem Satz ausgedrückt: *Individuum est ineffabile!* Das meint: Menschliches Bewusstsein ist nicht (allgemein, sondern – wenn überhaupt – nur individuell) aussagbar und analysierbar. Die bisher dargelegten neurowissenschaftlichen Hypothesen sind im Hinblick auf das Phänomen der Visionen und Auditionen noch defizitär und daher unbefriedigend. Diese Einschätzung soll aber keineswegs einem „Forschungspessimismus" das Wort reden.

Weitere Forschungsergebnisse zeigen ebenfalls den begrenzten Wert der bisherigen Definitionen und theoretischen Hypothesenbildungen.

II. Erhellung der Bewusstseinszusammen-hänge durch neuere neurophysiologische und neurochemische Forschungen

1. Fragestellung: Erklärt die Neurobiologie die Phänomene der Visionen und Auditionen?

Im Rahmen des interdisziplinären philosophisch-theologischen und humanwissenschaftlichen Dialoges in diesem Buch scheint es sinnvoll, vor allem die *nichtpathologischen* Bewusstseinszustände in den Blick zu nehmen.

Die Tatsache, dass durch Hirnkrankheiten (z. B. Sauerstoffmangel aufgrund von cerebrovasculärer Insuffizienz [Durchblutungsstörungen des Gehirns], Hirnverletzungen, Hirnentzündungen, Hirntumoren, endogenen Psychosen, z. B. Schizophrenie, allgemeine Stoffwechselentgleisungen etc.), die auch durch testspsychologische Untersuchungen verifiziert werden können, Bewusstseinstörungen statthaben und damit auch außergewöhnliche Erfahrungen ausgelöst werden können, ist nicht zu leugnen. Daher wäre – im Rahmen einer vernünftigen psychosomatischen Anthropologie – hilfreich, wenn zunächst alle Menschen mit außergewöhnlichen Erfahrungen wenigstens grob orientierend einer Diagnostik unterzogen würden, um vor allem hirnorganische Krankheiten und Süchte auszuschließen: Klinisch-neurologische Untersuchung, Ableitung eines Hirnstrombildes (EEG), Ultraschalldiagnostik der großen, das Gehirn versorgenden Adern, Hirncomputertomogramm, funktionelle Magnetresonanztomographie (MRT) und chemische Analyse des Liquor cerebro-spinalis („Nervenwasser"). Das würde falsche diagnostische Einordnungen vermeiden, etwaige Vorurteile der Umgebung korrigieren und wahrscheinlich auch *bessere Therapie- bzw.- Heilungs- und Heilschancen* eröffnen.

Ferner gilt es, außergewöhnliche Erfahrungen *nicht von vornherein zu pathologisieren,* sondern den Wert und das Lebensbejahende dieses Übersteigens von menschlichen Grenzen anzuerkennen. Gleichzeitig entspräche dieses Vorgehen der Einmaligkeit und Würde jedes einzelnen Menschen, der nicht „durch irgendeine Verrücktheit" vorschnell diskriminiert werden darf. Vielmehr wären die außergewöhnlichen Erfahrungen bei manchen Menschen in Toleranz zu akzeptieren und ihnen – möglichst neidfrei – zu „gönnen".

Nicht-pathologische Bewusstseinszustände charakterisiert Dieter Vaitl sehr treffend: Sie „sind aufgrund ihrer Vielzahl und Heterogenität … nur schwer miteinander zu vergleichen; die Streubreite der Phänomene ist groß"[95].

Jedem sich selbst ein wenig reflektierenden Menschen sind alltäglich-normale Bewusstseinszustände bekannt: Tagträume, welche oft narzisstischer Zufuhr dienen, Glücks- bzw. Angstzustände bei besonderen herbeigerufenen Vorstellungen, beruhigende Ideen und Gefühle beim Übergang vom Wachzustand zum Schlaf etc. Diese „natürlichen" Bewusstseinszustände können wohl auch durch verschiedene subjektive, aber auch physiologische und psychologische Methoden angeregt und sogar ausgelöst werden. Pharmakologische Provokationsmethoden durch Meskalin, Amphetamine, LSD, Psilocybin, Cannabis, Kokain, Schnüffelstoffe sind durch die Massenmedien bekannt.

Was kann nun in Bezug auf das Bewusstsein durch Anregung bzw. durch Induktion überhaupt erreicht werden? Welche psycho-physischen Funktionen stehen dabei im Vordergrund? Dabei gilt es, nicht alle möglichen, aber doch „typische" Reaktionen bei außergewöhnlichen Erfahrungen zu identifizieren.

2. Modi veränderter Bewusstseinzustände

Modi veränderter Bewusstseinszustände[96]	
Funktion	**Beispiele**
• Wahrnehmung	Halluzinationen[97] Illusionen Synästhesien

[95] Dieter Vaitl, Veränderte Bewusstseinszustände , Stuttgart 2003 (Sitzungsberichte der wissenschaftlichen Gesellschaft an der Johann Wolfgang Goethe-Universität Frankfurt am Main Bd. XLI, Nr. 2), S. 60 (12).

[96] Angesichts der Phänomenologie der Visionen und Auditionen und der Lebensläufe überhaupt scheint es richtiger zu sein, hier von Bewusstseinsabläufen zu sprechen als von Bewusstseinszuständen. Zustände bezeichnen gewöhnlich Momentaufnahmen, während Lebensvorgänge „fließende" Phänomene sind, die schnell ineinander übergehen, auch wenn sie grundsätzlich unseren Zeitvorstellungen unterliegen.

[97] Aus psychiatrischer Sicht wäre anzumerken, dass optische, akustische und zönästhetische Halluzinationen gewöhnlich krankhafte Zeichen, d. h. im

• Zeiterleben	Gefühl von Zeitlosigkeit Verschmelzen von Vergangenheit, Gegenwart, Zukunft
• Denken	Denkabläufe beschleunigt/verlangsamt Konzentrationsstörungen
• Bedeutungserleben	Fremdartigkeit des Bekannten Evidenzerlebnisse
• Selbstkontrolle	Angst vor Verlust der Selbstkontrolle
• Körperschema	Gefühl der Körperlosigkeit Levitationserlebnisse
• Emotionen	Hohe Intensität positiver/negativer Emotionen (Glücksgefühle/Panik)

Was die Funktion der *Wahrnehmungen* angeht, so werden z. B. optische, akustische oder leibhafte (zönästhetische) Sinneserfahrungen gemacht, ohne dass ein reales – auch von anderen Menschen rezipierbares – Wahrnehmungsobjekt vorhanden ist. *Halluzinationen* (im Rahmen von endogenen bzw. exogenen Psychosen) kommen ohne Reizung eines Sinnesorgans von „innen" zustande (man vermutet dabei Stoffwechselstörungen im Gehirn). Dabei ist der Halluzinierende fest von der Realität seiner Wahrnehmung überzeugt (subjektive Evidenz[98]). So wären pathologische (krankhafte) optische Halluzinationen, z. B. kleine sich bewegende Gegenstände („weiße Mäuse"), typisch für einen Alkoholiker.

Illusionen sind Sinnestäuschungen, bei denen wirkliche Gegebenheiten verfälscht bzw. durch Hinzufügungen verändert erscheinen: So wird z. B.

Rahmen einer Psychose auftretende Symptome sind. Das schließt nicht aus, dass Halluzinationen z. B. auch in der Hypnose, bei Massensuggestionen oder im Halbschlaf vorkommen können. Dabei handelt es sich gewöhnlich um zeitlich begrenzte Phänomene, welche aber nicht in die Kategorie „Krankheit" eingeordnet werden sollten. Zweifellos gibt es hier fließende Übergänge. Vgl. Peters, Wörterbuch, S. 217.

[98] Evidenz kommt als Begriff und Zusammenhang heute in verschiedenen Bedeutungen vor: So bezeichnet sie z. B. im Rahmen der Qualitätssicherung im Gesundheitssystem die so genannte *evidence based medicine*. Damit ist eine Evidenz gemeint, welche statistische Daten als Grundlage nimmt, um Kosten zu sparen. Hier ist mit Evidenz eine subjektive (pathologische oder auch nichtpathologische) innere Sicherheit gemeint, mit der außergewöhnliche Erfahrungen als „wahrhaftig" und vielleicht auch als „echt" vom jeweils Betroffenen eingeordnet werden.

in der Dämmerung ein alter Ofen für einen Bären gehalten. Weitere Beispiele für Illusionen finden sich in Goethes „Erlkönig" (der fiebernde Knabe sieht in dem „Nebelstreif" den Erlkönig). Illusionäre Verkennungen sind oft von krankhaften Affekten (Fieberzustände, Ängste, übertriebene Wünsche) abhängig und treten häufig bei leichter Bewusstseinstrübung auf.

Synästhesien sind Vermischungen mehrerer Sinneswahrnehmungen. So kommt es z. B. beim Öffnen einer Rotweinflasche zu visuellen etwa blaurot-purpurnen Eindrücken mit Geruchsempfindungen und entsprechendem Speichelfluss.

Visionäre und Visionärinnen aller Zeiten berichten von *verändertem Zeiterleben*. Es kommt zu Gefühlen von Zeitlosigkeit bzw. – ähnlich wie bei Träumen – zu Verschmelzungen von Vergangenheit, Gegenwart und Zukunft.

Das *Denken* ist bei außergewöhnlichen Erfahrungen entweder verlangsamt oder beschleunigt, wie das Schnell- und Vielreden eines Manikers bzw. eines logorrhoeischen Egozentrikers.

Auch zeigen sich bei etlichen außergewöhnlichen Erfahrungen Wahrnehmungsstörungen und/oder Denkstörungen im Sinne von *Konzentrationsstörungen*. Fast scheint es, als ob eine Art Bewusstseinseinengung nötig sei, um innerlich frei zu sein für das Außergewöhnliche bzw. das „ganz Andere". So konnte sich eine 61-jährige Patientin, die sich besessen glaubte, während ihres Trancezustandes nicht auf einen Text der Bibel konzentrieren, indem sie einfach Sätze überschlug.

Ein verändertes *Bedeutungserleben* – auch in Form von überwertigen Ideen[99] – zeigt sich darin, dass Bekanntes als fremdartig erlebt wird und Unbekanntes plötzlich als vertraut auftaucht.

Déjà-vu-Erlebnisse (schon einmal erlebte Phänomene, welche so real kaum vorkommen) häufen sich.

Weiterhin werden Zustände von *Schwere- bzw. Körperlosigkeit* beschrieben, so dass z. B. Menschen meinen, neben sich selbst herzugehen. Von *Veränderungen des Körperschemas* wird berichtet, wenn z. B. erlebt wird, dass der Kopf leer, die rechte Hand oder der Unterleib nicht mehr vorhanden bzw. als „ausgegrenzt" erfahren werden.

---

[99] Eine *überwertige Idee* (C. Wernicke, 1900) ist eine Vorstellung, welche durch ein im Gemüt besonders erregendes Erlebnis hervorgerufen wurde und welche von da ab Denken und Handeln eines Menschen dominiert. So kann ein junger Mann – nach einer relativ harmlosen Gehirnerschütterung – von seinen (leichten) Beschwerden so dominiert werden, dass er zu einem Gesundheitsskrupulanten wird und berentet werden muss.

Damit verbunden sind oft *Ängste vor Kontrollverlust*. Das sind Ängste, sich im Nichts oder in der Intensität eines Gefühlssturmes zu verlieren.

Das *Affektleben* ist durch starke Gegensätze gekennzeichnet: Die Emotionen schwanken zwischen dem Erleben ekstatischen Glücks (analog zu einem ganzheitlichen Orgasmus) und Panikattacken andererseits, welche auch durch starke Psychopharmaka kaum zu therapieren sind.

Fast alle Menschen mit außergewöhnlichen Erfahrungen berichten von der Unmöglichkeit, ihre Emotionen, ihr Erleben und Verhalten in adäquate Worte zu fassen, geschweige denn, sie exakt zu beschreiben. Diesen Zusammenhang nennt Dieter Vaitl *„Ineffabilität"*.

Als Zusammenfassung und Extrakt von Bewusstseinsveränderungen referiert Vaitl Forschungen von Dittrich und seinen Mitarbeitern, welche das Phänomen der außergewöhnlichen Erfahrungen „kulturübergreifend" (Vaitl) geordnet haben. Durch methodisch-psychologische Verfahren (Autogenes Training und Meditation) und durch entsprechende Gaben von halluzinogenen Substanzen provoziert, wurden Bewusstseinszustände hervorgerufen, die charakteristisch sind für außergewöhnliche menschliche Erfahrungen:

(1) *„Ozeanische Selbstentgrenzung"*, z. B.: „Es schien mir, als hätte ich keinen Körper mehr", oder: „Ich hatte das Gefühl, in eine andere Welt versetzt zu sein" etc.

(2) *„Angstvolle Ichauflösung"*, z. B.: „Meine Umgebung kam mir eigenartig fremd vor, und das machte mir Angst", oder: „Ich fühlte mich bedroht, ohne dass mir klar wurde wovon".

(3) *„Visionäre Umstrukturierung"*, z. B.: „Ich sah Dinge, von denen ich wusste, dass sie nicht wirklich waren", oder: „Die Dinge um mich herum erschienen mir ganz einfach bzw. viel größer als gewöhnlich"[100].

---

[100] A. Dittrich/ S. v. Arx / S. Staub, International study on altered states of consciousness (ISASC). Summary of the results: German Journal of Psychology 9, p. 319–339, zitiert nach Vaitl, Veränderter Bewusstseinszustände, S. 62 (14).

3. Neuere Ansätze zur Neurobiologie des Bewusstseins und der AgE – besonders im Zusammenhang mit Visionen und Auditionen

Wer die vielfältigen Phänomene des menschlichen Bewusstseins und damit auch die außergewöhnlichen Erfahrungen verstehen und ein wenig erklären will, muss sich den neuralen Prozessen, d. h. der Neurobiologie des menschlichen Gehirns und seiner „Organisation" zuwenden. Schon 1964 definierte Alfred Fessard auf einem Symposium von Sainte-Marguerite (Thema: Brain and Conciousness) das Bewusstsein „als Integration des Erlebens, insofern es in jedem Augenblick zugleich eines und vieles sein" könne[101].

Dem entspricht, dass – ausgehend von den Strukturen des Gehirns (Hirnstamm, Hirnrinde, Formatio reticularis, Thalamus etc.) – Bewusstsein in „funktionale Einheiten untergliedert werden" muss[102]. Obwohl grundsätzlich von der Hypothese der funktionalen Einheiten ausgegangen werden kann, bleibt unklar, wann, wo und wie sich die verschiedenen funktionalen Einheiten zur personalen Ganzheit und Einheit des „Selbst" konstituieren. Denn diese Einheit ist für die Aktuierung des Willens und der Freiheit unerlässlich.

Es fragt sich nun, ob und wie Änderungen bzw. Grade der Bewusstseinslage (z. B. Wachheit, Koma etc.) mit empirisch messbaren (neurophysiologischen oder/und neurochemischen) Vorgängen im menschlichen Gehirn *korrelieren*. Es fragt sich ferner, ob (bei diesen dualen Systemen) Gesetzmäßigkeiten bzw. Regeleinheiten zu entdecken sind, welche auch zu neurologisch-therapeutischem Handeln bei entstandenen Bewusstseinsstörungen führen können.

Dieter Vaitl äußert „Hoffnung", dass neuere Konzepte der Hirnforschung helfen könnten, *veränderte Bewusstseinszustände besser zu verstehen*. Er beschreibt sieben Konzepte der Hirnforschung, welche helfen könnten, Einheit („Selbst"?) und Vielheit („Veränderbarkeit") der menschlichen Bewusstseinsabläufe zu klären. Von diesen Konzepten sollen hier vier dargelegt werden.

---

[101] So zitiert bei Henri Ey, Das Bewusstsein. Mit einem Vorwort von K. P. Kisker (Phänomenolgisch-Psychologische Forschungen Bd. 8), Berlin 1967, S. 113.

[102] Vaitl, Veränderte Bewusstseinszustände, S. 97.

a) Das Proto-Selbst nach Damasio

Das Proto-Selbst sei eine „bewusstseinsferne neurale Repräsentation des Körperzustandes" beim Menschen[103]. Die im menschlichen Leib ständig ablaufenden Prozesse würden in verschiedenen Hirnarealen (z. B. Hirnstamm, Hypothalamus etc.) Spuren hinterlassen. Es seien zusammenhängende „neurale Verbindungen, die kontinuierlich den physiologischen Zustand des Körpers repräsentieren"[104]. Die Hirnstrukturen, welche das Proto-Selbst konstituieren, seien u. a. Teile des Cortex (Hirnrinde), Kerngebiete des Hirnstamms, des Hypothalamus etc. Diese Strukturen im Gehirn würden Erschütterungen des Körpers, Traumaerfahrungen, Praktiken zur Tranceinduktion (z. B. Kälteexposition oder langes Fasten) rezipieren und ins Unbewusste abspeichern, damit das „innere Milieu des Körpers" (Fließgleichgewicht?) stabil bleibe[105]. Die abgespeicherten Körpersignale blieben völlig unbewusst und könnten sprachlich nicht adäquat formuliert werden.

An das Denkmodell des Proto-Selbst müssen Fragen gestellt werden:

- Ist das Proto-Selbst eine reale neurophysiologisch fassbare Größe oder (nur) ein Postulat?
- Wie ist die (vorläufige) Einheit des Proto-Selbst zu verstehen?
- In welchen Hirnarealen werden „Erschütterungen und traumatische Erlebnisse" wie abgespeichert und wie zurückgerufen?
- Wie geschieht die Vernetzung zwischen den verschiedenen Kerngebieten? (Etwa durch neurochemische „Verschiebungen" an den Zellmembranen oder durch elektrophysiologische „Abläufe"?)
- Gibt es auch sekundäre bzw. tertiäre „Selbste" (vielleicht „Zwischenselbste"), und gibt es aus diesem Denkmodel heraus Erklärungen für das „wahre" und „falsche" Selbst?
- Oder schließlich: Wo und wie werden im Proto-Selbst „unsere außergewöhnlichen Erfahrungen" rezipiert und gespeichert?

---

[103] Ebd., S. 99
[104] Ebd.
[105] Vgl. ebd.

b) Das Kernbewusstsein

Antonio Damasio hat 1999 das so genannte Kernbewusstsein postuliert. Demnach entstehen in bestimmten speziellen Hirnregionen „Repräsentationen z. B. von Form, Klang und Farbe eines Objektes", von denen der „Organismus aber noch nichts wahrnimmt" (bewusst oder unbewusst?). Auch unspezifische emotionale Regungen im Umgang mit Objekten gehören nach Damasio zum Kernbewusstsein.

Das Kernbewusstsein entstehe genau zu dem Zeitpunkt, wenn „der Organismus ein Objekt nicht nur wahrnimmt, sondern zugleich auch wahrnimmt, dass er sich selbst durch diese Wahrnehmung verändert". Damit entstehe eine neue Repräsentation im Gehirn. Durch ständige Veränderung in den physiologischen Abläufen des Körpers entstehe das Kernbewusstsein, vermutet Damasio. Es sei eine „Körperempfindung", welche alle Wahrnehmungen und Gedankeninhalte begleitet, so lange der Mensch „wach" sei. Dadurch werde ein „Gefühl des Hier und Jetzt vermittelt". Erst wenn eine „Langzeitspeicherung dieser Gefühle" erfolgt sei, entstehe „ein Sinn für Vergangenheit, Gegenwart und Zukunft" und damit „ein erweitertes Bewusstsein".

Der Leiter der Arbeitsgruppe „Funktionelle Bildgebung" in der Psychiatrischen Universitätsklinik Bonn, Kai Vogeley[106], postuliert im Zusammenhang mit dem Kernbewusstsein nach Damasio „empirisch fundierte Konzepte von Selbstbewusstsein"[107]. Er beruft sich dabei auf Forschungen, die Damasio vor 1999 angestellt hat. Damasio hält die Aktivierung des rechten Scheitel- und Stirnlappens für die Repräsentation des menschlichen Körperbildes für erforderlich: Emotionale „Spuren früherer Erlebnisse" könnten „aktuelle Entscheidungen" des Menschen „mit beeinflussen". Dieser Mechanismus könnte zu einer „Einschränkung und Reduktion von neuen Entscheidungsräumen" führen[108].

Damit die Interaktion des Individuums mit seiner Umwelt das Überleben des Menschen gewährleisten könne, sei eine empirisch fassbare Konzeptualisierung des menschlichen „Selbst" erforderlich. Dieses Selbstmodell könne dann als eine kontinuierliche Quelle dienen, „wenn bewusste

---

[106] Vgl. Kai Vogeley, Selbstbewusstsein und Hirnforschung. Neuer Erkenntnisse und ihre physiologische und ethische Interpretation: Hirschberg 57 (2004) Nr. 6, S. 292–298.

[107] Ebd., S. 296.

[108] Ebd., S. 297.

Erfahrungen wie Meinigkeit, Urheberschaft oder Perspektivität erlebt werden". Dies sei eine „notwendige Vorbedingung für menschliches Selbstbewusstsein"[109].

Allerdings sei als Vorgabe für dieses Selbstmodell eine Einigung über „einen potentiell empirisch charakterisierbaren Personenbegriff" notwendig, ohne den kein Verständnis für „kognitive Leistungen" möglich sei.

Doch könnte „für andere Zwecke wie z. B. in der klinischen Medizin ein anderer ganzheitlicher Personenbegriff" benutzt werden, „der auch die Zuschreibung von Menschenwürde als unteilbares Gut einschließt". Ferner sollte ein Minimalkatalog von personalen Identitätskriterien erstellt werden. Das sei eine Aufgabe, die im Wesentlichen von Philosophen, Theologen und Neurowissenschaftlern „in einem interdisziplinären Diskurs"[110] zu leisten sei.

Auch angesichts dieser Denkmodelle und Postulate kommen Zweifel und Fragen auf:

- Woher „weiß" das Kernbewusstsein, was bewusst und was nicht bewusst ist?
- Was ist „der Organismus", der etwas „weiß" bzw. „nicht weiß"?
- Wo und wie entstehen „Repräsentanzen neuer Art" genau?
- Wie lange dauert die „Langzeitspeicherung", damit ein Zukunftsgefühl (z. B. eine ärztliche Prognose) gefunden wird?

c) Kortikale Abläufe bei Anwendung von Entspannungsmethoden

Schon seit den Dreißiger Jahren des 20. Jahrhunderts ist bekannt, dass Entspannungsmethoden wie z. B. Autogenes Training (I. H. Schultz) oder das Kathathyme Bilderleben (Hanscarl Leuner) Veränderungen der Aufmerksamkeit bzw. der Bewusstseinslage (meist Zustand der Somnolenz) und der Konzentration mit sich bringen: Es entsteht ein Mangel an Aufmerksamkeit, der korreliert mit der Fähigkeit, sich von dem Vorgestellten bzw. dem Intendierten nicht ablenken zu lassen.

Zum Beispiel sagt der autogen Übende in die entspannte Ruhe im Liegen hinein: „Mein rechter Arm ist warm, angenehm warm!" Dabei lässt er den linken Arm bzw. die Beine und selbstverständlich auch das

---

[109] Ebd.
[110] Ebd., S. 298.

übrige Körpergefühl außer acht. Allerdings werden nach längerem Üben (fast automatisch) auch linker Arm und die Beine angenehm warm. Frage: Welche neuralen Mechanismen in welchen Gehirnzentren sind dabei beteiligt?

Oder: In einer späteren Übungsphase „konzentriert" der Übende: „Brief nach Flensburg wird heute geschrieben!" – Es wird intendiert, dass der „innere Druck" so stark wird, dass der Mensch, dessen Führerschein in Gefahr ist, letztlich gar nicht anders kann als den unangenehmen Brief zu schreiben. – Dabei ereignen sich intra-zerebral viele multikausale und mehrdimensionale Abläufe im Gehirn, bei denen viele Zentren und Synapsen (welche?) beteiligt sind. Um welche Schaltstellen handelt es sich wohl, wie sind sie vernetzt und wie verändern sie sich im Laufe der verschiedenen Übungsphasen im Autogenen Training?

Vaitl[111] unterscheidet (nach Crawford 1994)[112] leicht Hypnotisierbare von schwieriger Hypnotisierbaren. Wie ist das zu erklären? Sind das genetisch festgelegte Fähigkeiten eines individuellen Gehirns oder vielleicht nur „Übungseffekte"? Sollten beide Kausalketten beteiligt sein, erhebt sich die Frage, wie sie neural miteinander vernetzt sind.

Andere Methoden, Aufmerksamkeitsphänomene zu untersuchen, sind elektrophysiologische (EEG, evozierte Potentiale) hämodynamische (Messung des regionalen Blutflusses im Gehirn) und bildgebende Verfahren (z. B. funktionelle Magnetresonanztomographie), welche die beteiligten Hirnareale untersuchen, die für die Rezeption von Schmerz zuständig sind.

Vaitl beschreibt dabei Prozesse, welche von Stirnhirnregionen ausgehen und Vorgänge im limbischen System modulieren. Doch bewertet Vaitl selbst: „Allerdings ist diese Vorstellung recht vage"[113].

In den letzten 20 Jahren sind (nach Vaitl) drei neurale Netzwerke entdeckt worden, welche für die Aufmerksamkeitsstudien relevant sind:

(1) Die Hirnstrukturen des Pulvinar, der Colliculus superior, die oberen Scheitellappen und die frontalen Augenfelder. Diese Strukturen sind zuständig für neue, das Gehirn treffende Reize.

(2) Hier ist die wichtigste Hirnstruktur der vordere Gyrus cinguli. Dieses Netzwerk dient der Ausführung und der Kontrolle von Handlungen.

---

[111] Vgl. Vaitl, Veränderte Bewusstseinszustände, S. 108 (60).

[112] Vgl. Helen Joan Crawford, Brain dynamics an hypnosis: Attentional and disattentional processes: The International Journal of Clinical an Experimental Hypnosis 42/3 (1994), S. 204–232.

[113] Vaitl, Veränderte Bewusstseinszustände, S. 108. Hervorh. U. N.

(3) Maßgeblich sind die beteiligten Hirnstrukturen: rechte Stirnhirnseite und Teile des Schläfenlappens. Dieses Netzwerk ist für einen gewissen Wachheitsgrad, der aufrecht erhalten werden soll, zuständig. Wie, wann, wo diese Zentren bei dem Aufmerksamkeits- bzw. Schmerzerleben beteiligt sind, bleibt weitgehend offen: „Leider gibt es hierzu noch keine verlässlichen Befunde"[114].

d) Provokationsmethoden und entsprechend messbare Hirnfunktionen

Wie kann das menschliche Gehirn durch Induktionen bzw. Provokationen „getestet" werden? Diese Frage ist wichtig, weil dadurch das Zusammenspiel zwischen den Hirnarealen (anatomisch) und den Schaltstellen (funktionell, d. h. neurochemisch und/oder hirnelektrisch) besser erklärt und verstanden werden können.

Provokationsmethoden sind z. B.: Schlafentzug, extremes und lang andauerndes Fasten, Kälte- bzw. Wärme-Exposition, bewusstes und lang trainiertes Abschalten von Gedanken bzw. diskursivem Denken im Rahmen von Zen-Meditation bzw. Yoga-Übungen (z. B. „Nichts-Denken" und „Leer werden").

Ein wichtiges Beispiel für das Abschalten von rationalem Denken und Umwelteinflüssen sind die Farbübungen im Rahmen des Autogenen Trainings. Nicht nur bei vielen PatientInnen, sondern auch bei TeilnehmerInnen an Volkshochschulkursen in verschiedenen Städten Deutschlands hat der Verfasser mehr als 20 Jahre Erfahrungen mit den so genannten Farbübungen des AT (d. h. Suchen nach der „Eigenfarbe" und den Spektralfarben) sammeln können. Trotz guter Muskelentspannung, deutlichen Wärmeerlebnissen und gutem Zustand im „Hypnoid" (reduziertes Bewusstsein) erlebten mehr als 90% der gesunden TeilnehmerInnen keine „Eigenfarbe" („Vor meinem inneren Auge entwickelt sich eine Farbe; es ist meine Farbe") und konnten auch das Farbspektrum (von rot bis violett) nicht mitvollziehen.

Wie ist das zu erklären? Wie verläuft die „Vorbahnung" genauer? Gibt es dafür erbliche Dispositionen im Gehirn? Oder gab es bei diesen Menschen (ca. 900 Versuchspersonen) intrazerebrale Blockierungen oder äußere hemmende Einflüsse?

Auf jeden Fall kann man aus diesen empirischen Ergebnissen nicht den

---

[114] Ebd., S. 109.

Schluss ziehen, dass die Synapsen und funktionellen Verbindungen im Gehirn diese subjektiv erlebten und objektiv von einem erfahrenen Trainer registrierten Phänomene einigermaßen erklären können. Die Farberlebnisse im AT können (bisher) in nur sehr vage Korrelation zu messbaren Schaltvorgängen im menschlichen Gehirn gesetzt werden. Die Anwendung von Hypnose und Autosuggestion lassen jedenfalls – von einzelnen individuellen „Erfolgen" abgesehen – keine generellen Schlüsse für die genaue Parallelität zwischen sensorischem, ständig wechselndem Erleben und messbaren Gehirnfunktionen erkennen. Hier hat auch die funktionelle Bildgebung, d. h. die funktionelle Magnetresonanztomographie (Kernspintomographie) bisher keine entscheidenden Durchblicke bringen können.

Diese kritisch-negative Beurteilung schließt aber nicht aus, dass intensive neuro-physiologische und neurochemische Studien weitergehen sollten, um das Rätsel der Einheit und zugleich Vielheit und Differenziertheit des menschlichen Bewusstseins (und damit Erklärungsmodellen für AgE, u. a. für Visionen) näher zu kommen.

Entscheidend für die zukünftige Bewusstseinsforschung sind nicht nur interessante Einzelergebnisse, sondern Zielvorstellungen (z. B. Motivationen) und intentionale Strukturen (z. B. menschliche Willensdimensionen).

In diesem Zusammenhang erklärt Vaitl an Phänomenen in fernöstlichen Hochkulturen, dass Menschen, welche sich um eine körperliche und geistig-spirituelle Selbstzucht bemühen, ihre Bewusstseinsabläufe „manipulieren", d. h. sozusagen „selbst in die Hand nehmen" können: So hatten z. B. Fakire durch jahrelanges Training erreicht, dass sie – scheinbar ohne Schmerzen – auf einem Nagelbrett schlafen konnten oder selbst mit einem scharfen Messer ihre Zunge durchbohren konnten. Vaitl zitiert hier Forschungen von Larbig (1982)[115], der feststellte, dass bei diesen Schmerzprofis bestimmte Hirnareale in einen ‚Mikroschlaf' fielen. Wurden die Fakire allerdings im Rahmen einer wissenschaftlichen Versuchsreihe ‚normalen' Schmerzen ausgesetzt, äußerten sie in ähnlicher Weise Schmerzen wie die anderen Teilnehmer der Untersuchungsreihe[116].

Entscheidend für Schmerzfreiheit und Bewusstseinserweiterung bzw. -einengung sind die klar erkannten und gewollten Ziele und Gründe, warum sie jeweils ihr Bewusstsein positiv bzw. negativ verändern wollen. *Ohne den Einsatz von menschlichen Freiheitsakten ist Bewusstsein subjektiv und im Einzelfall nicht zu verändern.*

---

[115] Vgl. Wolfgang Larbig, Schmerz. Grundlagen-Forschung-Therapie, Stuttgart u. a. 1982.

[116] Vgl. ebd., S. 110.

4. Hormonale und neurochemische Zusammenhänge zur Klärung außergewöhnlicher Erfahrungen – insbesondere Visionen und Auditionen

Aus den bisher beschriebenen neueren Ansätzen zur Neurophysiologie von Bewusstsein und den entsprechenden Modifikationen, z. B. Ekstasen, ist folgende Konsequenz zu ziehen: *Jeder menschliche Bewusstseinsakt hat eine neurophysiologische Grundlage, auch das religiöse Erleben.*

Aber führen interessante und lobenswerte Versuche, religiöse Gefühle verschiedenen Hirnarealen (selbstverständlich mit entsprechenden synaptischen Vernetzungen) zuzuordnen, zum Verstehen von (vorwiegend irrationalen) Glaubensempfindungen und zu einer im Alltag bewährten Lebensführung nach den als wahr erkannten Glaubensgrundsätzen[117]?

a) Die Funktionen des Hypophyse-Zwischenhirnsystems

So wichtig die Vorstellungen und Theoreme von Damasio, die Vorstellung vom „Proto-Selbst" und die „kortikalen Abläufe" sein mögen – sie vernachlässigen in hohem Maße die *endokrinologischen* (hormonalen) *Zusammenhänge* und damit die neurochemischen Daten, die gleichzeitig im Gehirn, z. B. im Hypophysen-Zwischenhirnsystem bzw. im limbischen System ablaufen.

Dieses System beeinflusst bzw. reguliert durch die Hypophysenvorderlappenhormone (Botenstoffe in sehr geringer Konzentration) andere Drüsen mit innerer Sekretion. Dazu gehören z. B. die Schilddrüse (thyreotropes Hormon), die Nebennierenrinde (kortikotropes Hormon; das Cortison wirkt z. B. im ganzen Körper entzündungshemmend und hilft als

---

[117] Friedrich Wilhelm Graf zitiert in diesem Zusammenhang den Radiologen und Neurotheologen Andrew Newberg, der von einem Experiment berichtet. Drei Franziskanerinnen und acht meditierende buddhistische Mönche wurden mit einem Kernspintomogramm untersucht: „Fühlten sie sich in mystischer Ekstase nahe bei ihrem Gott oder im Nirwana, zogen sie an einer Schnur, woraufhin ein schwach radioaktives Kontrastmittel in die Venen tröpfelte und Durchblutungsmuster im Gehirn sichtbar machte. Bei erfühlter Gottesnähe herrschte in den für Köperwahrnehmung zentralen Scheitellappen der Großhirnrinde weithin Funkstille." Friedrich Wilhelm Graf, Denk mal höher! Gibt es einen neurobiologischen Gottesbeweis?: FAZ v. 23. 7. 04.

„Anti-Stress-Hormon", eine Belastung für den Körper erträglicher zu machen); die Gonaden, d. h. die männlichen Hoden und die weiblichen Eierstöcke (gonadotrope Hormone; das Testosteron ist das wichtigste männliche Sexualhormon, das sexuell stimulierend wirkt; die Östrogene stabilisieren das seelische Gleichgewicht und „sorgen" für das weibliche Erscheinungsbild).

Auch der Hypophysenhinterlappen produziert andere somatotrope Hormone, welche das Gefühlsleben (und damit auch ekstatische Zustände) beeinflussen. Werden diese Hormone zu viel oder zu wenig produziert, gibt es entsprechende Krankheiten: z. B. Morbus Basedow, M. Cushing bzw. Hirsutismus (männlicher Behaarungstyp bei Frauen).

Durch diverse synaptische Schaltungen (vielleicht auch durch interzellulare Botenstoffe) ist die Hypophyse mit dem Zwischenhirn in ständigem Austausch, was einerseits die Hormonproduktion der Hypophyse reguliert, andererseits menschliche Gefühle wie Wut und Angst freisetzt bzw. steuert:

Zunächst gelangen alle Sinnesreize (Sehen, Hören etc.) in den Thalamus. Danach wird der Mandelkern (Amygdala) aktiviert. Dieser ist zweifach (rechts und links) angelegt, wobei die Seiten eng miteinander „kommunizieren". Er gilt als eine wichtige Schaltstelle für unsere Gefühle. Zusammen mit dem Thalamus und dem Hypothalamus bildet der Mandelkern eine Funktionseinheit, die man als das *limbische System* bezeichnet: „Insgesamt sind mehr als ein Dutzend Gehirnareale an das limbische System angeschlossen, die in enger Zusammenarbeit unsere Gefühle wie Wut, Angst, Glück, Liebe und Hass auslösen. Alle diese Gefühle entstehen im limbischen System. Die zum limbischen System gehörenden Gehirnareale werden daher auch als Gefühlszentrum bezeichnet. Die hierzu gehörenden Gehirnabschnitte sind untereinander über zahlreiche Nervenbahnen ‚verdrahtet' und können so ständig Informationen austauschen. Der Mandelkern ist in dieser Gefühlsfabrik der Salzstreuer, der alle Nachrichten, die im Gehirn eintreffen, mit einem Gefühl ‚würzt', mehr oder weniger intensiv"[118].

---

[118] Marco Rauland, Chemie der Gefühle, Stuttgart–Leipzig: Hirzel 2001, S. 51.

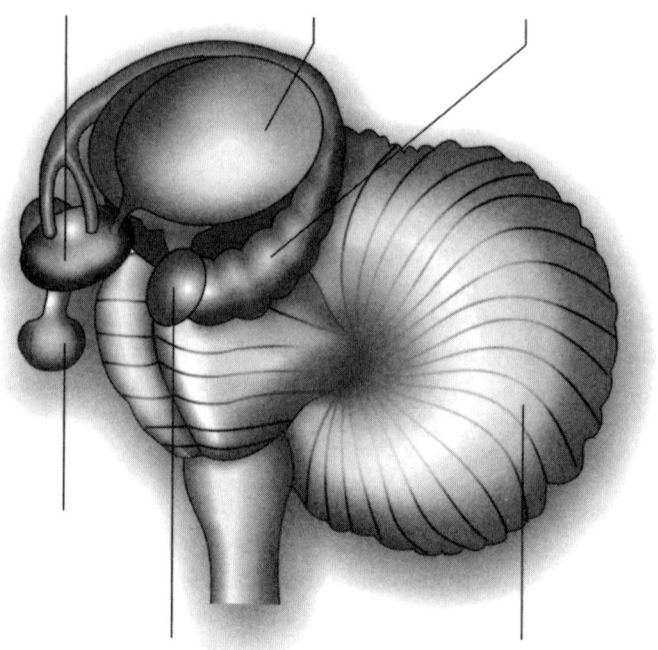

„Das Gefühlszentrum des Gehirns" in: Marco Rauland, Chemie der Gefühle, Stuttgart–Leipzig 2001, S. 52

b) Erklären Neurotransmitter wie Acetylcholin, Adrenalin, Noradrenalin, Dopamin, teilweise Gefühlsregungen und damit auch außergewöhnliche Erfahrungen?

Andere Botenstoffe sind die so genannten „Neurotransmitter", welche ebenfalls ihren Beitrag zum Entstehen und zur Ausprägung von Gefühlsregungen wie auch außergewöhnlicher Erfahrungen leisten. Dabei sind vollständige Erklärungsmodelle (noch) nicht möglich, da von den neurochemischen Einzelheiten die Zusammenhänge des Ganzen, die „Auswahlkriterien" und die „Gewichtung" nicht erklärt werden können.

Einzelne Neurotransmitter:
- *Acetylcholin* ist ein Neurotransmitter im parasympathischen Teil des Nervensystems, welches für die Erhaltung der Lebensfunktionen, wie Speichelfluss, Verdauuung, Sexualität etc. zuständig ist. Acetylcholin ist an den Vorgängen beim Lernen und Denken beteiligt und steuert die bewusste Bewegung von Muskeln.

- *Adrenalin* und *Noradrenalin* sind Neurotransmitter im sympathischen Teil des Nervensystems, welches für Kampf- und Erregungsmuster zuständig ist. Beide Botenstoffe steigern u. a. blitzschnell die Herz-Kreislauf-Funktionen und versetzen so den Leib in den Zustand einer erhöhten Alarmbereitschaft.
- *Dopamin* ist ein Neurotransmitter der Nervenzellen des Gehirns. Dopamin fördert die Lust und erhöht die Kreativität und Phantasie.
- *Serotonin* ist ebenfalls ein Neurotransmitter der Nervenzellen des Gehirns, der die menschliche Stimmungslage beeinflusst und in der richtigen Konzentration für unsere innere Ausgeglichenheit sorgt (Serotoninwiederaufnahmehemmer sind derzeit die besten und teuersten Antidepressiva).

c) Spielen „Glückshormone" bei außergewöhnlichen Erfahrungen eine Rolle?

Viele VisionärInnen berichten von Glücks- bzw. Trauererfahrungen während ihrer Ekstasen. Dabei dürften die Botenstoffe der *Endorphine*, des *Phenylethylamins* (PEA) etc. eine wichtige Rolle spielen. Genauere Forschungsergebnisse sind nicht bekannt.
- *Endorphine* unterbinden als körpereigene „Schmerzkiller" die Weiterleitung eines Schmerzreizes zum Gehirn. Ferner können sie für starke Glücksgefühle sorgen und „Hochgefühle" auslösen.
- *Phenylethylamin* gilt als das „Liebesmolekül" (PEA). Es kann Menschen in einen angenehmen Glückszustand des Verliebtseins versetzen und sorgt eventuell für „Schmetterlinge im Bauch".
- *Oxytocin* ist das so genannte „Kuschel- und Treuehormon". Es „sorgt" für die Lust auf Zärtlichkeit, Nähe sowie Geborgenheit und wirkt sexuell stimulierend. Die entsprechende Konzentration im Blut wird erhöht durch Geburt, Stillen, Berührungen und Orgasmus. Dagegen wird der Gehalt im Blut gesenkt durch Berührungsmangel und durch Alkohol.

d) Welche Hormone bzw. welche neurotropen Substanzen lassen Visionen abklingen?

Um das normale Alltagsleben zu „schultern", sind Botenstoffe zum abklingen einer Ekstase bzw. eines Trancezustandes notwendig:

- *Melatonin* ist ein schlafförderndes Hormon, das die so genannte „innere Ruhe" des Menschen reguliert. Das so genannte „Sandmännchenhormon" ist auch am Alterungsprozess des Körpers beteiligt. Es wird weitgehend von der Zirbeldrüse (Epiphyse) produziert. Bei Dunkelheit wird die Produktion erhöht, bei Licht reduziert.
- *GABA (Gamma-Amino-Buttersäure)* ist ein Neurotransmitter im Gehirn, der die Weiterleitung eines Reizes im Gehirn hemmt und somit beruhigend wirkt.
- *Acethylcholin* (s. o.) hat entscheidende beruhigende und lebenserhaltende Funktionen im gesamten parasympathischen Nervensystem.

5. Abschließende Thesen zur Frage: Kann die Neurobiologie (Neurochemie und Neurophysik) außergewöhnliche Erfahrungen – insbesondere Visionen und Auditionen – erklären?

- Geisteswissenschaft (Anthropologie, Philosophie, Theologie) und Naturwissenschaften (hier v. a. die Neurowissenschaften) bemühen sich gleichermaßen um die *Klärung und Deutung des menschlichen Bewusstseins.* Da aber in jede Definition von Bewusstsein weltanschauliche Standpunkte (bewusst und/oder unbewusst) eingehen, „gibt es keine allgemein gültige Definition von Bewusstsein"[119]. Trotzdem sollten sich die verschiedenen Wissenschaften um *Annäherungen* und Klärungen bemühen, welche dem Phänomen des Bewusstseins möglichst allseits gerecht werden.

- Die Diskussion um außergewöhnliche menschliche Erfahrungen kann eine Art *„Schmelztiegel"* sein, in dem das Problem des Bewusstseins (in einem interdisziplinären Streit) „aufgekocht" werden kann, *ohne* dass *abwertende Beurteilungen*, z. B.: „Das ist ja krankhaft!", eine Rolle spielen.

   Die Frage nach der Phänomenologie und Beurteilung von (christlichen) Visionen und Auditionen ist dabei ein Teilbereich der außergewöhnlichen menschlichen Erfahrungen und zugleich ein Zeichen des menschlichen Strebens nach dem Absoluten.

---

[119] Peters, Wörterbuch, S. 70.

- Die Denkmodelle und Forschungsergebnisse über *veränderte Bewusstseinszustände* (z. B. Wie reagieren bestimmte Hirnareale auf Provokationen bei gleichzeitiger Kontrolle durch funktionelle Magnetresonanztomographie?) nähren die *Hoffnung*, das Phänomen „menschliches Bewusstsein" mehr und mehr erklären zu können. Auf diese Weise könnten sich auch neue Zugänge zum Verständnis von Visionen ergeben, denn ohne die Klärung der Bewusstseinsvorgänge ist eine so differenzierte „Leistung" wie eine menschliche Vision nicht nachzuvollziehen.

  Doch ist – gegen allzu viel neurowissenschaftlicher und radiologischer Euphorie – anzumerken, dass das *Fließgleichgewicht des menschlichen Lebens*, das sich in den neurophysiologischen Abläufen im menschlichen Gehirn repräsentiert, immer nur Momentaufnahmen zeigt, die letztlich nur Strukturen und *keine Verläufe* exakt wiedergibt. So definierte Alfred Fessard auf einem Symposion 1994 das Bewusstsein „als Integration des Erlebens, insofern es in jedem Augenblick zugleich eines und vieles sein" kann[120].

- Diese kritische Beurteilung sollte aber die neurophysiologische und radiologische Forschung nicht hindern, intensiv mit den ihr zur Verfügung stehenden Methoden zu versuchen, das *Rätsel des menschlichen Bewusstseins* (und damit das Phänomen der Vision) mehr und mehr zu entschlüsseln.

  Ob dabei „empirisch fundierte Konzepte von Selbstbewusstsein" (Kai Vogeley) hilfreich sind, muss bezweifelt werden: Die *Einmaligkeit von bewussten aktuellen und individuellen Entscheidungen*, die von Vorentscheidungen *und* emotionalen sowie charakterlichen Gegebenheiten etc. mit geprägt sind, ursächlich (viele Wirkursachen!) zu klären, dürfte (noch) nicht gelingen.

- Den bisherigen neurophysiologischen Untersuchungen ist eine gewisse „Kopflastigkeit" anzumerken, d. h. es werden gewisse intellektuelle Fähigkeiten (auch gewisse Entspannungsmethoden wie das Autogene Training gehören dazu), in Korrelation zu funktionell messbaren Hirnleistungen gebracht. Die *Gefühls-*, *Stimmungs-* und *Gemütsdimension* sowie Willens- und Freiheitsdimensionen scheinen – neurophysiologisch gesehen – schwieriger erforschbar zu sein. Eben diese Dimensionen spielen aber gerade bei Visionen eine wichtige Rolle.

---

[120] Vgl. oben Anm. 80.

Wie ist z. B. hirnphysiologisch und neuropsychologisch zu erklären, wenn Weinkenner verschiedene Buketts (Rhein, Mosel bzw. Südafrika) in ihren feinen Unterschieden riechen können? Oder: Was geschieht im Gehirn, wenn ein Musikkenner nach ein paar Takten ein Streichquartett, das er noch nie gehört hat, einem Komponisten richtig zuweist? Oder: Wie unterscheidet sich – hirnphysiologisch gesehen – eine Christusvision von einer Marienvision? Kann erwartet werden, dass im nächsten Jahrzehnt die neurophysiologische Forschung solche oder ähnliche Unterscheidungen apparativ sichtbar machen kann? – Gibt es für diese sehr menschlichen „Leistungen" hirnphysiologisch und neurochemisch irgendwelche Korrelate?

- Die *Gefühls-* und *Willensdimensionen* des Menschen (und bei religiösen Erfahrungen geht es um diese Dimensionen vorwiegend) scheinen überhaupt eher durch neurochemische und hormonale Analysen und Zusammenhänge geklärt werden zu können:
  - Wer z. B. als Psychiater im Konsiliardienst erlebt hat, wie eine Frau mit einer Überfunktion der Schilddrüse zunächst psychisch verändert, d. h. „überdreht", dagegen nach der notwendigen Operation zunächst antriebsarm und affektiv nivelliert war, und wie sich – über Monate (bis die Medikamente entsprechend wirkten) – ein gesundes Gemütsleben wieder einstellte, weiß, wie sehr Hormone in den „Haushalt" des menschlichen (Selbst-) Bewusstseins eingreifen können.
  - Welche *Wirkungen* haben die hierarchisch strukturierten *Hormone* (unter der Führung der Hypophyse) auf so differenzierte und verschiedene „Leistungen" wie Visionen und Auditionen?
  - Daher wäre den hormonalen und neurochemischen Strukturen, z. B. dem Hypophysen-Zwischenhirn-System, genauso viel neurobiologische Forschungsinitiative und Forschungsenergie zu wünschen wie den apparativen elektrophysiologischen Forschungen.
  - Ähnliches gilt für die Neurotransmitter-Funktionen, wie z. B. die Bedeutung des Serotonin (Therapie von Depressionen) und die jeweiligen sich verändernden Einflüsse des Adrenalin und des Cortisols im Blut. Hier dürften verschiedene biokybernetische Reglerkreise ineinander greifen, deren Zusammenwirken – nicht zuletzt mit den funktionell vernetzten Hirnarealen – (noch?) im Dunkeln liegt.

- Zuletzt muss ein wichtiger Zusammenhang betont werden: Die verschiedenen Befunde der Neurowissenschaften (z. B. die Neurophysiologie und die Neurochemie) sollten in interdisziplinärer Zusammenarbeit und auf zukünftige Forschungen hingeordnet und korreliert werden. Geschieht das nicht, so meint jeder Forscher (aus der Sicht und Denkungsweise seines Fachgebietes), er habe das „Tischtuch" des ganzen Bewusstseins „allein im Griff". In Wirklichkeit würde er nur an einem kleinen Zipfelchen des ganzen Tuches „forscherisch zerren".

• Ohne umfassende Klärung der Bewusstseinsproblematik ist nicht zu erwarten, dass Visionen und Auditionen hirnorganisch und hirnphysiologisch – menschlich verständlich – zu verdeutlichen sind. Vorerst ist man bei diesen und ähnlichen religiösen Phänomenen auf die Stimmigkeit des jeweiligen Beliefsystems angewiesen.

III. Ekstasen und Erscheinungen in Medjugorje

Ärztliche Untersuchungen an fünf jungen Menschen in Medjugorje

1. Hinführung und Fragestellung

Bisher wurde die Phänomenologie von Ekstasen, Visionen und Auditionen stets nur von den Betroffenen selbst beschrieben, durch andere gedeutet und z. T. humanwissenschaftlich, theologisch und spirituell analysiert: Teresa von Avila, Ignatius von Loyola, Katharina Emmerick etc. versuchten z. T. etliche Jahre nach ihren Erlebnissen (a posteriori), ihre persönlichen Gesichte zu klären. Dadurch wirken diese Beschreibungen ziemlich trocken und theoretisch, auch wenn gelegentlich die Glut des mystischen Geheimnisses durchzuschimmern scheint. Bei diesen Schilderungen konnten naturgemäß keine medizinisch-wissenschaftlichen Daten erhoben werden.

Die Ereignisse im jugoslawischen Wallfahrtsort Medjugorje mit seinen Marienerscheinungen seit Anfang der 80er Jahre war für eine Arbeitsgruppe von Ärzten, die alle an der medizinischen Fakultät von Montpellier (Südfrankreich) ausgebildet und z. T. noch tätig sind, Anlass und Chance, medizinische und allgemeinärztliche Untersuchungen (sozusagen in vivo, d. h. während der „Erscheinungen") vorzunehmen.

Da die jungen Menschen vor, während und nach ihren „Ekstasen" mit medizinisch ausgewählten Methoden ärztlich untersucht und beobachtet wurden, ergibt sich als erste Frage: Gibt es zu den erlebten Erscheinungen (Gesprächen mit der Gospa[121]) irgendwelche *hirnorganischen, physiologischen, d. h. chemischen und/oder physikalischen Entsprechungen* (Korrelate), welche *typisch sind für religiöse bzw. mystische Erlebnisse*[122]?

---

[121] Gospa" nannten die fünf kroatischen jungen Leute die erscheinende Frau bzw. Dame, eventuell auch „Herrin".

[122] Stimmt daher der Satz des amerikanischen Physikers und Nobelpreisträgers Steven Weinberg: „Alles, was im Gehirn geschieht, beruht auf den Gesetzen der Chemie und Physik"? Das Gehirn allerdings reagiert nur auf Sinneseindrücke, wie der Schweizer Chemiker Albert Hofmann behauptet: „Wir haben wunderbare Sinnesorgane bekommen; sie sind die Tore der Wahrnehmung, die Pforten zum Himmel".

Sind also Ekstasen bzw. die besonderen Außergewöhnlichen Erfahrungen (Visionen und Auditionen) der Probanden empirisch-wissenschaftlich fassbar?

Ferner: Handelt es sich um eine „reine Kommunikation" mit Gott und der Gospa Maria, um Gespräche mit sich selbst, Erlebnisse mit einer „eingebildeten" Person, oder sind es (nur) menschlich-individuelle Begegnungsformen? „Zum ersten Mal in der Geschichte kann die Wissenschaft in Medjugorje Fakten nicht erst a posteriori sondern in vivo untersuchen. Die fortgeschrittensten medizinischen Techniken, die modernsten fotographischen und kinematographischen Verfahren helfen uns, Fakten zu umreißen, welche mysteriös sind und die wir zu verstehen suchen"[123].

Schließlich geht es den ärztlichen Untersuchern um die Frage, ob die „Ekstasen" der fünf jungen Leute Aufschluss geben über die Empfangsfähigkeiten (z. B. mediale Begabungen) und die Kommunikationswege der Betroffenen (untereinander und mit der Gospa).

2. Die untersuchten Personen (zwei junge Männer; drei junge Frauen)

Jakov Colo (13 J.) ist als Schüler der Hauptschule in Medjugorje der Jüngste und wird als eigenwillig und impulsiv geschildert. Er soll im Beobachtungszeitraum von März bis Juni 1984 ruhiger und verantwortungsbewusster geworden sein. Er hatte als erster die Idee, die „Gospa" (Jungfrau) zu fragen, was sie von den geplanten medizinischen Tests halte.

Ivan Dragicevic (19 J.) wirkt sehr zurückhaltend, zieht sich nach den „Erscheinungen" schnell zurück. Gestellte Fragen beantwortet er genau, er scheint viel nachzudenken und wirkt auf die ärztlichen Untersucher „introvertiert". Er ist sportlich begabt; das zeigt eine Gelegenheit, als zwei Leute aus dem Untersuchungsteam mit ihm Fußball spielen. Als er gefragt wird, wie er sich seine Zukunft vorstelle, sagt er, es handele sich dabei um seine Privatsphäre, die nur ihn etwas angehe. Er wolle diese Fragen nicht beantworten.

Marija Pavlovic (19 J.) wirkt ruhig und offen und lächelt ungekünstelt. Gegenüber ihren Gesprächspartnern ist sie bescheiden und diskret, strahlt

---

[123] René Laurentin/Henri Joyeux, Medizinische Untersuchungen, S. 9.

angeblich aber auch innere Sicherheit aus. Nach dreijähriger Ausbildungszeit hat sie gerade ihre Gesellenprüfung als Friseurin abgelegt. Auf mehreren Bildern wirkt sie – trotz ihres Berufes – in keiner Weise „aufgedonnert".

Ivanka Ivankovic (18 J.) studiert in Mostar. Im Gespräch ist sie zugänglich, wirkt offen und sympathisch im Umgang. Sie scheint zu wissen, was sie will und ist sich ihrer selbst meist sicher.

Vicka Ivankovic (20 J.) ist nicht mit Ivanka verwandt. Sie gilt als die Heiterste in der Gruppe. Sie hat eine kräftige Stimme und einen lebhaften Blick. Auf die Untersucher wirkt sie „extrovertiert", ist klar und direkt in der Kommunikation und äußert offen ihre Gefühle.

Auf die sechs untersuchenden Ärzte wirken die fünf jungen Leute „gesund an Leib und Seele"[124] und erscheinen „normal und ausgeglichen".

3. Die untersuchenden Ärzte

Dr. Henri Joyeux (39 J.) ist Leiter des Untersuchungsteams in Medjugorje. Er ist Professor für Onkologie an der medizinischen Fakultät Montpellier und Direktor des Forschungslaboratoriums für Ernährung und experimentelle Onkologie.

Dr. Jacques Philippot (39 J.) ist Facharzt für Augenheilkunde. Er führte die Untersuchungen der Augen- und Sehfunktionen der fünf jungen Leute durch.

Dr. Francois Rouquerol (37 J.), Facharzt für Hals-, Nasen- und Ohrenheilkunde und Sachverständiger bei Gerichten, führte die Untersuchungen der Gehör- und Stimmfunktionen durch.

Dr. Bernard Hoarau (42 J.) ist Facharzt für Innere Krankheiten. Er war für die allgemeinärztlich-klinische Untersuchung der Probanden zuständig.

Dr. Renaud Volpilière (31 J.) arbeitet als leitender Arzt am Herzzentrum der Universität Montpellier und ist Konziliararzt an anderen Kliniken. Er war

---

[124] Ebd., S. 82.

für die Ergebnisse der elektro-kardiographischen Aufzeichnungen und für die Blutdruckmessungen zuständig.

Dr. Jean Cadilhac (59 J.) ist Professor für Neurologie, Neurophysiologie und experimentelle Medizin und Mitglied der „Jugoslawischen Neurophysiologischen Gesellschaft". Er wertete die neurologischen und neurophysiologischen Untersuchungen, z. B. EEG's, aus und begutachtete die verschiedenen Videoaufzeichnungen während der „Ekstasen in Medjugorje".

René Dubois-Chabert (46 J.) ist als Elektronikingenieur für die technischen Abläufe der medizinischen Untersuchungen verantwortlich.

4. Die zeitlichen Abläufe der Untersuchungen

Die medizinisch-ärztlichen Untersuchungen wurden in vier Zeitabschnitten vorgenommen, zu denen die Forschergruppe jeweils aus Montpellier anreiste: 24./25. März 1984; 09./10. Juni 1984; 06./07. Oktober 1984; 28./29. Dezember 1984. Auf dieses Jahr beziehen sich die Altersangaben der Probanden und der untersuchenden Ärzte.

5. Die Beschreibung der Ekstasen bzw. der Trancezustände

a) Verhalten vor der Ekstase

Die fünf jungen Leute kommen jeden Tag – kurz vor 18.00 Uhr im Winter, kurz vor 19.00 Uhr im Sommer (mindestens schon drei Jahre von 1981 bis 1984) – in eine kleine Erscheinungskapelle bzw. in die Sakristei der Pfarrkirche[125]. Sie wirken, wie mehrere Videos zeigen, unbefangen und entspannt. Sie kümmern sich, wenn sie ankommen, z. B. um anwesende Kranke, damit diese einen guten Platz finden.

---

[125] Am 1. Juli 1981 waren Vicka und zwei Gefährtinnen „im Polizeiwagen eingeschlossen. Sie erinnern sich sehr genau, dass dieser triste Rahmen für sie verschwand, als zur gewohnten Stunde die Erscheinung eintrat. Sie sahen nur mehr die Jungfrau": Laurentin/Joyeux, Medizinische Untersuchungen, S. 14.

Sie beten dann stehend einige Vaterunser, Ave Maria und Ehre sei dem Vater, bis die Gospa sich zeigt. Seit Ende 1983 beginnen die Ekstasen[126] der jungen Leute, bevor das erste Vaterunser zu Ende gebetet ist.

b) Verhalten während der Ekstase

Die Blicke der fünf jungen Leute richten sich gemeinsam auf die Stelle, an der die Gospa erscheint. Der Lidschlag setzt fast oder ganz aus. Die fünf Gesichter hellen sich auf und wenden sich der für alle anderen unsichtbaren Gesprächspartnerin zu. Alle fünf knien fast gleichzeitig nieder, ohne dass es dafür ein Signal gäbe. Das geschieht also weitgehend synchron, wobei es individuelle Unterschiede in der Schnelligkeit der Bewegungen gibt. (Es ist also anders als etwa beim olympischen Synchronspringen.)

Ivan Dragicevic und Marija Pavlovic schauen still in die gewohnte Richtung.

Vicka Ivankovic, Ivanka Ivankovic und Jakov Colo sprechen z. T. gleichzeitig oder getrennt mit der Erschienenen. Dabei werden zwar die Lippen bewegt, aber die Umstehenden hören keine sprachlichen Laute. Das nehmen die fünf jungen Leute selbst nicht wahr: Auf spätere Anfrage sagen sie, dass sie meinen, sie hätten wie sonst normal gesprochen.

Nach einiger Zeit werden die Stimmen für die Umstehenden wieder hörbar und sie vernehmen auf kroatisch: „... im Himmel, geheiligt werde dein Name". – Wenn man sie später nach dem „Vaterunser" fragt, sagen die jungen Leute, das habe die Gospa vorgebetet. – Nach dem Vaterunser beten sie gleich das „Ehre sei dem Vater", zusammen mit der Jungfrau, wie sie sagen. Das „Gegrüßet seist du Maria" wird nicht gebetet.

Nach dem Gebet mit der Gospa hören die Umstehenden wiederum nichts. Die jeweiligen sich in Ekstase Befindlichen „schauen" nur bzw. sprechen wieder unhörbar mit ihren Lippen (s. o.).

Am Ende der Ekstase gehen fünf Augenpaare nach oben. Angeblich

---

[126] Zum Stichwort Ekstase hat Professor Joyeux eine Arbeitshypothese formuliert: Ekstase sei ein Zustand, der eine „unvollständige Loslösung von der Außenwelt" zeigt. Ekstase sei daher vom griechischen Wort Ekstasis hergeleitet. Es bedeutet zunächst (individuell) außer sich zu sein, und vielleicht auch außerhalb der gewöhnlichen Welt. Professor Joyeux fragt, ob dieser Zustand nötig sei, um eine andere Welt wahrnehmen zu können. Vgl. ebd., S. 15.

stehe dann die Gospa (im Abstand von ca. einem Meter) über ihnen und würde dann verschwinden. Eine/r oder mehrere der jungen Leute sagen dann: „Sie geht!"

c) Verhalten nach der Ekstase

Die Dauer der ekstatischen Zustände differierte zeitlich zwischen 62 Sekunden (10. Juni 1984) und 120 Sekunden (am 6. Oktober 1984).

Meistens schließt sich an die Ekstasen eine Heilige Messe an. An den Vorbereitungen dazu beteiligen sich v. a. die Mädchen Ivanka und Marija.

6. Freiwilligkeit der Sehenden bei den medizinischen Testuntersuchungen

Am 9. Juni 1984 traf Professor Joyeux mit Jakov, Ivanka und Marija zusammen, um konkret die angesetzten medizinischen Untersuchungen durchzusprechen und zu planen.

Jakov (13 J.) sprach auch die Meinung von Ivanka und Marija aus: „Die Gospa hat gesagt ‚Das ist nicht nötig!' Dr. Botta aus Mailand hat daraufhin seine Untersuchungen abgebrochen."

Nach einer längeren Diskussion, wobei u. a. der „Nutzen für die Ungläubigen" besprochen wurde, schloss Jakov: „Also gut, wir werden die Gospa heute abend fragen!" Professor Joyeux und sein Team hatten daraufhin die Hoffnung schon aufgegeben, die Untersuchungen durchführen zu können.

Nach der Ekstase am Sonntag, dem 9. Juni, kurz nach 19.00 Uhr erhob sich Jakov lächelnd: „Die Jungfrau hat gesagt ‚Es ist gut, dass ihr gefragt habt, ihr könnt es machen'."

Am 5. Oktober 1984 sprach sich Ivanka gegen erneute Elektroenzephalogramme aus (Jakov war an Röteln erkrankt): „Das EEG passt schlecht mit unserem Gebet zusammen. Wenn wir jetzt ‚ja' sagen, werden wir keine Ruhe mehr haben. … Wo soll das enden? Wir sind doch keine Versuchskaninchen!"

Man einigte sich wieder, die Gospa zu fragen. Das geschah am Abend des 6. Oktober. Danach hieß es: „Die Jungfrau hat uns gesagt: ‚Ihr sollt selbst entscheiden!'"

Von diesem Zeitpunkt an waren die fünf jungen Leute mit den von den Ärzten angesetzten Untersuchungen einverstanden und kooperativ, ohne dass noch diskutiert werden musste.

7. Selbstkritische Interpretationen und Folgerungen aus den medizinischen Untersuchungen der Arbeitsgruppe von Professor Joyeux

(1) „Die von unserem Team durchgeführten Tests sind nicht erschöpfend; aber es gibt sie immerhin, und sie sind in vollem Einvernehmen mit den Beteiligten (und nach deren Aussage auch im Einvernehmen mit der Person, welche sie sehen) sowie nach beträchtlichem anfänglichem Zögern gemacht worden.

Die durchgeführten Tests sind nicht alle von derselben Tragweite: Die elektroenzephalographischen und elektrookulographischen Aufzeichnungen sowie die Evozierung auditiver Potentiale sind gewichtiger als die Elektrokardiogramme. ... *Keiner dieser Tests erbringt den wissenschaftlichen Beweis, dass den Sehenden von Medjugorje die Jungfrau erscheint.*"[127]

(2) „Auf Grund der medizinischen, klinischen und paraklinischen (apparativen) Untersuchungen der Sehenden von Medjugorje lässt sich aussagen, dass der Zeitraum der Ekstase ein außergewöhnliches Phänomen darstellt, bei dem jedoch bestimmte physiologische Parameter des Normalzustandes erhalten bleiben und mit den vor und nach der Ekstase zu beobachtenden Phänomenen identisch sind."[128]

(3) „Es stellt sich heraus, dass das Phänomen der Erscheinungen im jugoslawischen Medjugorje, das zu verschiedenen Zeitpunkten des Jahres 1984 an fünf Sehenden untersucht wurde, wissenschaftlich nicht zu erklären ist. Auf Grund der klinischen Beobachtung der Sehenden lässt sich aussagen – wie es unsere jugoslawischen Kollegen vor uns schon getan haben –, dass diese jungen Leute normal und an Leib und Seele gesund sind."[129]

(4) Im Prinzip und endlich haben auch die italienischen Ärztinnen und Ärzte schon vor den Untersuchungen der französischen Arbeitsgruppe ähnliche bis identische Ergebnisse gebracht.[130]

---

[127] Ebd., S. 104. Hervorh. U. N.
[128] Ebd., S. 105.
[129] Ebd., S. 107.
[130] Ebd., S. 17–26.

8. Beurteilung der staatlich angeordneten medizinischen Untersuchungen

Besondere Bedeutung kommt der Beurteilung der von der jugoslawischen Polizei veranlassten Untersuchungen der fünf jungen Leute am 27. und 29. Juni 1981 zu.

Obwohl keine schriftlichen Befundberichte vorliegen, ist davon auszugehen, dass die damaligen staatlichen jugoslawischen Behörden eingegriffen hätten, wenn die fünf jungen Leute von *Dr. Ante Vujevic* in Citluk und von der Psychiaterin *Dr. Dzudza* aus Mostar als körperlich krank und/oder als psychisch auffällig (psychotisch und neurotisch) eingeordnet worden wären. Die damaligen staatlichen Behörden sahen offenbar aufgrund der angeordneten medizinischen Untersuchungen keinen Anlass, durch restriktive Maßnahmen (z. B. Einweisung in eine psychiatrische Klinik) zu reagieren.

9. Zusammenfassende Thesen über die medizinischen Untersuchungen in Medjugorje (1984) im Hinblick auf die Erklärung von Visionen

(1) Sechs Fachärzte (Ausbildung an der medizinischen Fakultät Montpellier und z. T. dort noch tätig) fragen nach den Zusammenhängen und *Korrelaten* zwischen menschlichen außergewöhnlichen Erfahrungen der fünf Sehenden und Hörenden in Medjugorje (Visionen und Auditionen) einerseits und den hirnorganischen, chemischen, physikalischen und neurophysiologischen (messbaren) Vorgängen im Gehirn der fünf Sehenden andererseits.

(2) Es werden allgemeinärztliche, internistische, augenärztliche, hals- und ohrenärztliche, neurologische (Elektroenzephalogramm, Elektrookulogramm, akustisch evozierte Potentiale) und psychiatrische *Untersuchungsmethoden* angewandt. Die *Auditionen*, d. h. die Inhalte der Botschaften bzw. „Weissagungen" und Aufträge wurden von den Ärzten (z. B. auf ihren philosophischen und theologischen Gehalt) *nicht beurteilt*, weil der „Grad der Verwundungen"[131] durch die Auseinandersetzung der beteiligten Theologen und Priester zu groß sei.

---

[131] Laurentin/Joyeux, Medizinische Untersuchungen, S. 5.

Ebenso wird zu den angeblichen *Heilungen und den Lichtphäno-menen* in Medjugorje nicht Stellung genommen.

(3) Die ärztlich-medizinischen Untersuchungen wurden von den fünf Sehenden – nach anfänglichem Zögern: „Wir sind keine Versuchs-kaninchen!" – *freiwillig akzeptiert* und kooperativ mitgestaltet.

(4) Die *allgemeinärztlichen und internistischen Untersuchungen* bei den VisionärInnen ergaben keine Befunde von Krankheitswert. Die emo-tionalen Reaktionen und *affektdynamischen Verhaltensweisen* wäh-rend der Untersuchungen verliefen ähnlich wie die Untersuchungen bei gleichaltrigen jungen Menschen: 15 unterschiedlich untersu-chende Ärztinnen und Ärzte waren der Ansicht, dass es sich um *ganz gesunde, normale junge Leute* handelt.

(5) Die *Herz-Kreislauf-Untersuchungen* (EKG, Blutdruck) ergaben *un-auffällige Befunde,* keine Anzeichen von psychovegetativen oder psy-chosomatischen Störungen.

(6) Die *fachneurologischen Untersuchungen* und insbesondere die elek-troenzephalographische Ableitung der Hirnströme (EEG) zeigten vor, während und nach den Ekstasen keine pathologischen Auffälligkeiten. Es gab bei zwei Untersuchten keine für Epilepsie typischen Wellen-formen. Allerdings können auch Psychotiker, Neurotiker, Hysteriker – insbesondere auch Ekstatiker – und psychosomatisch Kranke einen „normalen" EEG-Befund haben.

(7) Während der Ekstasen *fehlte* bei einigen Probanden *der Lidschluss-reflex*; bei anderen war er seltener. Das wurde auch durch ein bei zwei Probanden simultan aufgenommenes Elektrookulogramm bestätigt. Am Ende der Ekstasen setzten die Lidschlussbewegungen – wie vor der Ekstase – wieder ein. Dieses Phänomen scheint bei Menschen mit Ekstase und Schauungen charakteristisch zu sein. Ein so genannter *Abschirmtest* (ein Karton wurde vor die Augen der Ekstatiker gehal-ten) und die Tatsache, dass ein Arzt sich bewusst zwischen eine Sehende und die Gospa als angebliches Objekt stellte, veränderte den ekstatischen Zustand nicht. Der *fehlende Lidschluss* und das Ergebnis des Okulogramms sind – in ihrer medizin-ärztlichen Verursachung – nicht sicher zu klären. Allerdings gibt es Hypothesen.

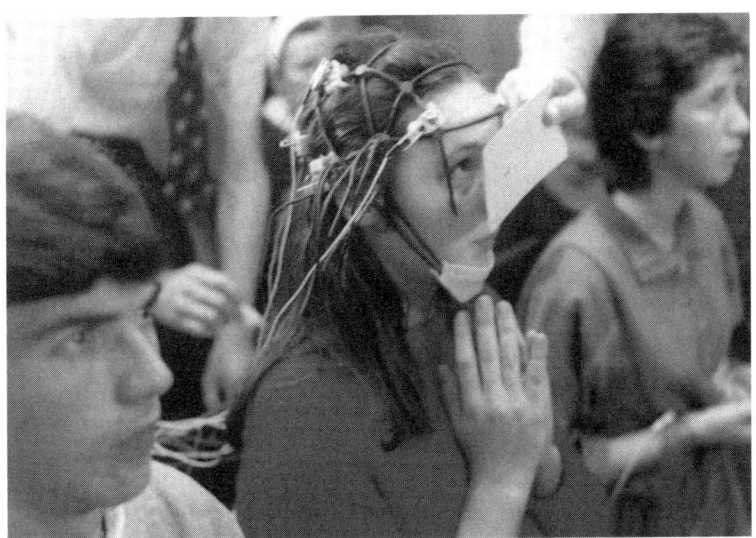

EEG und Abschirmtest bei Ivanka am 7. 10. 1984
aus: Laurentin/Joyeux, Medizinische Untersuchungen, S. 67

(8) *Die fünf Sehenden hören eine Stimme,* die andere nicht vernehmen. Sie sprechen mit einem für alle anderen Anwesenden unsichtbaren Objekt.

Bei einem Probanden wurde während der Ekstase das rechte Ohr mit 90 Dezibel (lautes Motorengeräusch) beschallt. Er zeigte keine Reaktion.

Im Übrigen ergaben die akustisch evozierten Potentiale (zur Prüfung der Hörbahn von der Schnecke zum Hirnstamm) keine pathologischen Hinweise.

Für die fehlende Reaktion auf eine massive Beschallung *während der Ekstase* gibt es keine eindeutige medizinische Erklärung. Es erscheint als eine *einmalige individuelle Reaktion,* welche nicht unter gleichen Bedingungen zu jederzeit – bei anderen Probanden – wiederholbar ist.

(9) Die Untersuchung der *Kehlkopfmuskeln eines Probanden* während der Ekstasen ergab messtechnisch keine Funktionalität, obwohl der Proband angab, während der Ekstase mit der erscheinenden Gospa gesprochen zu haben.

Warum die Funktion der Kehlkopfmuskeln während der Ekstasen „aufhören", ist medizinisch nicht erklärbar. Diese Tatsache ist aber gleichwohl nicht als von Gott bzw. von der Gospa gewirktes „Wunder" zu betrachten.

(10) Das herabgesetzte Schmerzempfinden der Probanden während der Ekstase wird glaubwürdig bezeugt: Am 2. Juni 1984 stach der Priester N. Bulat zweimal in den Rücken einer Probandin. Obwohl die zugefügte Wunde später blutete, reagierte die Probandin nicht auf den zugefügten Schmerz. (Auch Bernadette Soubirous in Lourdes wurde am 23. Februar 1858 zweimal von E. Peyrand gestochen. Sie zeigte keine Reaktion. Von einer ähnlichen Schmerzunempfindlichkeit wird z. B. bei indischen Fakiren berichtet.)
Die medizinischen Erklärungsmuster sind vielfältig. Entscheidend ist, dass die Schmerzunempfindlichkeit kein Beweis für eine übernatürliche transpersonale Erscheinung und deren Einwirken ist.

(11) Die verschiedenen fachärztlichen Untersuchungen ergaben Phänomene, *die medizinisch nicht voll erklärt werden können*, die aber gleichwohl bei anderen, ähnlichen Ekstase- und Trancezuständen beschrieben worden sind. Keine der Untersuchungen bringt aber den Beweis, dass den fünf Sehenden in Medjugorje die Jungfrau Maria (Gospa) erscheint.

(12) Im Zeitraum der Ekstase sind bei den fünf Sehenden einige psychophysische Parameter (Herz-Kreislauffunktionen, neurovegetative Funktionen) im Bereich der Normalität, andere Untersuchungen (Lidschluss, Kehlkopffunktionen, Schmerzempfindungen, weichen – nach medizinischen Kriterien – von der Norm ab. Das beweist aber *keineswegs eine Kommunikation mit einer Person aus dem Jenseits*.

(13) Durch die stereotypen Deutungsmuster der Hysterie oder durch eine andere krankhafte Persönlichkeitsstörung (z. B. dissoziative Störungen) sind die beschriebenen *paranormalen Phänomene* durch die heutige wissenschaftlich geprägte Medizin kausal nicht voll zu erklären. Hysterie bzw. Betrug sind mit großer Wahrscheinlichkeit auszuschließen: Die jungen Leute sind psychophysisch „normal", d. h. an Leib und Seele gesund. Das zeigen auch die weiteren Lebensverläufe.

(14) Von drei Sehenden sind die Lebensverläufe bekannt geworden:

a. Der zur Zeit der Untersuchungen (1984) 13jährige *Jakov Colo* ist inzwischen verheiratet, hat zwei Kinder; Beruf unbekannt. Er hat seit sechs Jahren an jedem ersten Weihnachtstag (25.12.) eine Erscheinung der Gospa mit Jesuskind. Sie bleibt ca. 10 Minuten und mahnt zum Gebet um Frieden. *(Quelle: Medjugorje Nr. 72, 1. Quartal 2004 S. 25)*

b. *Ivan Drajicevic* war zur Zeit der Untersuchung 19 Jahre alt, lebt in den USA. Er ist verheiratet und hat zwei Kinder. Er kommt jährlich für ca. fünf Monate nach Medjugorje. Er steht dann für die PilgerInnen (Tag und Nacht) für Gespräche zur Verfügung. Zwischendurch sucht er die Stille bei einsamen Wanderungen im österreichischen Burgenland, wohin er eingeladen wird. Beruf und Finanzierung der Reisen sind nicht bekannt.

Ivan erscheint die Gospa noch täglich für ca. fünf Minuten. Es sei sehr schwer für ihn, „in die Realität dieser Welt" zurückzufinden. Er bespricht auch Familien- und Erziehungsprobleme mit der Gospa *(Quelle: Medjugorje Nr. 63, 4. Quartal 2001, S. 30)*.

c. *Mirjana Drajicevic-Soldo* sah seit dem 25.12.1982 die Gospa plötzlich nicht mehr. (Beginn für die sechs Sehenden war Mai 1981.) An diesem Tag habe ihr die Gospa eröffnet (sie war allein in Sarajewo), dass Mirjana sie nicht mehr täglich „sehen" werde. Nur am 18. März jeden Jahres (Geburtstag von Mirjana) wollte sie ihr erscheinen. Sie war daraufhin sehr traurig und weinte tagelang. – Sie war bei den medizinischen Untersuchungen (1984) nicht dabei.

Seit dem 2. August 1987 erscheint ihr die Gospa auch noch an jedem 2. Tag eines Monats. Oft sei die Gospa traurig und auch Marija weine nach den Erscheinungen viel. Angeblich dauerten die jährlichen Erscheinungen bei ihr jeweils ca. 5 Minuten. Ihr seien 10 Geheimnisse von der Gospa anvertraut, über die sie auch einem Priester berichtet hat. – Marija lebt in Italien, hat vier Kinder, kommt für etliche Wochen im Jahr nach Medjugorje. *(Quelle: Medjugorje 61, 2. Quartal 2001, S. 14–21)*

Visionärinnen und Visionäre? –

Ein Gespräch über Menschen mit außergewöhnlichen Erfahrungen

Der überwältigte Atheist – André Frossard (1915–1995)

Niemann: Frau Kollegin Wagner, ich habe Ihre Darlegungen aus dem ersten Teil unseres Buches gelesen. Einiges hat mich wach gemacht, anderes war weniger überzeugend. Etliches kam mir theologisch sehr spröde vor. Lebensnahe Beispiele erhellen oft theoretische Erwägungen. Können Sie mir VisionärInnen nahe bringen, die Sie bezüglich der Gottesbegegnung überzeugt haben?

Wagner: Spontan kommt mir da André Frossard in den Sinn. Vielleicht ist das ja ein „lebensnahes Beispiel" nach Ihrem Geschmack: Frossard hatte als Zwanzigjähriger ein Erlebnis, das in seiner Sicht eine unvermutete Begegnung mit Gott war. Dabei war er eigentlich gar kein frommer Mann.

Niemann: Wie war denn seine Entwicklung als Kind, als Jugendlicher und dann als junger Erwachsener?

Wagner: In der Familie herrschte ein eher kühles, wechselhaftes Klima, das zärtliche Gefühle nicht aufkommen ließ bzw. in Spott erstickte. Während die Großmutter väterlicherseits ihre Zärtlichkeit nur auf dem Umweg der Ironie zum Ausdruck brachte, waren die Ferien bei den Eltern seiner Mutter durch Zuwendung und Wärme geprägt. Die Großmutter sang ihm abends Wiegenlieder.

Frossard empfand sich im Nachhinein als glückliches Kind. Offenbar hatte er eine ausgeprägte Fähigkeit für Phantasien und Tagträume[132].

Niemann: Lassen diese Beschreibungen nicht an eine Art „eidetischer Begabung" denken? Vielleicht sind diese Tagträume Einübungen bzw. „Vorbilder" für seine späteren Visionen? Diese Beschreibung wirkt für mich ziemlich individualistisch und etwas „spinnert". Lässt sich etwas über den sozioreligiösen Kontext sagen, in den die Familie Frossards eingebettet war?

Wagner: In der Familie herrschte offenbar ein gewisser religiöser Wirrwar: Die Mutter des Vaters war jüdischen Glaubens, während ihr Mann das war, was man heute einen „Taufscheinkatholiken" nennen würde. Die Eltern der Mutter waren nicht-praktizierende Protestanten. In seinem Geburtsort Colombier-Châtelot, der auch der Geburtsort seiner Mutter und der Wohnort der häufig besuchten Großeltern war, gab es eine große Majorität von Pietisten und eine Minorität von Lutheranern. Mit den Pietisten hatte Frossard offenbar in seiner Kindheit durchaus Kontakt. Zumindest hat er ihre Art der Frömmigkeit bewusst wahrgenommen[133]. Die Religion der Familie war, wie Frossard selbst berichtet, der Marxismus. Der Vater war zunächst Generalsekretär der sozialistischen, später sogar der kommunistischen Partei Frankreichs. Die Mutter war zwar Protestantin, aber gleichzeitig ebenfalls Sozialistin. André Frossard war nicht getauft. Die Eltern hatten, wie es schon damals in „fortschrittlichen Kreisen" üblich war, beschlossen, dass er seine Religion mit zwanzig Jahren selbst wählen sollte.

Trotz ihres Bekenntnisses zum Marxismus, den sie als Religion und als Kirche empfand, war der Familie allerdings andererseits jeder Hass gegen die Religion und jeder Antiklerikalismus fremd. Sie teilte auch eine in der Partei verbreitete gewisse Sympathie für die Person Jesu Christi.

Niemann: Das ist aber für mich erstaunlich. Welcher Jesus ist hier gemeint? Jesus als Menschensohn und Heiler oder zum Beispiel der Jesus der Bergpredigt?

---

[132] „Ich benutzte die nächtliche Wiederkehr der Unendlichkeit, um den aufgelösten Umrissen der Dinge zu entfliehen und schweifte mit hellwachen Sinnen irgendwo zwischen Erde und Mond umher, um einem Geheimnis auf die Spur zu kommen oder vielleicht ein Zwiegespräch zwischen einem Grashalm und einem einsam flimmernden Stern zu belauschen": André Frossard, Gott existiert. Ich bin ihm begegnet, Freiburg i. Br. 1970, S. 19.

[133] Vgl. Frossard, Gott existiert, S. 37 f.

Wagner: Es ist am ehesten Jesus als Sozialrevolutionär, der die Armen liebt und den Mächtigen Widerstand leistet, der ein Opfer der Etablierten geworden war, „ein Märtyrer der Macht und ihres Unterdrückungsapparates"[134]. In Parteikreisen herrschte die Meinung, das Evangelium könne, wenn man es von seinem mystischen Beiwerk befreie, als eine ganz gute Einführung in den Sozialismus gelten.

Niemann: Damit ist die sozioreligiöse Einbettung zumindest angedeutet. Wie verläuft seine schulische Entwicklung?

Wagner: Sie verläuft alles andere als geradlinig. In der Dorfschule ist Frossard zwar ein guter Schüler, aber der Wechsel aufs Gymnasium bringt schulische und persönliche Probleme. Frossard fühlt sich auf dem Gymnasium nicht zugehörig und entwickelt eine ausgeprägte Schulangst, die zu Leistungsabfall und Schulschwänzen führt. In den geschwänzten Schulstunden beginnt er, sich mit Voltaire und Rousseau zu beschäftigen. Er verlässt schließlich das Gymnasium und besucht in Paris eine Kunstschule. Doch auch die Liebe zur Kunst ist nicht von Dauer und der anfängliche Eifer erlahmt rasch.

Frossard hatte viele häufig wechselnde Interessen und blieb wohl nicht zuletzt deshalb ohne Schul- und Berufsabschluss. Er war unfähig, sich in eine Gruppe zu integrieren und neigte zum Müßiggang. Schließlich verlor sein Vater die Geduld und ließ ihn seinen Lebensunterhalt selbst verdienen. Er wurde Volontär bei einer Zeitung. Auch dort „drückt" Frossard sich allerdings, wo er kann. In seiner Freizeit geht er regelmäßig in Freudenhäuser.

Niemann: Könnte das nicht auch ein Hinweis auf fehlende menschliche Nähe und Wärme sein? War er nie verliebt? Hat er keine Freundinnen und Freunde gehabt?

Wagner: Die Freunde der Kinderzeit waren die Kinder im Dorf, die Vettern und Cousinen. Im Gymnasium gelang es ihm nicht, Freunde zu finden. Dort war er ein Außenseiter. In seiner Volontärszeit bei der Zeitung begegnet Frossard eines Tages an der Seine einem jungen Mann – André Willemin. Er gibt sich als Kollege zu erkennen und stellt Frossard eine Reihe von Fragen über seine Vergangenheit, seine Gegenwart und seine

---

[134] Frossard, ebd., S. 83.

Zukunft und fragt ihn schließlich, was sein Lebensideal sei. Von dieser Frage überrumpelt, antwortet Frossard etwas hilflos: „das Rudern". Diese Assoziation löst bei dem sieben Jahre älteren Willemin Gelächter aus. Erst ein Jahr später sollten sich die beiden in der Redaktion einer Zeitung wieder begegnen und Freundschaft schließen.

Willemin, der nach einer Zeit der völligen Distanzierung von der Katholischen Kirche zum Glauben zurückgefunden hatte, diskutierte mit Frossard zunächst über politische Themen, dann aber auch über den Glauben und versuchte, ihn von der Existenz Gottes zu überzeugen. Dieser Versuch scheiterte allerdings, weil Frossard allenfalls bereit war, Gott als wissenschaftliche Hypothese gelten zu lassen.

Niemann: Wenn er Gott nicht einmal als wissenschaftliche Hypothese akzeptieren kann, wie kommt Frossard dann plötzlich zu „Visionen"?

Wagner: Frossard betritt eines Tages im Jahr 1935 eigentlich unbeabsichtigt eine Kapelle im Quartier Latin in Paris, wo gerade das Chorgebet von streng klausurierten Ordensschwestern vollzogen wird. Er betritt die Kirche, weil er dort seinen Freund Willemin vermutet, auf den er schon eine Weile gewartet hat. Er sieht auf dem Altar zwei Reihen brennender Kerzen, die zu einer kleinen weißen Scheibe in einer goldenen Fassung emporstreben, die er damals noch nicht als Monstranz identifizieren kann. Sein Blick fällt auf die zweite Kerze, die links vom Kreuz brennt. Gleichzeitig werden ihm die Worte „geistliches Leben" eingegeben und er hat eine Vision eines „Himmels". Frossard selbst beschreibt das Erlebnis folgendermaßen:

> „Ich sage nicht: der Himmel öffnet sich; er öffnet sich nicht, er stürzt auf mich zu, schießt plötzlich wie ein stummes Wetterleuchten aus der Kapelle empor, wo er – wie hätte ich es ahnen können? – auf geheimnisvolle Weise eingeschlossen war. Wie soll ich's schildern mit diesen abgedankten Worten, die mir den Dienst versagen und mir die Gedanken abzuschneiden drohen, um sie in das Magazin der Einbildungen (und Halluzinationen?) zu verweisen? Der Maler, dem es gegeben wäre, unbekannte Farben zu sehen, womit sollte er sie malen? Es ist ein unzerstörbarer Kristall, von einer unendlichen Durchsichtigkeit, einer beinahe unerträglichen Helle …, einem eher blauen Licht, eine Welt, eine andere Welt, von einem Glanz und einer Dichte, dass unsere Welt vor ihr zu den verwehenden Schatten der nicht ausgeträumten Träume zurücksinkt"[135].

---

[135] Frossard, Gott existiert, S. 136 f.

In diesem Augenblick – es handelt sich tatsächlich nur um einen Zeitraum von fünf Minuten – erlebt er einen tiefgreifenden seelischen Wandel.

Niemann: Was heißt denn hier „seelischer Wandel"? Was geht intrapsychisch in ihm vor?

Wagner: Frossard selbst beschreibt den Vorgang so: „Es war ein Augenblick der Verblüffung". Diese Verblüffung hat ihn nie mehr verlassen. Er beschreibt sie als die überwältigende und zugleich beglückende Erfahrung der unmittelbaren Nähe Gottes, die er als milde Güte erlebt, „eine Milde, die keiner anderen gleicht, die nicht die manchmal mit diesem Namen bezeichnete passive Eigenschaft ist, sondern eine aktive, durchdringende, eine Milde, die alle Gewalt übertrifft, die fähig ist, den härtesten Stein zu zerbrechen und – was härter ist als Stein – das menschliche Herz". Diese Erfahrung der „gewaltsamen Milde" ist für Frossard begleitet von der Freude „eines gerade noch zur rechten Zeit aufgefischten Schiffbrüchigen". Einen Monat lang hat Frossard – wenn auch mit abnehmender Intensität – jeden Tag das gleiche Erlebnis.

Niemann: Die Stichworte „Milde" und „Herz" kommen mir sehr „tugendsam" vor und lassen mich an eine Stelle im Kolosserbrief denken, wo Paulus schreibt: „Darum bekleidet euch … mit Güte, Demut, Milde, Geduld …". Auf dem Hintergrund dessen, was Sie mir bisher erzählt haben, ist das überraschend für mich – ja fast ein wenig faszinierend. Dennoch: Wie passt das zu einem Mann, der bis dahin durch Vater und Mutter von der sozialistischen Ideologie geprägt war? Ich sehe hier keine kontinuierliche Entwicklung, die es erwarten ließe, dass Frossard in irgendeiner Weise doch noch zum Glauben an Gott findet.

Wagner: Gerade dass sich bei Frossard – zumindest auf den ersten Blick – diese Entwicklung nicht erklären lässt, macht seine visionären Erlebnisse glaubwürdig, denn diese Erlebnisse übersteigen seine bisherige Prägung und seine bisherigen menschlichen Erfahrungen. Frossard selbst räumt ein, „… dass eine Bekehrung dieser Art durch ihre Unvermitteltheit etwas Schockierendes, ja Unglaubwürdiges für unsere Zeitgenossen an sich hat, die die Wege des Intellekts den mystischen Blitzen vorziehen und immer weniger das Eingreifen des Göttlichen in das tägliche Leben gelten lassen". Es handelt sich eben nicht um das Ergebnis einer kontinuierlichen inneren Entwicklung, sondern um „die Mitteilung von einem unvermutet eingetretenen Ereignis, so etwa wie die Zeugenaussage über einen Unfall".

Das bedeutet: Es handelt es sich um einen Vorgang, der sich rein menschlich nicht erklären lässt. Frossard bewegt sich nicht kontinuierlich auf Gott zu und findet ihn dann schließlich, sondern Gott bricht mit aller Gewalt über ihn herein. Frossard macht die für ihn zugleich bestürzende und beglückende Erfahrung: „Gott existiert. Ich bin ihm begegnet".

Niemann: Hier frage ich mich, ob Sie nicht zu schnell von der „mystischen Begnadung" Frossards ausgehen. Wir haben ja gesehen, dass Frossard in seiner Gymnasial- und Volontärzeit kaum tiefere soziale Kontakte hatte. Mir fehlt das Einüben der menschlichen Dimensionen von Freundschaft und Liebe. Ohne diese menschliche Dimension dürfte man kaum zu Gott „vorstoßen" können. Konkret: Wie würden Sie denn die Freundschaft zu Willemin näher charakterisieren?

Wagner: Über die menschlichen Beziehungen Frossards ist uns nur wenig bekannt. Hier bleibt vieles im Dunkeln. Allerdings dürfte es sich bei der Beziehung zu Willemin um eine enge und tiefe Freundschaft gehandelt haben, die Frossard nicht unwesentlich prägte. Frossard berichtet: „In dieser Freundschaft habe ich die schönsten Jahre meiner Jugend verlebt als glücklicher Besitzer eines großen Bruders, der liebevoll über meine Arbeit und meine Gesundheit wachte"[136].

Niemann: Was für ein Mensch war denn dieser André Willemin? Er war immerhin sieben Jahre älter und offenbar auch ein starker, dynamischer Charakter.

Wagner: Ein starker und dynamischer Charakter scheint er schon gewesen zu sein. Nicht alle, die ihn kannten, sahen ihn allerdings so positiv wie Frossard. Er wird auch als eine durchaus schillernde Persönlichkeit geschildert, die einerseits sehr interessant, sogar faszinierend, andererseits aber herzlos und zynisch war[137].

---

[136] Frossard, ebd., S. 111.

[137] „Er sah überall das Schlechte. Er sezierte jedermann. Er war kalt wie ein Fisch, er ließ die Frauen leiden, er zertrat Hunde. Ein Monster mit dem Maul einer Bulldogge, aber sehr interessant, sogar begeisternd". So die Schilderung von Lucette Destouches, der Ehefrau des Schriftstellers Céline, mit dem Willemin eng befreundet war. Vgl. Edouard Nabe, Lucette, Paris 1995, S. 67.

In seinem beruflichen Werdegang war Willemin zunächst ähnlich wie Frossard unentschlossen und schwankend. Er brach sein Medizinstudium ab, um aufs Konservatorium zu gehen, verließ dann aber bald auch das Konservatorium wieder, um – zeitweise gemeinsam mit Frossard – als Journalist zu arbeiten. In der Zeit seiner engen Freundschaft und seiner Zusammenarbeit mit Frossard entschließt sich Willemin, sein Medizinstudium wieder aufzunehmen. Später wird er zunächst Allgemeinmediziner, dann Facharzt für Radiologie.

Nach der „Bekehrung" Frossards scheint der gemeinsame Glaube zumindest für die Zeit der Zusammenarbeit in der Zeitungsredaktion das Band der Freundschaft weiter gefestigt zu haben. Die beiden versuchen, unter den Kollegen in der Redaktion für den katholischen Glauben zu „missionieren" – allerdings mit wenig Erfolg.

Niemann: Das emotionale Gewicht dieser Freundschaft bleibt mir ein wenig unklar. Wächst aus diesen – auch religiösen – Begegnungen eine tiefe tragende lebenslange Freundschaft unter Männern, oder handelt es sich um adoleszente „Probierphasen", wo auch homoerotische Tendenzen eine gewisse Rolle spielen?

Wagner: Was wir wissen, gibt für derlei psychodynamische Spekulationen nichts her. Zweifellos hat aber die Freundschaft mit Willemin, die sicher nicht frei von jugendlichen Idealisierungen war, zur Identitätsfindung Frossards und zur Stabilisierung seiner vorher unsteten Persönlichkeit erheblich beigetragen.

Niemann: Wie hat eigentlich Frossards Familie auf die Tatsache reagiert, dass der areligiös erzogene und sozialistisch geprägte Sohn plötzlich behauptete, eine mystische Erfahrung gemacht zu haben?

Wagner: Die Familie hält ihn zunächst für psychisch gestört und zieht einen befreundeten Psychiater, der ebenfalls Sozialist und Atheist ist, hinzu, der unter allerlei Vorwänden ein psychodiagnostisches Interview mit Frossard führt. Der Psychiater beruhigt den Vater, der junge Frossard mache eine Phase des Mystizismus durch, die in diesem Alter nicht ungewöhnlich sei und die sich „auswachse". Als der Vater allerdings aus einer rechtsgerichteten Zeitung erfährt, dass sein Sohn den Übertritt zum Katholizismus vorbereitet, sieht sich der Vater als Opfer einer politischen Intrige, die sich seines labilen Sohnes bedient und die seine weitere politische Laufbahn bedroht. Der Sohn wird von den gemeinsamen Mahlzeiten ausgeschlossen. Heimlich trifft er sich morgens mit seinem Freund Willemin, um in die Messe zu gehen.

Schließlich arrangiert sich der Vater mit der Situation: Er ist bereit, die „religiösen Grillen" seines Sohnes zu tolerieren, wenn dieser sich „taktvoll" verhält und kein öffentliches Aufsehen erregt, das dem Vater schaden könnte.

Niemann: Ich muss gestehen, dass mir die Psychodynamik des weiteren Lebens von Frossard, was die große Richtung angeht, bisher unklar bleibt. Wir haben die „synkretistische" bis areligiöse Prägung durch die Ursprungsfamilie, die unstete, unsichere Berufssuche, die ihn bis in die Tiefen seiner Seele erschütternde Vision, die besondere, in meinen Augen von homoerotischen Zügen nicht freie Beziehung zu Willemin, andererseits aber auch die offensichtliche Unsicherheit in Bezug auf seine private und berufliche Zukunft.

Wie konkretisiert sich die visionäre Erfahrung in seinem weiteren Leben? Hält der Glaube Frossards – und seine kirchliche Praxis[138] – den Belastungen des Alltags, z. B. Zweiter Weltkrieg und Nachkriegszeit, stand?

Wagner: Schon ein Jahr nach seiner Vision wird Frossard Soldat in der Marine. Bis 1941 nimmt er am Zweiten Weltkrieg teil, dann geht er in die *Résistance*. Schließlich wird er 1943 in Lyon von den Deutschen verhaftet und interniert. 1945 tritt er erneut in die Marine ein und wird von de Gaulle zum Offizier befördert. Später arbeitet er für Zeitungen, wird Kolumnist beim Figaro und schließlich einer der bekanntesten Journalisten Frankreichs. Die Krönung seiner Laufbahn ist die Aufnahme in die Académie française.

Niemann: Das wäre also seine weltliche Karriere. Aber wie steht es mit seinen Glaubensüberzeugungen und seiner Bindung an die Kirche?

Wagner: Offenbar führt Frossard neben einem aktiven weltlichen auch ein geistig-spirituelles Leben, denn seit Anfang der vierziger Jahre steht er dem Opus Dei nahe, was immerhin auf eine enge kirchliche Bindung schließen lässt.

---

[138] Frossard besucht nach seiner Vision – meist gemeinsam mit Willemin – jeden Morgen eine Heilige Messe, häufig in Notre Dame, bevor er in die Redaktion zur Arbeit geht.

Niemann: Die Linie seines Lebens spricht aufs Ganze gesehen schon dafür, dass die Vision im Quartier Latin ihn existentiell-religiös tief geprägt hat. Die Vision war anscheinend die geistig-geistliche Grundlage für seinen weiteren Weg. Die Stimmigkeit zwischen Vision und Lebensvollzug machen diesen Visionsbericht einerseits glaubwürdig. Andererseits entbehrt der Visionsbericht auch nicht gewisser Stereotypien.

Wagner: Richtig! Man denkt natürlich sofort an das Bekehrungserlebnis des Paulus auf dem Weg nach Damaskus:

> „Unterwegs aber ... geschah es, dass ihn *plötzlich ein Licht* vom Himmel umstrahlte. *Er stürzte zu Boden* und hörte, wie eine Stimme zu ihm sagte: ‚Saulus, Saulus, warum verfolgst du mich?‘ Er antwortete: ‚Wer bist du, Herr?‘ Dieser sagte: ‚Ich bin Jesus, den du verfolgst‘“ (Apg 9,2–5).

Man könnte auch an eine Stelle aus der Offenbarung des Johannes denken, wo es heißt:

> „Am Tag des Herrn wurde ich *vom Geist ergriffen* und hörte hinter mir *eine Stimme laut wie eine Posaune.* ... da wandte ich mich um, weil ich sehen wollte, wer zu mir sprach. ... Als ich ihn sah, fiel ich *wie tot* vor seinen Füßen nieder, er aber legte seine rechte Hand auf mich und sagte: ‚*Fürchte dich nicht!*‘“ (Offb 1,10–17).

Man kann allerdings mit Wahrscheinlichkeit davon ausgehen, dass Frossard zum Zeitpunkt seines Schlüsselerlebnisses von diesen Bibelstellen noch nie gehört hatte. Auch wenn ich Ihren Hinweis auf gewisse Stereotypien nicht ganz von der Hand weisen will – für mich ist die Phänomenologie der Vision in Verbindung mit dem weiteren Lebensweg Frossards schon stimmig.

Aber ich frage mich andererseits, ob bei Frossard nicht möglicherweise doch krankhafte Charakterzüge vorlagen.

Niemann: Die oben beschriebenen wechselnden und unsteten Lebensumstände in Jugend und Adoleszenz, z. B. mehrfacher Schulwechsel, Herumlungern in Parks und wenig Durchhaltevermögen bei Tätigkeiten in der Partei, obwohl seine Eltern ihm da hätten Vorbild sein können, die Freundschaft zu einem schillernden Mann wie Willemin, der ihn – wohl nicht ganz uneigennützig – seiner Familie zusätzlich entfremdete, zeigen wohl Züge einer Entwicklung, welche für die Eltern wenig erfreulich war.

Sehr wichtig und interessant wären für mich in diesem Zusammenhang auch die näheren Begründungen des mit dem Vater befreundeten Psychiaters für sein Urteil, dass bei Frossard eine Form des jugendlichen Mystizismus vorliege. Haben Sie darüber nähere Informationen?

Wagner: Viel weiß ich darüber nicht, aber der Psychiater spricht von „Gnade" als einer seltsamen Krankheit, die wohl von selbst ausheile[139].

Niemann: Von einem atheistischen und sozialistischen Psychiater eine solch weise Meinung zu hören, ist auch aus heutiger psychiatrischer Sicht erstaunlich. Zwar nennt er die auf „Gnade" beruhenden Visionen krankhaft, er ordnet jedoch diese „Erscheinungen" in das Leben des jungen Mannes ein, ohne vorschnell zu einer psychiatrischen Therapie zu greifen. Er rät weder zu einer ambulanten noch zu einer stationären Behandlung und verordnet keine Medikamente oder andere soziotherapeutische Maßnahmen.

Wagner: Ich vermute, dass es 1936 beim Eintritt Frossards in die Marine weitere ärztliche Untersuchungen gab.

Niemann: Das war mit ziemlicher Sicherheit der Fall. Man kann annehmen, dass diese Untersuchung – was psychische Erkrankungen angeht – unauffällig verlief.

Hinweise auf hirnorganisch bedingte psychische Erkrankungen und Psychosen aus dem schizophrenen oder zyklothymen Formenkreis gibt es jedenfalls nicht. Was mögliche Persönlichkeits- und Verhaltensstörungen Frossards angeht, so muss gesagt werden, dass uns nur wenige Informationen aus seinem Leben vorliegen, welche eine kritische Beurteilung seiner Persönlichkeit zulassen. Auch die Frage, ob die pubertären Tagträume, von denen Frossard berichtet, als Hinweise auf eine mögliche eidetische bzw. visionäre Begabung gedeutet werden können, muss letztlich offen bleiben. Das Erlebnis des „Lichtvollen" in seiner Pariser Vision lässt Rückschlüsse auf die pubertären Erlebnisse nicht zu.

---

[139] „Er sprach von der ‚Gnade' wie von einer seltsamen Krankheit, welche die und die leicht erkennbaren Symptome aufweise. Die Natur der Krankheit widersetze sich zwar noch der wissenschaftlichen Erklärung, aber man komme der Sache schon näher. Sei es eine ernste Krankheit? Nein. Der Glaube greife die Vernunft nicht an. Gebe es ein Heilmittel dagegen? Nein, die Krankheit entwickle sich von selbst der Heilung entgegen …". Frossard, Gott existiert, S. 116.

Wagner: Vielleicht könnten Sie versuchen, sich doch etwas mehr festzulegen?

Niemann: Am liebsten würde ich André Frossard in die Gruppe einer nicht näher bezeichneten Persönlichkeitsstörung bzw. in eine kombinierte Persönlichkeitsstörung einordnen. Jedenfalls sieht das Kapitel V (F) des ICD-10 diese Kategorien vor[140].

Abgesehen von den oben beschriebenen Entwicklungsstörungen in der Adoleszenz mit entsprechenden Schul- und Reifungsschwierigkeiten scheint Frossard sich – nach seinem visionären Bekehrungserlebnis – bei der Marine in einen relativ festen sozialen Kontext eingefügt zu haben.

Möglicherweise wurden seine pubertären und adoleszenten „Widerstände" durch Militär und Krieg umgelenkt und vielleicht sogar überwunden.

Am ehesten passen für den frühen Frossard gewisse dissoziale Persönlichkeitszüge wie geringe Frustrationstoleranz in Bezug auf das Durchhalten von Bildungs- und Arbeitsanstrengungen. Treffend beschreibt Frossard selbst sein Verhalten auf der Kunstgewerbeschule, die er besuchte, nachdem er das Gymnasium, dessen Unterricht er hartnäckig geschwänzt hatte, verlassen musste: „Die Jahre, in denen ich mich jeder Disziplin entwöhnt hatte, hatten mich unfähig gemacht, irgendeinen Zwang auf mich zu nehmen, mich einem Stundenplan zu unterwerfen oder die vorgeschriebenen Figuren zu zeichnen"[141].

Wagner: Zeigt sich denn diese so genannte „Dissozialität" Ihrer Meinung nach auch noch in seinem weiteren Leben?

Niemann: Über die konkrete Ausgestaltung seines Lebens nach dem Krieg ist uns wenig bekannt. Seine Berufswahl kam dem angedeuteten Persönlichkeitszug der „Dissozialität" vielleicht entgegen: Als Soldat bei der Marine und später als Offizier hat er wahrscheinlich unstetes Leben mit soldatischer Disziplin verbinden müssen.

Als Journalist hatte er ebenfalls wohl ein unruhiges, aber nicht disziplinloses Leben, weil er einerseits natürlich an feste Termine gebunden war, andererseits aber auch viel geistige Abwechslung fand und einen gewissen Freiraum hatte.

---

[140] ICD 106.0 ff.
[141] Ebd., S. 97.

Wagner: Inwieweit sein Bekehrungserlebnis für seinen weiteren Lebensweg, speziell auch seinen Dienst in der Marine und seine Tätigkeit als christlicher Journalist, emotional richtungsweisend war, bleibt zwar sein Geheimnis. Dennoch scheint mir mit der Vision in Paris eine tiefgreifende Verwandlung einzusetzen: Nach diesem Erlebnis ist er bereit und fähig, sich zu binden und zu disziplinieren. Für diese Stabilisierung seiner Persönlichkeit hatte sicher auch die Freundschaft zu Willemin eine große Bedeutung. Ob und inwieweit ihn die enge Bindung an den sieben Jahre älteren Freund – der die eigene Phase der beruflichen Unbeständigkeit gerade überwunden und zum katholischen Glauben zurückgefunden hatte – auch für seine individuellen visionären Erfahrungen disponierte, muss offen bleiben. Hier wissen wir einfach zu wenig.

Niemann: Aber ist Frossard nicht in mehrfacher Hinsicht eine Ausnahmeerscheinung? Er hat zum Beispiel in der Begegnung in der Kirche seine Affektivität und seine Emotionalität entdeckt, er blieb jedoch ein kritisch denkender französischer Intellektueller. Das zeigt sein weiterer Weg bis in die Académie française.

Frau Kollegin Wagner, haben Sie denn nicht ein weibliches Pendant zu Frossard?

Das spröde „Mütterchen" –
Mariette Beco (* 1921)

Wagner: Ein interessantes Beispiel für eine Visionärin ist Mariette Beco aus Banneux, auch wenn man sie wohl schwerlich als Pendant zu Frossard charakterisieren kann.

Mariette Beco hatte als zwölfjähriges Mädchen mehrere Marienerscheinungen, die von ihrem familiären und sozialen Umfeld nicht ernst genommen wurden. Sie war das älteste von sieben Kindern einer Arbeiterfamilie, die in einem kleinen Dorf im belgischen Teil des Hohen Venn in der Diözese Lüttich lebte.

An einem Januarabend des Jahres 1933 wartete sie zusammen mit der Mutter auf ihren jüngeren Bruder, der nicht pünktlich nach Hause gekommen war. Als sie durch das Fenster in die Dunkelheit sieht, um nach ihm Ausschau zu halten, erblickt sie plötzlich ein Licht, in dem sie dann eine strahlende Frauengestalt, wie sie sagt, eine „Dame", erkennt. Die Dame ist nach Mariettes Beschreibung jung und schön. Sie ist leicht nach links geneigt und zeigt ein wunderbares Lächeln. Sie trägt ein weißes Kleid mit blauem Gürtel. Die Hände sind gefaltet, die Finger nach unten geneigt. Über dem Arm trägt die Frau einen Rosenkranz und auf dem rechten Fuß eine Rose.

Allerdings traut Mariette zunächst ihrer eigenen Wahrnehmung nicht: Sie fragt sich, ob das Geschaute nicht etwa mit einer Petroleumlampe zusammenhängt, die auf dem Tisch steht. Sie trägt dann die Lampe in ein anderes Zimmer. Aber als sie zum Fenster zurückkehrt, sieht sie die Dame noch klarer.

Niemann: Das strahlende Licht erinnert mich natürlich an die Berufungsvision des Paulus und an das Bekehrungserlebnis André Frossards. Auch die Erfahrungen von Bernadette Soubirous in Lourdes und die Erlebnisse der Seherkinder in Fatima zeigen diese Lichtwahrnehmungen in ähnlicher Weise. Ist Mariette nicht schlicht von diesen Ereignissen beeinflusst?

Wagner: Obwohl Sie recht haben, was die äußeren Merkmale der Mariengestalt angeht (etwa das weiße Kleid mit dem blauen Gürtel), würde ich das Erlebnis Mariette Becos dennoch nicht von vornherein mit den Erscheinungen von Lourdes und Fatima parallelisieren. Zunächst sehe ich *einen* wichtigen Unterschied: In Lourdes und in Fatima sind die Kinder allein, als sie ihre Wahrnehmungen machen. In Banneux ist es anders: Die Mutter reagiert auf die Behauptung Mariettes, im Garten eine weiße Dame zu sehen, mit der (spöttischen) Bemerkung: „O ja, das ist vielleicht die heilige Jungfrau!" Als sie selbst aus dem Fenster schaut, sieht sie ebenfalls eine leuchtende Frauengestalt – allerdings „verhüllt". Auf ihren Ausruf, das sei „eine Hexe", entgegnet ihr Mariette: „Nein, ich sage dir, das ist wirklich die heilige Jungfrau, sie lächelt mich an und ist so überaus schön".

Niemann: Das klingt wirklich anders als bei Bernadette und den Seherkindern von Fatima. Aber bringt nicht die Mutter Mariette mit ihrer spöttischen Bemerkung erst auf die Spur einer Vision?

Wagner: Davon, dass die Mutter Mariette irgendwas nahe legt, kann überhaupt nicht die Rede sein! Im Gegenteil: Die Mutter ist zunächst sehr ablehnend[142]. Schließlich reagiert sie mit der Feststellung: „Dummheiten!",

---

[142] Vgl. hierzu ebd., S. 10 und Louis-Joseph Kerkhofs (Hrsg.), U. L. Frau von Banneux. Studien und Dokumente, Kaldenkirchen ²1953, S. 23 f.

zieht den Vorhang zu, schließt die Tür ab und schickt Mariette schlafen. Mariette schläft bald darauf ein.

Niemann: Hörte Mariette auch Botschaften der „Dame", und wie waren diese formal und inhaltlich strukturiert? Blieb es bei dieser einen Vision?

Wagner: Mariette berichtete von insgesamt acht Erscheinungen. Bei der ersten Vision sah sie zwar, dass die „Dame" die Lippen bewegte, hörte aber nichts. Bei den übrigen Erlebnissen, die zwischen dem 18. Januar und dem 2. März 1933 stattfanden, vernahm sie nur kurze und einfache Botschaften. So stellte sich die „Dame" beispielsweise folgendermaßen vor: „Ich bin die Jungfrau der Armen" oder „Ich bin die Mutter des Erlösers, die Mutter Gottes".

Niemann: Hat die zweite Vision besondere Merkmale?

Wagner: Die zweite Vision findet – wie übrigens alle weiteren – bei Minusgraden im Freien statt: Die „Dame", die von Ferne nah an Mariette herangekommen ist, ruft sie an eine kleine Quelle. Sie fordert Mariette auf, die Hände hinein zu tauchen und sagt: „Diese Quelle ist mir vorbehalten. Guten Abend. Auf Wiedersehen (au revoir)". Drei Zeugen, darunter der Vater, bemerken, dass Mariette nach dem Geschehen, das 35 Minuten dauerte, wie geblendet schien, sich die Augen rieb, das Gesicht mit dem rechten Arm bedeckte und angab, Augenschmerzen zu haben.

Niemann: Brachten die sechs weiteren Erscheinungen noch etwas Neues?

Wagner: Sie wurden kürzer. Die letzte Erscheinung dauerte nur noch 5 Minuten. Inhaltlich brachte sie nichts Spektakuläres. Das Erscheinungsbild der „Dame" änderte sich nicht. Die Botschaften blieben einfach und knapp. So sagte die „Dame" etwa bei der sechsten Erscheinung: „Ich bin gekommen, Leiden zu lindern". Bei der letzten Erscheinung verabschiedete die „Dame" sich mit „Adieu".

Niemann: Bei der ersten Vision war offenbar der Vater nicht anwesend. Brachte er denn später „seine Frauen" nicht zur Vernunft?

Wagner: Der Vater zeigt eine sehr kritische Haltung: Er führt sogar einige kleine Experimente durch – so verschiebt er unter anderem die Lichtquellen –, weil er denkt, dass Frau und Tochter „Illusionen" aufgesessen sind. Trotzdem behält er eine unerklärliche Unruhe, die von seiner Frau geteilt wird. – Auch gibt ihm zu denken, dass Mariette, die er noch niemals bei einer Lüge erwischt hat, nun etwas so Unwahrscheinliches berichtet.

Niemann: Fallen die Eltern bei den weiteren Erscheinungen dann „um", indem sie „gläubig" werden?

Wagner: Anscheinend akzeptierte der Vater rascher als die Mutter die Erlebnisse seiner Tochter. Die Mutter ging bei der sechsten Erscheinung erstmals mit hinaus und nahm am Gebet der kleinen, im Garten des Hauses versammelten Gruppe teil.

Niemann: Gibt es Hinweise darauf, wie das weitere soziale Umfeld reagierte, zum Beispiel die Freundin, der Ortspfarrer und weitere Personen? Gab es nur „Wundersüchtige" oder auch kritische Personen?

Wagner: Von Wundersucht kann man nicht sprechen! Der Kreis derjenigen, die sich regelmäßig im Garten der Becos zu den Erscheinungen versammelten, was sehr klein. Er umfasste höchstens zwanzig Personen. Die verwirrenden Ereignisse berichtete Mariette nur einmal ihrer Freundin Josephine. Daraufhin gingen sie gemeinsam zu dem Seelsorger des Dorfes, Abbé Jamin, und berichteten ihm über das Geschehen. Er blieb skeptisch und befahl Mariette, darüber zu schweigen.

Bei manchen erweckte sie Mitleid; sie war aber auch – besonders in der Schule – Gegenstand allgemeinen Spottes. Auch in der eigenen Familie war sie den Spötteleien von Großmutter und Tanten ausgesetzt.

Niemann: Hat sie ihre Erlebnisse und die „Botschaften" selbst in irgendeiner Weise kritisch kommentiert bzw. gewertet?

Wagner: Wenn man den Quellen trauen darf[143], zeigt sich ihr Realismus und eine gewisse Keckheit in folgenden Äußerungen: „Wenn ich eine Botschaft zu bestellen habe, bin ich so etwas wie ein Briefträger [der Botschaften?]. Lesen Sie den Brief und lassen Sie mich in Ruhe!"

Auf die Frage eines Geistlichen „Mariette, hatte die heilige Jungfrau

---

[143] Vgl. hierzu und zum Folgenden: Samuel Poyard O.M.C., Die Erscheinungen von Banneux, o. Ort, ²1955, S. 63 f.

eine harte Stimme?", antwortete sie: „Nicht so hart wie die Ihre, Herr Abbé, dass Sie es nur wissen!"

Niemann: Die ist ganz schön frech! Aber ist das etwas Ungewöhnliches bei einem pubertierenden Mädchen? Was soll das hinsichtlich der Echtheit ihrer angeblichen Visionen belegen?

Unabhängig davon – gibt das etwas für den Stil ihrer Marienverehrung her?

Wagner: Als sie einmal eine Marienstatue anschauen soll, ruft sie aus: „Wie hässlich! Zerbrechen Sie das Ding da! Ich mag es nicht mehr sehen!"

Das Gegenteil: Eines Tages äußert sie: „Man kann Maria so schön machen, wie man will, niemals wird es gelingen!" Kann man das nicht als Kritik an einer kitschigen Frömmigkeit deuten, die aus einer unmittelbaren Erfahrung kommt?

Niemann: Zugegeben: Das klingt recht eigenwillig, aber vielleicht ist es doch eher im Umgangsstil innerhalb der Familie und im Fehlen einer intensiven religiösen Erziehung begründet.

Wagner: Diese Lösung scheint mir etwas zu einfach. Von Mariettes Eltern ging allerdings tatsächlich kein starker religiöser Einfluss aus. Der Besuch der Messe wurde von ihnen ebenso wenig gefördert wie der regelmäßige Besuch des Religionsunterrichts. Grundsätzlich wurde in der Familie das religiöse Leben eher vernachlässigt. Mariette hatte natürlich von der Jungfrau Maria gehört und besuchte auch ab und an mal eine Heilige Messe. Aber ihre religiöse Aktivität ließ mehr und mehr nach und hatte vor der ersten Vision einen gewissen Tiefstand erreicht. Ihre Noten im Katechismusunterricht waren geradezu katastrophal. Sie war die schlechteste von allen. Das spricht nicht gerade für ein ausgeprägtes religiöses Interesse oder für religiöse Kenntnisse.

Niemann: In diesem Zusammenhang würde mich allerdings interessieren, welche psycho-soziale Stellung Mariette innerhalb der Familie und der Geschwisterschar hatte. Was ist zum Beispiel über ihren Intelligenzgrad bekannt?

Wagner: Was die geistige Entwicklung angeht, so wird Mariette als eher zurückgeblieben beschrieben. Aber ihre soziale und kommunikative Kompetenz war wahrscheinlich ausgeprägter, weil sie als Älteste die Aufgabe hatte, auf ihre jüngeren Geschwister aufzupassen. Das über sie erstellte psychologische Gutachten (u. a. Binet-Simon-Test zur Feststellung des intellektuellen Entwicklungsstandes bei Kindern) bescheinigt ihr einen *Mangel an Vorstellungsgabe*. Sie wird als *realistisch und phantasielos* beschrieben, mit Sinn fürs Praktische und daher ohne Hang zu Träumereien. Sie war ausgerichtet auf die Alltagserfordernisse einer großen Familie. Ihr Gedächtnis gilt als sachbezogen; längere Sätze konnte sie sich schlecht merken, und es fiel ihr schwer, in Zusammenhängen zu denken.

Niemann: Manchmal sind kirchliche Kreise ja auch klug, wenn sie vermuten, dass VisionärInnen schon ein bisschen „verrückt" sind. Gibt es weitere ärztliche bzw. psychiatrische Stellungnahmen zu den Erscheinungen von Mariette Beco?

Wagner: Ja, die gibt es. Von ihrem Hausarzt, Dr. H., wird sie als physisch gesundes, kräftiges Landmädchen geschildert. Was ihren Geisteszustand betrifft, so bemerkt der Hausarzt, dass sie während der Zeit der Erscheinungen in ihrem Nervensystem niemals pathologische Reaktionen gezeigt hat. Er bescheinigt ihr, im Zusammenhang mit den Erscheinungen Beweise von ruhigem Handeln und Logik geliefert zu haben. Auch Dr. B. attestiert ihr mit Datum vom 10. Mai 1934, dass sie keine „fixen Ideen religiöser Art" geäußert habe und dass sie auch keine Anzeichen „einer explosiven oder krankhaften Frömmigkeit" erkennen ließ. Ein anderer Arzt, Dr. Boe, schließt – aufgrund der Persönlichkeitsstruktur von Mariette – die Möglichkeit von Suggestion und Hypnose aus. Ein Psychiater, Dr. G., resümiert: „Mir ist es unmöglich, in Mariette ein hysterisches Mädchen zu sehen".

Niemann: Die typisch katholische Version dieses Lebens endet doch mit dem Eintritt in einen Orden!

Wagner: Selbst in der Katholischen Kirche gibt es noch Überraschungen! Mariette Beco trat nicht in einen Orden ein. Sie heiratete und gründete eine Familie. Sie brachte drei Kinder zur Welt, von denen eines bei der Geburt starb. Mariette Béco trat nie mehr öffentlich in Erscheinung und führt bis heute ein zurückgezogenes Leben in Banneux.

Niemann: Das wundert mich doch sehr! Warum hat die Öffentlichkeit scheinbar so wenig Interesse an der Primärzeugin für acht Visionen, die – im Rahmen der Wallfahrt nach Banneux – ein millionenfaches Echo gefunden haben und noch finden?

Wagner: Darüber können wir nur spekulieren. Zum Teil erklärt es sich daraus, dass Mariette einfach nicht mehr im Zentrum des öffentlichen Interesses stehen wollte. Sie ist so oft befragt worden, dass sie schließlich gesagt haben soll: „Wenn ich gewusst hätte, was ich alles ertragen musste, hätte ich kein Wort von meinen Visionen gesagt, sondern stattdessen – ganz für mich allein – eine kleine Kapelle in unserem Garten gebaut".

Möglicherweise will hier ja einfach die Zeugin hinter ihrer Botschaft zurücktreten. Vielleicht passt das ja auch zu ihrer etwas spröden, pragmatischen Persönlichkeit.

Trotzdem würde mich eine genauere psychodynamische und diagnostische Einordnung Ihrerseits interessieren.

Niemann: Es bleibt mir hier eigentlich nur übrig, die oben genannten psychischen Zusammenhänge kurz zusammenzufassen:

Die die Familie behandelnden Hausärzte und ein Psychiater attestieren ihr, ein gesundes, verbal etwas sprödes und unbegabtes Landmädchen zu sein. Auf eine hirnorganisch-pathologische Verursachung zu schließen, wäre – nach allem, was wir wissen – abwegig. Ebenso gibt es keinerlei Hinweise auf eine Erkrankung aus dem schizophrenen und zyklothymen psychotischen Formenkreis. Ob vielleicht die Neigung der Mariette Beco, eine eigene kleine Welt gegen eine unsympathische soziale Außenwelt abzugrenzen, mit dem Kretschmerschen Begriff der Schizothymie belegt werden könnte, sollte wenigstens einmal erwogen werden.

Wagner: Es wäre für mich interessant zu wissen, wie Mariette Beco heute, als Dreiundachtzigjährige, zu ihren Erlebnissen von damals steht, ob und wie sie betet und ob sie aktiv am kirchlichen Leben teilnimmt. Die Tochter Mariettes weiß, wie sie berichtet, wenig über die damaligen Erlebnisse ihrer Mutter, weil diese nur sehr wenig darüber erzählt.

Niemann: Die Tatsache, dass sich Mariette Beco aus dem emotionalen Dunstkreis eines Wallfahrtsortes, den sie ja eigentlich durch ihre Erscheinungen „begründet" hat, bewusst heraushält, kann wohl kaum zu einer psychopathologischen Absonderlichkeit hochstilisiert werden. Da sie als erwachsene Frau und Mutter nie psychiatrisch und „journalistisch" untersucht worden ist, können eigentlich keine weiteren fachpsychiatrischen Aussagen gemäß des ICD-10 Kapitel V gemacht werden. (Wer die soziale Zurückhaltung der Mariette Beco böswillig interpretieren wollte, könnte eventuell an eine ängstlich-vermeidende Persönlichkeit denken [ICD-10 F.60.6: Vemeidung sozialer und beruflicher Aktivitäten, die zwischenmenschliche Kontakte voraussetzen, aus Furcht vor Kritik, Missbilligung oder Ablehnung], da sie kirchlich-soziale Aktivitäten offenbar bewusst gemieden hat und noch meidet. Doch gehören diese Denkmodelle in den Bereich ungesicherter Psychodiagnostik).

Eher würde ich das Verhalten Mariette Becos in den Bereich gesunder menschlicher Zurückhaltung gegenüber einem Rummel, der ihr fremd ist und der sie überfordern würde, einordnen.

Wagner: Das Leben und das Schicksal der Mariette Beco verlaufen sich ein wenig im scheinbar banalen Alltagsleben. Trotzdem wird die Wirkung ihrer Erlebnisse und ihrer Persönlichkeit durch die große Zahl von Pilgern beeindruckend belegt.

Die Opferseele für Verstorbene – Maria Simma (1915–2004)

Niemann: Die Erlebnisse von Frossard und Beco kommen mir als Psychiater noch recht einfühlbar und sympathisch vor, weil vor allem die soziokulturelle Umwelt wenig „visionsträchtig" zu sein scheint.

Aber es gibt doch auch reichlich merkwürdige und skurrile Visionen und VisonärInnen. Fast habe ich den Eindruck, diesen Typ möchten Sie als Dogmatikerin gerne verschweigen. Bei denen könnten Sie das alles nicht so „glatt" interpretieren.

Wagner: Wir können gern auch über skurrile Typen reden! Spontan fällt mir dazu Maria Simma aus Vorarlberg in Österreich ein. Die dürfte nach Ihrem Geschmack sein! Als katholischer Priester sind Sie ja sicher auch den „Armen Seelen"[144] verpflichtet.

Niemann: Fast haben Sie mich jetzt erwischt. Aber ich sehe die „Theologie" der Armen Seelen im Zusammenhang mit der Frage: Was geschieht mit Menschen, die in dieser Welt andere Menschen sehr verletzt, ja vielleicht sogar gemordet haben, und die durch die Maschen der menschlichen

---

[144] Als „Arme Seelen" werden die „Seelen" Verstorbener im Reinigungszustand (früher Fegfeuer genannt) bezeichnet.

Justiz und Gerechtigkeit geschlüpft sind? Wie können solche Menschen der Gerechtigkeit zugeführt werden? Ist vor diesem Hintergrund die Lehre der Kirche über die Armen Seelen mit einer jeweils individuell adäquaten Bestrafung so absurd?

Wagner: Hier sollten wir doch differenzieren: Die Kirche lehrt zwar die Möglichkeit der Fürbitte für die Armen Seelen im Fegfeuer (Gebet, Almosen und Werke der Frömmigkeit), aber von einem stellvertretenden Sühneleiden spricht die Kirche nicht. Es gibt nur einen Erlöser: Jesus Christus!

Aber bleiben wir doch lieber bei den Menschlichkeiten der Maria Simma!

Niemann: Können Sie Persönlichkeit und Lebensverlauf der Maria Simma ein wenig schildern?

Wagner: Maria Simma wurde 1915 als zweites von acht Kindern in Sonntag in Vorarlberg geboren. Die Familie war arm. Der Vater verdiente den Lebensunterhalt zunächst als Schweizer und Knecht auf dem Bauernhof seines Bruders, war dann im 1. Weltkrieg Postbote, nach dem Krieg Straßenarbeiter und schließlich Rentner. Die Mutter, die 18 Jahre jünger war als der Vater, war bei dessen Bruder als Adoptivkind aufgezogen worden. Dort hatte Josef Anton Simma seine spätere Frau auch kennen gelernt. Die Ehe war aber offenbar nicht glücklich. Josef Simma galt als eigenwillig, seine Frau war angeblich eine schlechte Hausfrau. Aloisia Simma zog schließlich von der Familie weg und arbeitete in einer Fabrik. Der Vater, der nun allein dastand, erzog die Kinder hart und streng.

Wegen der schlechten wirtschaftlichen Situation der Familie kamen die Kinder früh unter fremde Leute. Sobald sie die Schule verlassen hatten, mussten sie allein sehen, wie sie durchkamen. Maria Simma verdiente sich ihren Lebensunterhalt nach acht Jahren Volksschule an verschiedenen Stellen als Dienstmädchen.

Niemann: Mit diesen schweren familiären und dissozialen Problemen haben Sie nun noch nichts über die religiöse Einstellung der Familie und der zukünftigen Visionärin berichtet.

Wagner: Die religiöse Erziehung ging vom Vater aus. Allerdings zeigte Maria Simma schon früh Interesse an religiösen Fragen. Sie wollte – wie eine Tante – Ordensschwester werden und war auch in drei verschiedenen

Ordensgemeinschaften als Kandidatin. Mit dem Argument, ihre Gesundheit sei zu schwach, wurde sie aber jeweils nach einiger Zeit wieder entlassen. Sie legte ein Jungfräulichkeitsgelübde ab und vollzog die Ganzhingabe an Maria (nach Louis-Marie Grignion de Monfort). In der NS-Zeit half sie bei der Vorbereitung der Kinder auf die Beichte und die Erstkommunion.

Niemann: Diese religiös-kirchliche Sozialisation klingt ja nicht unüblich für das gut katholische Vorarlberg. Aber wie kommt sie nun auf den Anspruch, Visionen zu haben?

Wagner: Es beginnt im Krieg, 1940. In diesem Jahr hat sie ihren Angaben zufolge den ersten Kontakt mit „Armen Seelen". Zunächst ist der Kontakt zu den Verstorbenen sehr selten – höchstens zwei- bis dreimal im Jahr. Er erreicht im Marianischen Jahr (1950) einen gewissen Höhepunkt: Die Armen Seelen „erschienen" ihr jede Nacht. In den folgenden Jahren reduzierten sich die Erlebnisse dann wieder auf zwei bis drei pro Woche.

Niemann: Das wirkt auf mich schon wieder sehr ungenau und schwammig. Sind diese Phänomene eher auf der Ebene des Spuks zu sehen oder zeigen sie einen theologisch-spirituellen Zusammenhang?

Wagner: Tatsächlich erinnert manches an Spuk. Sie wird meist durch Klopfen, Rufen oder Zupfen geweckt. Sie berichtet auch von „Poltergeistern". Sie interpretiert das Erlebte auf dem Hintergrund ihrer persönlichen Frömmigkeit: Es sind Arme Seelen, die um ihre Hilfe bitten. Sie hat das starke Empfinden, dass sie für sie büßen und leiden muss.

Niemann: Auf mich wirkt diese kurze Beschreibung schematisiert und stereotyp. Mir fehlt das Besondere oder der genauere Ablauf, um der Frage nach der „Echtheit" näher zu kommen.

Wagner: Damit kann ich Ihnen gerne dienen. Von der ersten Erscheinung einer armen Seele berichtet Maria Simma folgendes:

> „Ich erwachte, weil ich jemanden in meinem Zimmer hin und her gehen hörte, und schaute nach, wer denn da in meiner Kammer sei. Ich habe mich nicht so leicht gefürchtet, eher wäre ich einem ins Gesicht gesprungen, als dass ich Angst gehabt hätte. Da sah ich einen fremden Mann in meinem Zimmer, er lief langsam hin und her. Ich fuhr ihn ganz barsch an: ‚Wie

kommst du herein, was hast du da verloren?' Er tat, als ob er nichts hörte und bewegte sich weiter hin und her. ‚Wer bist du?' fragte ich, und als ich wiederum keine Antwort erhielt, sprang ich aus dem Bett und wollte ihn fassen. Da griff ich in die Luft, es war nichts mehr da.

Ich ging ins Bett und sah und hörte ihn wieder hin und her laufen. Jetzt bin ich doch wach, dachte ich, und sehe und höre diesen Mann, warum kann ich ihn nicht packen. Nochmals stand ich auf, schritt langsam auf ihn zu und wollte ihn festnehmen, und wieder hatte ich ins Leere gestoßen. Es war einfach nichts mehr da. Jetzt wurde es mir etwas unheimlich; ich legte mich ins Bett, es war gegen 4.00 Uhr in der Früh, da ist er nicht mehr gekommen, aber ich fand keinen Schlaf mehr.

Nach der Hl. Messe ging ich zu meinem Seelenführer und erzählte ihm alles. ‚Wenn wieder so was vorkommt', belehrte er mich kurz, ‚so fragst du nicht, wer bist du, sondern: was willst du von mir?' In der nächsten Nacht kam er wieder, er war der gleiche Mann wie in der Vornacht. Ich fragte ihn: ‚Was willst du von mir?' Jetzt antwortete er: ‚Drei Hl. Messen lass mir lesen, dann bin ich erlöst!'

Da wusste ich, das muss eine Arme Seele sein; ich meldete es meinem Beichtvater, der mir das bestätigte"[145].

Niemann: Der letzte Satz klingt nach Selbstbestätigung. Vermute ich richtig, dass diese Mischung von Spukphänomenen und subjektiv-spiritueller Deutung nur *eine* Variante der von Maria Simma erlebten Phänomene ist?

Wagner: Ihre Vermutung ist richtig. Maria Simma erzählt auch von Teufelsvisionen. So wird zum Beispiel aus der Karwoche 1954 berichtet: Der Teufel erschien ihr „hörbar und sichtbar". Es gab Lärm wie von Blechen. Der Teufel erschien ihr als schwarzer Bär, manchmal als bärtiger Mensch, schwarz gekleidet und mit Krallen. Manchmal sieht sie ein Froschgesicht mit einem Maul und mit Zähnen über das ganze Gesicht. Sie sieht ihn in Verkleidung: als *Engel des Lichtes* oder in Gestalt des Ortspfarrers oder eines ehemaligen Beichtvaters oder als Schwester Oberin der Herz-Jesu-Schwestern. Diese Gestalten wurden „vertrieben" durch einen „Exorzismus" unklarer Provenienz.

Niemann: Das sind ja wirklich starke Erlebnisse und scheinbar Jenseitserfahrungen, die vielleicht sogar nach Veröffentlichung „schreien"?

---

[145] Maria Simma, Meine Erlebnisse mit Armen Seelen, Stein a. Rhein ⁵1969, S. 42 f.

Wagner: Anders als Mariette Beco hat Maria Simma die Öffentlichkeit gesucht und hat ihre Erlebnisse über Jahrzehnte in Buchform (18 Auflagen) und durch Vorträge, die als Hörkassetten publiziert wurden, einem breiteren Publikum zugänglich gemacht. Sie stand immer wieder für Anfragen über das jenseitige Schicksal Verstorbener zur Verfügung und gab auch über den jenseitigen „Status" Prominenter Auskunft.

Niemann: Dann könnte man annehmen, dass sie mit ihren Erlebnissen und Sichtweisen durchaus Erfolge in der Öffentlichkeit erzielt hat. Gab es nie Zweifel an ihrer geistigen Gesundheit?

Wagner: Genaueres ist nicht bekannt. Aber es gibt ein ausführliches psychologisches Gutachten von einem nicht näher identifizierten Ewald Böhm (Erfinder des Rohrschachtestes?), der eine interessante Episode berichtet:

> „Einmal fand der Pastor die Maria S. in seinem Stübli mit den Nachthemdbändli am Tischbein angebunden. Er hat sie auch ein paar Mal vom Holzschober herunterholen müssen. Das hatte der Teufel getan. Der Pastor merkt, dass es der Teufel ist und nicht die Armen Seelen und vertreibt ihn dann mit einem Exorzismus-Gebet. Die Maria S. ist dann im Trance-Zustand, ist nicht ansprechbar, redet auch nicht, stöhnt aber und ist starr, hat mitunter auch Krämpfe, je nach Art der Sünden, die gebüßt werden müssen. Sie ist nachher ‚sofort wieder normal', Zungenbiss, blaue Flecken usw. wurden nie beobachtet[146]."

Niemann: Für einen Nervenarzt sind diese Beschreibungen zu vage und unsicher: Die Ursache für das Angebundensein kann auch natürlich erklärt werden. Zum Beispiel kann Maria S. sich – in einem nicht klaren Bewusstseinszustand – selbst (hinter ihrem Rücken) angebunden haben. Ferner: Wie kommt Maria S. im Nachthemd in das Stübli des Pastors? Leider wissen wir zu wenig von Übertragungs- und Gegenübertragungsmechanismen zwischen Maria S. und ihrem Seelsorger.

Wagner: Wir wissen tatsächlich über die hirnorganisch-psychische Verfassung von Maria Simma viel zu wenig. Schon Ewald Böhm hat damals in seinem Gutachten eine eingehende neurologisch-psychiatrische

---

[146] Ewald Böhm, Gutachten. Zitiert nach Gerd Schallenberg, Visionäre Erlebnisse. Erscheinungen im 20. Jahrhundert. Eine psychopathologische Untersuchung, Aschaffenburg 1979, S. 112.

Untersuchung gefordert, die allerdings nie durchgeführt wurde. Auch wurden die so genannten Trancezustände niemals von kundigen Zeugen, geschweige denn von nervenärztlich Erfahrenen beschrieben und erklärt.

Es gibt die Hypothese, dass es sich bei den Zuständen im Jahre 1957 um „ixothyme Verhaltensweisen"[147] gehandelt haben könnte. Was hat man sich darunter vorzustellen?

Niemann: Der Begriff der „Ixothymie" wurde von Erik Strömgren 1936 geprägt und ist eine Bezeichnung für eine leichte Form der epileptischen Wesensveränderung. Es scheinen gewisse Parallelen zu dem Kretschmerschen Begriff des viskösen Temperamentes vorzuliegen. Dabei handelt es sich – bei vorwiegend athletischem Körperbau – zum Beispiel um „Zähflüssigkeit der Gedankengänge und etlicher psychischer Vorgänge, wie mangelnde Umstellungsfähigkeit und Wendigkeit bei bestehender Ausdauer, Zähigkeit, Genauigkeit und Neigung zu Affektausbrüchen"[148].

Wagner: Wer Mitschnitte von Vorträgen der damals über siebzigjährigen Maria Simma gehört hat, kommt kaum auf den Gedanken, dass bei ihr eine hirnorganisch bedingte Wesensänderung vorliegen könnte. In ihren Gedanken und ihrer Sprache wirkt sie keineswegs „zähflüssig", sondern energisch, selbstsicher und geschickt auf Außenwirkung bedacht.

Allerdings berichtet der Psychologe Ewald Böhm in seinem Gutachten von Trancezuständen, Starrheit und Krämpfen.

Niemann: Nach allem, was ich bis jetzt gehört habe, scheinen diese Beschreibungen aber nicht die führende und andauernde Symptomatik der Maria Simma wiederzugeben. Auch in späteren Jahren dürften kaum dissoziative (konversionsneurotische) Störungen[149] vorgelegen haben. Maria Simma „vergisst" wohl gleichsam aufgrund der späteren öffentlichen Erfolge die dissoziativen bzw. konversionsneurotischen Symptome (Kompensationsmechanismus).

---

147 So Schallenberg, ebd., S. 113, der einen Hinweis von E. Böhm aufgreift.

148 Vgl. Uwe Henrik Peters, Wörterbuch der Psychiatrie und medizinischen Psychologie, München u. a. ⁴1990, S. 267; S. 568.

149 „Das allgemeine Kennzeichen der dissoziativen oder Konversionsstörungen ist der teilweise oder völlige Verlust der normalen Integration von Erinnerungen an die Vergangenheit, des Identitätsbewusstseins, der unmittelbaren Empfindungen sowie der Kontrolle von Körperbewegungen" [WHO (Hrsg.), Internationale Klassifikation psychischer Störungen. ICD-10 Kapitel V (F). Klinisch-diagnostische Leitlinien, Bern u. a. ⁴2000, S. 173].

Wagner: Wenn ich Sie richtig verstanden habe, denken Sie bei der Psychodynamik von Maria Simma kaum an hirnorganische Implikationen und auch weniger an dissoziative Störungen?

Niemann: Am ehesten fallen bei Maria Simma Dramatisierungstendenzen in Bezug auf die eigene Person, theatralisches Verhalten bei übertriebenem Ausdruck von Gefühlen auf.

Ihre öffentliche Selbstdarstellung lässt daran denken, dass Maria Simma Anerkennung durch eigene Aktivitäten sucht, bei denen sie im Mittelpunkt der Aufmerksamkeit steht. Erhöhte Kränkbarkeit und andauernd manipulatives Verhalten zur Befriedigung eigener Bedürfnisse wären zu vermuten, können aber in dem zur Verfügung stehenden Material nicht eindeutig festgemacht werden.

Diese psychopathologischen Hinweise lassen an histrionische Persönlichkeitszüge denken.

Gleichzeitig fällt die starre Verfolgung ihres Lebensziels auf: Sie beschäftigt sich ständig mit den Armen Seelen, ist fasziniert von Anfragen über das Schicksal einzelner (Hitler, Stalin) und sieht ihre spezifische Aufgabe im Apostolat für die Armen Seelen. Einerseits fällt in diesem Zusammenhang die Rigidität und der Eigensinn der Maria Simma auf, andererseits scheint sie sehr flexibel und erfinderisch zu sein, wenn ihr widersprochen wird.

Wagner: Eine gewisse „Findigkeit" ist mir auch aufgefallen. Es wird berichtet, dass es durchaus Versuche gab, Maria Simma „Fallen" zu stellen, indem man etwa bei ihr nachfragte, ob eine bestimmte Person im Fegfeuer sei, obwohl diese Person noch am Leben war. Es kam dann offenbar vor, dass Maria Simma tatsächlich antwortete, diese Person befinde sich noch im Fegfeuer und auch Anweisungen gab, wie sie aus dem Fegfeuer erlöst werden könnte. Mit der Tatsache konfrontiert, dass diese Person in Wahrheit noch am Leben sei, reagierte sie durchaus „flexibel": Der Teufel sei ihr in Gestalt einer Armen Seele erschienen und habe ihr diese falsche Antwort überbracht.

Rigidität und Eigensinn zeigen sich vor allem in der Propaganda für die alten vorkonziliaren kirchlichen Konventionen. Zum Beispiel setzt sie sich energisch für die Mundkommunion, den knienden Kommunionempfang und die Wiederaufstellung der Kommunionbänke ein: Wer als Priester die Handkommunion eingeführt hat, muss Maria Simma zufolge im Fegfeuer schwer leiden. Von einer Priesterseele hört sie angeblich: „Wenn ein Priester oder Bischof wüsste, welche Verantwortung er trägt, wenn er die Handkommunion einführt, es würde auf der Stelle keine Handkommunion mehr geben und es würde auch keine mehr genommen werden"[150].

Niemann: Es lassen sich also möglicherweise gewisse histrionische und auch zwanghafte Persönlichkeitsstrukturelemente finden, aber – zugegeben – eine genauere Psychodynamik der geistig-seelischen Entwicklung und der Erlebnisse der Maria Simma traue ich mir nach diesen eher fragmentarisch anmutenden Informationen nicht zu.

Wagner: Als Nichtmedizinerin würde ich es einfacher sagen: Bei Maria Simma scheint mir der „allzu menschliche" Anteil mit entsprechenden Differenzen auf der psychosozialen Ebene deutlicher und stärker gegeben zu sein als bei André Frossard und Mariette Beco.

Niemann: Nach so vielen Irrationalismen und so viel nebensächlicher Theologie wächst in mir das Bedürfnis, rationaler und sachlicher an mögliche Visionen heranzugehen.

Ein Naturwissenschaftler als Visionär – Emanuel Swedenborg (1688–1722)

Wagner: Mich hat die Lebensgeschichte von Emanuel Swedenborg sehr beeindruckt, die der Marburger evangelische Theologe Ernst Benz niedergeschrieben hat[151].

Niemann: Swedenborg verbindet vielleicht nüchtern-technisches Denken mit gläubigem Denken und Handeln?

Wagner: Da liegen Sie nicht ganz falsch. Swedenborg war Sohn eines evangelischen Feldpredigers, der später Bischof wurde. Er war das dritte von acht Kindern. Die Mutter starb, als Emanuel acht Jahre alt war. Jesper Swedenborg, der Vater, war zu seiner Zeit ein bekannter Humanist und

---

[150] Simma, Erlebnisse, S. 84.
[151] Ernst Benz, Emanuel Swedenborg. Naturforscher und Seher, Zürich ²1969.

Exorzist[152] und hat seinen Sohn in der Kindheit zweifellos stark geprägt. Allerdings scheint diese religiöse Prägung beim Eintritt in die Schul- und Studienzeit einen gewissen Bruch erfahren zu haben, der zeitlich mit der Trennung von Vater und Sohn zusammenfällt: 1702 wurde Jesper Swedenborg Bischof in Mittelschweden und gab den damals vierzehnjährigen Emanuel in die Obhut seines Schwagers, eines bekannten humanistischen Wissenschaftlers seiner Zeit. Durch diesen Onkel, Erik Benzelius, wurde Emanuel Swedenborg in die Welt des Humanismus eingeführt, sodass er z. B. eine gute lateinische Prosa schreiben und bei entsprechenden Anlässen gelehrte Gedichte verfassen konnte. Trotzdem gehörte das Herz des jungen Swedenborg und seine eigentliche Liebe nicht den alten Geisteswissenschaften, sondern der Mathematik, der Geometrie, der Astronomie und der Technik.

Niemann: Wenn ich das höre, frage ich mich, wo und wie sich diese breit gefächerte Bildung „erdete".

Wagner: Besonders beeindruckt hat ihn mit Anfang Zwanzig der „erste Repräsentant der Technik und Mechanik in Schweden", Christopher Polhem. König Karl XII. hatte ihn als großen Ingenieur entdeckt und ihn zu Bergbau- und Schiffsbauprojekten herangezogen. Dadurch angeregt studierte Swedenborg während eines dreijährigen Studienaufenthaltes in England Mathematik, Physik und Naturwissenschaften. Zuvor hatte er in Uppsala bereits das Studium der Physik und der Philosophie abgeschlossen. Nach weiteren Reisen, die ihn nach Frankreich, Holland und Deutschland führen, kehrt er 1715 nach Schweden zurück. Während seiner Reisen tüftelt er an einem Dutzend Erfindungen, die u. a. ein U-Boot und eine Flugmaschine zum Ziel haben. Nach seiner Rückkehr ernennt ihn der König 1716 zum außerordentlichen Mitglied der königlich-schwedischen Bergbaubehörde.

Ab 1718 arbeitet er mit seinem großen Vorbild, dem Ingenieur Christoph Polhem, zusammen. 1734 veröffentlicht Swedenborg eine wissenschaftliche Abhandlung mit dem Titel „Über das Unendliche und die letzte Ursache der Schöpfung" – ein Titel, in dem bereits sein Bestreben zum Ausdruck kommt, sich nicht mit der Erforschung des technisch Machbaren

---

[152] Jesper Swedenborg verstand unter Exorzismus eine Verbindung von machtvollem Wort und personaler Seelsorge, wobei er einzelnen gequälten, angstvollen Menschen half, indem er sie z. B. in seine Familie aufnahm.

zu begnügen. Im selben Jahr wird er zum Ehrenmitglied in der Kaiserlichen Akademie der Wissenschaften zu St. Petersburg ernannt. Zu diesem Zeitpunkt ist Swedenborg längst ein in ganz Europa anerkannter Wissenschaftler und Techniker.

Niemann: Das hört sich fast nach der Musterkarriere eines großen Technikers und Ingenieurwissenschaftlers an, der gleichzeitig – über seinen Monarchen – die Möglichkeit hatte, seine Erfindungen in die Realität umzusetzen. Und warum wollen Sie ihn jetzt als Visionär „verkaufen"?

Wagner: Swedenborg legte 1747 sein Amt als Bergwerks-Assessor nieder – als Konsequenz einer Lebensänderung, die er auf eine Berufungsvision zurückführte. Diese Vision, eine Christusvision, hat nach dem geistlichen Tagebuch Swedenborgs 1744 in der Nacht zwischen Ostersonntag und Ostermontag (6./7. April) stattgefunden.

Niemann: Setzt diese Ostervision unvermittelt ein, oder gibt es etwa gewisse „Vorläufer"?

Wagner: Die Berufungsvision ist der Abschluss einer langjährigen religiösen Krise, die bereits im Herbst 1736 einsetzt. In seinem Geistlichen Tagebuch heißt es am 17. August 1748:

„Bevor mein Sinn eröffnet wurde, sodass ich mit Geistern verkehren konnte, hatte ich mehrere Jahre lang solche Evidenzen, dass ich mich jetzt wundere, dass mir die ganze Zeit über nicht die Erkenntnis aufging, dass mich der Herr durch Vermittlung von Geistern leitete. Während einiger Jahre hatte ich nicht nur Träume, durch die ich über Dinge belehrt wurde, über die ich eben schrieb, sondern ich erfuhr auch während des Schreibens Veränderungen meines inneren Zustands, in dem ein außerordentliches Licht in den Dingen erschien, … Später hatte ich mancherlei Visionen mit geschlossenen Augen, wunderbare Erleuchtungen. … Ich erfuhr auch Einflüsse von Geistern, dem Sinne so deutlich als wenn es in den Sinnen des Körpers vor sich ginge. Ich erfuhr verschiedene Heimsuchungen durch böse Geister, …. Ich sah feurige Lichter und hörte Gespräche …, bis zuletzt ein Geist einige Worte zu mir sprach, wobei ich heftig erstaunt war, dass er meine Gedanken durchschaute"[153].

---

[153] Zitiert nach Benz, Swedenborg, S. 159 (ohne Quellenangabe).

Niemann: Hier stehen offenbar verschiedene innere Erlebnisse nebeneinander: „Träume", die sich in Form von Lösungsansätzen auf seine wissenschaftlichen Forschungen beziehen, an denen er gerade arbeitet. Ferner Evidenzerlebnisse als Einwirkung der Geisterwelt in sein Leben. – Da fragt jeder kritische Hörer, was denn damit gemeint sei.

Wagner: Sie haben recht, wenn Sie diesen Beschreibungen mit Skepsis begegnen. Ich denke, dass die Einzelheiten deutlicher werden, wenn wir die Berufungsvision von Ostern 1744 genauer kennen lernen und betrachten.

Ich muss Sie allerdings noch um etwas Geduld bitten, denn zunächst muss ich von heftigen seelischen Erschütterungen und religiösen Krisen berichten, die Swedenborg schon 1739 quälten: Er hat eine Reihe von erschütternden Angst- und Verfolgungsträumen. Ein solcher Angsttraum wird folgendermaßen beschrieben:

> „Es schien mir, als läge ich auf einem Berg, unter dem sich ein Abgrund auftat und an dem Handgriffe angebracht waren. Ich lag dort und versuchte mir aufzuhelfen, indem ich mich an einem Griff festhielt, ohne Fußstütze, den Abgrund unter mir. … Dies bedeutet, dass ich mich selbst aus dem Abgrund zu befreien wünschte, was aber nicht möglich war"[154].

Niemann: Sind denn das nicht ganz gewöhnliche Angstträume, wie man sie in normalen Psychoanalysen finden kann, oder gibt es wirklich auch Erlebnisse im spirituell-religiösen Kontext?

Wagner: Die Osterwoche 1744 bringt den Höhepunkt der Krise. Er hat das Gefühl, er solle durch Gott bestraft werden. Um seine Ängste und die schrecklichen Träume zu besänftigen, bereitet er sich darauf vor, am Ostersonntag das Abendmahl zu empfangen. Aber nach dem Empfang des Abendmahls fühlt er sich noch unwürdiger und schuldiger als zuvor. Er hat das Gefühl, ewig verdammt zu sein.

Doch endlich erlebt er in der Nacht von Sonntag auf Montag so etwas wie eine Erlösung und innere Befreiung „in wunderbaren und unbeschreiblichen Umwälzungen"[155], die seine Existenz und Persönlichkeit zutiefst erschüttern.

Konkret spürte er, „dass etwas Heiliges über ihn kam".

---

[154] Emanuel Swedenborg, Reisetagebuch v. 1744/45, zitiert nach Benz, Swedenborg, S. 175 (ohne genaue Quellenangabe).
[155] Benz, ebd., S. 179.

Zwischen zwölf und zwei Uhr nachts, so berichtet Swedenborg, „ergriff mich ein gewaltiges Zittern von Kopf zu Fuß, das von einem Geräusch begleitet war wie ein Zusammenprall vieler Winde. Durch dieses unbeschreibliche Geräusch wurde ich erschüttert und auf mein Angesicht geworfen. In dem Augenblick, da ich so niedergeworfen wurde, erwachte ich ganz und da sah ich, dass ich auf dem Boden hingestreckt lag. Ich bemerkte, dass folgende Worte in meinen Mund gelegt wurden: ‚O du allmächtiger Jesus Christus, der du in deiner großen Barmherzigkeit geruhtest, zu einem solchen Sünder zu kommen, mache mich deiner Gnade würdig!' Ich erhob meine Hände und betete, als eine Hand kam und meine Hände heftig drückte. … Dann erwachte ich in einem Zittern"[156].

Niemann: Das ist recht beeindruckend. Wie geht nun sein Alltagsleben weiter?

Wagner: Swedenborg macht ernst mit dem Wort des Evangeliums „Die Zeit ist erfüllt, das Reich Gottes ist nahe. Kehrt um und glaubt an die Frohe Botschaft!" (Mk 1,15). Konkret bedeutet das: Er lebt völlig anspruchslos und weitgehend zurückgezogen. Er beschäftigt sich kaum noch mit technischen Problemen, sondern versucht, den inneren Sinn der Heiligen Schrift zu erfassen und nimmt sich viel Zeit für seine Visionen.

Niemann: Wie kommt denn der Techniker und Naturwissenschaftler auf „Visionen"? Gibt es dafür innere und äußere Voraussetzungen und erfassbare Strukturen?

Wagner: Das Elternhaus Emanuel Swedenborgs war geprägt durch pietistische Frömmigkeit mit persönlichem Gebet und Verehrung von Engeln. Der Vater soll auch Engelserscheinungen gehabt haben. Von daher kann man vielleicht mit einigem Recht bei Emanuel Swedenborg eine gewisse Disposition für visionäre Erfahrungen vermuten, die im Elternhaus grundgelegt wurde.

Bereits als Kind führte er ein intensives religiöses Leben. Er konnte innig beten und hatte individuell-eigenartige innere Erlebnisse. Durch eine besondere Form seiner Atmung glaubte er mit Engeln und Geistern in Verbindung zu stehen. Schon als Kind hat er sich nach eigenen Aussagen beim Morgen- und Abendgebet an diese „Atmung" gewöhnt. In seinem Geistlichen Tagebuch schreibt Swedenborg:

---

[156] Ebd., S. 181.

„Von meinem vierten bis zehnten Jahr waren meine Gedanken ständig mit Gott, der Seligkeit und den geistigen Zuständen der Menschen beschäftigt. Oft äußerte ich Dinge, über die sich meine Eltern wunderten und meinten, Engel müssten durch meinen Mund reden"[157].

Niemann: Verstehe ich das richtig, wenn ich annehme, dass das Geistliche Tagebuch viel später als seine Kindheitserlebnisse datiert ist? Daher könnte die Interpretation der kindlichen Frömmigkeit als ein späteres Hineindeuten verstanden werden.

Wagner: Das könnte durchaus so sein. Aber vielleicht war Emanuel ein träumerisch-spekulativ begabtes Kind, das in einer besonderen, vom Vater und seinen religiösen Anschauungen geprägten Atmosphäre aufwuchs. Es herrschte eine Atmospäre, in der man alle guten oder bösen Schicksalsfügungen, alle Krankheiten, Feuersbrünste und Überschwemmungen als Einwirkungen des Himmels oder der Hölle empfand und in der die Träume, Gesichte und Wunder eine große Rolle spielten. Hier war die himmlische Welt mindestens so real wie die irdische.

Niemann: Nach diesen kindlichen „Dispositionen" und „Prägungen" könnte man denken, dass die Visionen und die geistlich-religiösen „Erlebnisse" rein natürlich und aus Begabung und Erziehung hervortretend zu erklären wären.

Wagner: Ernst Benz hat in seiner Biografie über Swedenborg in diesem Zusammenhang einmal das schöne Bild von Halm und Korn gebraucht: Das Korn der visionären und geistlichen Intuition wächst demnach nur auf dem Halm der menschlichen Anschauung. Mit dem Korn, also dem, was an Frucht und Nährendem herauswächst, ist die durch Gott gewirkte innere Erkenntnis gemeint, der Halm bezeichnet die menschlich-irdischen Voraussetzungen.

Niemann: Das ist ein schönes Bild. Aber kommen wir so dem Verhältnis von menschlicher Veranlagung und göttlichem Zutun bei Swedenborg überhaupt näher?

Wagner: Ich denke schon. Das Bild bringt das auf den Punkt, was man für das Phänomen der Vision grundsätzlich festhalten muss: Der Anteil des

---

[157] Benz, ebd., S. 23.

Menschen und der Anteil Gottes sind niemals klar voneinander zu trennen. Die Bilder, die der Visionär sieht, sind immer zu einem wesentlichen Teil „seine" Bilder und von seinen persönlichen Voraussetzungen abhängig. Die Vision wird in der Regel eine Synthese aus den menschlichen individuellen Bedingtheiten des Sehers und dem göttlichen Einwirken auf den Seher sein, sodass sie zugleich Werk Gottes und Produkt des Menschen ist.

Niemann: Vielleicht lassen wir diese pseudometaphysischen Spekulationen einmal beiseite und kehren zum Alltag Emanuel Swedenborgs zurück. Wie hat er nach dem Aufgeben seiner Bergbautätigkeit 1747 die Synthese zwischen visionären Erlebnissen, diesbezüglichen theoretischen Klärungen und der Bewältigung des Alltags gelebt?

Wagner: Swedenborg war keineswegs ein „spinnerter Einzelgänger", der seinen Alltag nicht regeln konnte. Im Gegenteil: Der Alltag war straff organisiert und folgte einem festen Schema, das sich an seinem persönlichen Lebensrhythmus orientierte (z. B. ging er, ganz gleich ob zu Hause oder auf Reisen, jeden Abend um 19 Uhr zu Bett; er konnte aber auch nachts aufstehen und mit Hilfe eines starken Kaffees die Ideen und Träume, die ihm gekommen waren, ausarbeiten). Andererseits soll er auch ein sehr heiterer und angenehmer Gesellschafter gewesen sein, der durchaus galant mit Damen umzugehen verstand. Als er in Amsterdam zur Miete wohnte, kam er nie nach Hause, ohne für die Kinder seiner Mietsleute etwas zum Naschen mitzubringen. Was doch für einen Mann, von dem man eigentlich annehmen könnte, dass er ständig „in höheren Sphären schwebte", einigermaßen erstaunlich ist!

Niemann: Diese Beispiele zeigen eine erstaunliche Menschlichkeit. Doch muss gefragt werden, wann und wie er seine technisch-naturwissenschaftlichen Arbeiten und später – nach seiner Christusvision – die spirituell-theologischen und bibelinterpretatorischen Arbeiten geschrieben hat. Ferner: Wie ist das Verhältnis zwischen seinen technisch-naturwissenschaftlichen Schriften einerseits und seinen philosophisch-theologischen Arbeiten andererseits?

Wagner: Swedenborg hat in der Zeit vor seiner Bekehrung mehr als zehn technisch-naturwissenschaftliche Werke veröffentlicht.

In der Zeit zwischen seiner Christusvision im Jahr 1844 und dem Jahr 1871, also ein Jahr vor seinem Tod, alles in allem in nur 25 Jahren, hat er mehr als zwanzig dickbändige Opera zu philosophisch-theologischen

Fragen, speziell zur Bibelinterpretation, publiziert – gar nicht zu reden von der großen Zahl posthum veröffentlichter Werke.

Nicht unwesentlich ist die Tatsache, dass Swedenborg seine Werke selbst finanziert hat und niemals versuchte, aus seiner besonderen Begabung Kapital zu schlagen. Auch hat er niemals die Neugierde von Menschen befriedigt, die versuchten, seine Erfahrungen und Kenntnisse des „Transzendenten" in der einen oder anderen Weise (z. B. was das jenseitige Schicksal Verstorbener oder den Aufenthaltsort Verschwundener anging) auszunutzen.

Niemann: Zweifellos ist das eine erstaunliche Arbeits- und Lebensleistung, welche er neben seinen zahlreichen Reisen durch ganz Europe vollbracht hat. Hat er angesichts dieses Arbeitspensums überhaupt noch Zeit für seine Visionen gehabt?

Wagner: Swedenborg war offenbar ein Mann, bei dem die Kraft zur Arbeit aus der Fülle des inneren Erlebens kam. Die Visionen waren zu einem Teil seines Lebens geworden. Dazu ein Beispiel: Auf einer seiner Schiffsreisen lag er im Kattegatt wenige Meilen vor Helsingör vor Anker. Dort traf ihn ein alter Freund, General Tuxén, in seiner Kajüte: Er saß dort im Schlafrock, die Ellbogen auf dem Tisch, das Gesicht in die Hände gestützt, die Augen offen und nach oben gekehrt. Der General bemerkte zu spät an dem starren, abwesenden Verhalten seines Freundes, dass er ihn in einem Zustand der „Entrückung" (Bewusstseinszustand?) überrascht hatte. Swedenborg kam infolge der plötzlichen Störung allmählich zu sich, stand mit Zeichen der Verwirrung auf und machte einige schwankende und unsichere Schritte. Schließlich war er wieder ganz bei sich und hieß den Freund willkommen. Tuxén lud ihn ein, mit ihm an Land zu fahren, worauf er sofort den Schlafrock und die Pantoffeln auszog, reine Wäsche anlegte und „sich so behend und munter wie ein Jüngling" ankleidete[158].

Wie würden Sie diese Ereignisse und die allzu menschlichen Phänomene in die Gesamtpersönlichkeit Emanuel Swedenborgs einordnen? Können Psychiater so etwas überhaupt verstehen?

Niemann: Die Frage ist berechtigt, denn die Persönlichkeit und das Leben Swedenborgs entzieht sich „gewöhnlicher" psychiatrischer und psychologischer Diagnostik.

---

[158] Vgl. Benz, ebd., S. 238 f.

Was die hirnorganischen Komponenten (z. B. epileptische Veranlagungen, minimal cerebral dysfunction [MCD] etc.) angeht, so ist es selbstverständlich, dass hier keine genauen nervenärztlichen Aussagen gemacht werden können, denn eine nervenärztliche Diagnostik war im 18. Jahrhundert noch nicht möglich.

Wenn man die außerordentlichen breit gestreuten wissenschaftlichen Leistungen von Emanuel Swedenborg, vor allem seine gute Selbstorganisation und die zwar etwas „schrullige", aber letztlich menschenfreundliche Kommunikationsfähigkeit von Swedenborg (Einzelgänger und Hagestolz?) berücksichtigt, kann mit an Sicherheit grenzender Wahrscheinlichkeit eine Prozesspsychose ausgeschlossen werden. – Eine neurotische Erkrankung erscheint – nach den historisch vorhandenen Grundlagen – ebenfalls unwahrscheinlich.

Auch über die Persönlichkeitsstruktur von Emanuel Swedenborg können lediglich Vermutungen angestellt werden. Jedenfalls passt Swedenborg nicht in das Schema der im ICD-10 der WHO: *Klinisch-diagnostische Leitlinien* verzeichneten spezifischen Persönlichkeitsstörungen (F 60).

Wagner: Könnte bei ihm Ihrer Meinung nach trotzdem eine Persönlichkeitsstörung vorgelegen haben? Mir ist im Gedächtnis geblieben, dass sich – nach Ernst Benz[159] – auf Swedenborgs Schreibtisch (neben der hebräischen und griechischen Bibel) eigenhändig geschriebene Register und Indices all seiner Werke befanden. Mit pedantischer Genauigkeit hatte Swedenborg all seine zahlreichen Werke in kurze Abschnitte eingeteilt und fortlaufend nummeriert. Daher finden sich in seinen Büchern bei der Erwähnung bestimmter Lehren ganze Zahlenreihen von Hinweisen auf Stellen anderer eigener Werke. Ist so etwas „normal"?

Niemann: Am ehesten wäre an gewisse Züge einer zwanghaft orientierten Persönlichkeit zu denken. Inwieweit das, was Benz schildert, möglicherweise nur auf sinnvolles und geordnetes wissenschaftliches Arbeiten hinweist und eben nicht auf psychopathologisch-zwanghafte Kriterien zurückzuführen ist, muss offen bleiben. Vielleicht ist hier auch ein gewisser (aber nicht pathologischer) Selbstbezug, verbunden mit einem guten Selbstwertgefühl, anzunehmen. Warum sollte ein mit der Transzendenz auf Du und Du verbundener Visionär nicht auch ein sehr gutes Selbstwertgefühl haben? Schließlich gibt es nicht exakt abgrenzbare Zusammenhänge zwischen Genialität und persönlichen Absonderlichkeiten.

---

[159] Vgl. ebd., S. 233.

Ein christlicher Visionär als Grenzgänger zwischen den Kulturen – Sundar Singh (1889–?)

Wagner: Sie haben in Ihren psychodiagnostischen Überlegungen zu Swedenborg versucht, ihn – gemäß heutiger psychosomatischer Diagnostik – menschlich einzuordnen. Für einen Nordeuropäer mag das ja noch einigermaßen gelingen. Aber wie wollen Sie einen Menschen aus einem völlig anderen Kulturraum, wie etwa den Inder Sundar Singh, von dem Sie mir kürzlich erzählt haben, mit Ihrem humanwissenschaftlichen Instrumentarium in Bezug auf Visionen und christliche Mystik „fassen"?

Niemann: Ja, das mag schwierig oder vielleicht sogar unmöglich sein, aber schauen wir uns doch sein Leben, seine Visionen und seine Bezüge zum Christentum einmal an.

Sein Bekehrungserlebnis beginnt „ziemlich psychiatrisch": Mit 15 Jahren entschließt er sich zur Selbsttötung in der Hoffnung, im Jenseits die ersehnte Ruhe endlich zu finden. Am frühen Morgen des 18. Dezember 1904 wollte er sich auf Schienen legen und sich vom Schnellzug überfahren lassen.

Wagner: Wie kommt ein Junge von 15 Jahren dazu, seinem Leben ein Ende setzen zu wollen, um endlich inneren Frieden zu finden? Woher kommt diese innere Unruhe?

Niemann: Das kann man nur vermuten. Ein wichtiger Hinweis zur Erklärung ist wohl darin zu suchen, dass Sundar mit vierzehn Jahren seine Mutter verloren hatte, die ihn schon lange zu einem Leben als *Sadhu* gedrängt hatte. Nach ihrem Tod widmete er sich noch stärker religiösen Studien. Sein Vater befürchtete sogar, er könne den Verstand verlieren. Um seine innere Unruhe in den Griff zu bekommen, ließ er sich in die Technik des Yoga einführen: Er konnte sich in Trancezustände versetzen und dann kurzfristig ein Gefühl innerer Ruhe erleben. Wenn er jedoch in die normale Bewusstseinslage zurückkehrte, empfand er wieder die alte Unruhe.

Wagner: Ist ein Sadhu nicht eine Art Hindu-Heiliger? Wurde Sundar also von den Eltern als gläubiger Hindu erzogen?

Niemann: Sundar Singh wurde in eine reiche Sikh-Familie geboren. Die Sikhreligion war ursprünglich eine Reformreligion des 15. Jahrhunderts in Indien, die sich um eine höhere Synthese von Hinduismus und Islam bemühte. Ihr Gründer war Guru Nânak, der 1469 in der Nähe von Lahore als Sohn reicher Eltern geboren wurde. Er wandte sich vom „Weltleben" ab, zog das safrangelbe Asketengewand an und wurde „Fakir", das heißt ein „Armer", ein wandernder Heiliger oder, wie der mittelalterliche indische Ausdruck lautet, ein „Sadhu". Nachdem er vergeblich in herkömmlichen Religionen und Kulten sein „Heil" gesucht hatte, kam er zu der Erkenntnis: „Der Mensch wird seinem Glauben treu sein, wenn er Gott fürchtet und gute Werke tut"[160].

Wagner: Und der fünfzehnjährige Sikh Sundar Singh, dessen höchstes Ziel es bis dahin ist, ein Sadhu zu werden, hat an dem Tag, an dem er seinem Leben ein Ende setzen will, ein Erlebnis, das ihn zum christlichen Visionär werden lässt? Was passiert da?

Niemann: Als er am 18. Dezember um drei Uhr morgens aufsteht, nimmt er nach Hindusitte ein kaltes Bad und beginnt, Gott anzuflehen, die Unruhe und Ungewissheit von ihm zu nehmen. Gegen halb fünf nimmt er ein helles Licht wahr, sodass er meint, sein Elternhaus stehe in Flammen. Als er weiterbetet, sieht er wie in einer Lichtwolke das Liebe ausstrahlende Antlitz eines Menschen. Zunächst meint er, es handele sich um Buddha, Krishna oder eine andere Gottheit und will sie anbeten. Dann aber hört er auf Hindustani die Worte: „Warum verfolgst du mich, gedenke, dass ich für dich mein Leben am Kreuz dahingab". Der ratlose Sundar entdeckt plötzlich die Wundmale Christi und erkennt: „Jesus Christus ist nicht tot, er lebt, und das ist er selbst". Dabei erlebt er eine innere Verwandlung. Er empfindet Freude und einen Frieden, der ihn von diesem Moment an nie wieder verlässt.

Wagner: Hat er sich das nicht bei Paulus abgeguckt? Wenn er Paulus und sein Bekehrungserlebnis kennt, muss er allerdings mit der Bibel und dem Christentum in Berührung gekommen sein. Weiß man darüber etwas?

---

[160] Max Arthur Macauliffe, The Sikh Religion, its Gurus, Sacred Writings and Authors, 6 vols, Oxford 1909 (vollständige Sammlung der religiösen Dokumente der Sikh), vol. I, S. 177; zit. nach Friedrich Heiler, Sadhu Sundar Singh. Ein Apostel des Ostens und Westens, München–Basel 1925: Bietigheim-Bissingen 1987, S. 5.

Niemann: In einer presbyterianischen Missionsschule hat er das Neue Testament kennen gelernt, das er allerdings heftig zurückweist, weil er es als gegen die eigene Religion gerichtet empfindet. Am 16. Dezember 1904, zwei Tage vor dem geplanten Selbstmord, hatte er die Bibel verbrannt[161] mit der Begründung, die Religion des Abendlandes sei falsch, er müsse sie vernichten.

Wagner: Gibt er die religiösen Vorstellungen seiner Eltern, die ihn doch tief geprägt haben müssen, nach seiner Christusvision ohne weiteres auf?

Niemann: Nein, er bleibt ein Suchender, und diese Suche ist von vielen äußeren und inneren Konflikten begleitet. Von der Echtheit seiner Christuserfahrung ist er aber nicht abzubringen:

> „Das war keine Einbildung, die ich sah. Vorher hasste ich Jesus Christus und betete ihn nicht an. Wenn ich von Buddha spräche, könnte ich sagen, dass das eine Wirkung meiner Einbildung war, denn ich war gewohnt, ihn anzubeten – das war kein Traum. Wenn man aus einem kalten Bad kommt, träumt man nicht! Das war eine *Wirklichkeit, der lebendige Christus*."

Wagner: Wenn man den Worten Sundar Singhs vertrauen darf, dann scheint bei ihm das klassische Kriterium für die Echtheit einer Vision gegeben zu sein, das schon die großen christlichen Mystiker (z. B. Johannes vom Kreuz) nennen: eine gravierende innere Verwandlung des Menschen, die mit dem Erlebnis eintritt und sich hält[162]. Modern ausgedrückt: Echte Visionen sind dauerhaft identitätsstiftend.

Wird Singh auch offizielles Mitglied einer christlichen Gemeinde?

Niemann: Auf einer Missionsstation in der Nähe von Simla bereitet er sich auf die Taufe vor, die er nach indischem Gesetz erst nach Vollendung des 16. Lebensjahrs empfangen kann: Am 3. September 1905 wird der ehemalige Sikh Sundar Singh in der Missionskirche von Simla nach anglikanischem Ritus getauft.

Wagner: Wie geht sein Leben danach weiter?

Niemann: 33 Tage nach seiner Taufe erfüllt er den dringenden Wunsch

---

[161] Vgl. Heiler, Sadhu, S. 24.
[162] Vgl. oben Teil I, S. 27.

seiner verstorbenen Mutter und wird Sadhu. Das heißt: Er legt die Gelübde der Ehelosigkeit und Armut ab, legt das gelbe Kleid des Sadhu an und widmet sich fortan ganz der Verkündigung der Frohen Botschaft von Jesus, dem Christus, in der er den Inhalt seines Lebens sieht.

Als Sechzehnjähriger tritt er seine Missionswanderungen an, barfuß, ohne jeden Besitz. Außer seinem Sadhugewand hat er nur eine dünne Decke und ein Neues Testament in seiner Heimatsprache bei sich.

Wagner: Wo hat er denn seine Missionstätigkeit ausgeübt? Hat er sich auf Indien beschränkt?

Niemann: Zunächst verkündete er die Frohe Botschaft in den umliegenden Dörfern seiner Heimat. Mit neunzehn Jahren hatte er den dringenden Wunsch, nach Palästina zu pilgern und zu sehen, wo Jesus Christus gelebt und gelitten hat. Als er nach Bombay kam, musste er seinen Wunsch aufgeben und ging predigend in seine Heimat zurück.

Wagner: Hatte Sundar Singh überhaupt so etwas wie ein theologisches Grundwissen?

Niemann: Ja, zwei Jahre lang hat er im anglikanischen *St. John's Divinity College* zu Lahore Bibelkunde, Kirchengeschichte, Liturgik, Apologetik und Religionsgeschichte studiert. Spirituell orientierte er sich an der *Nachfolge Christi* des *Thomas von Kempen*. Allerdings betrachtete er die theologischen Studien nicht als Gewinn für sein geistliches Leben. Sie erschienen ihm zu intellektualistisch. Nach der Erteilung der Predigtlizenz für die anglikanischen Kirchen der Diözese Lahore verließ er 1910 die Schule. Bald empfand er aber die Beschränkung auf die lokalen anglikanischen Kirchen als Einschränkung seiner Berufung als christlicher Sadhu. Wie es heißt, wollte Sundar nur als Christ angesehen werden, der in Verbindung mit dem einen Leib Christi steht[163].

Im Gebet fand er zu der inneren Gewissheit, dass er die Frohe Botschaft Jesu Christi ohne priesterliches Amt und ohne Auftrag einer besonderen Kirche predigen müsse. Deshalb gab er dem zuständigen Bischof in Lahore seine Predigtlizenz zurück. Durch die Taufe fühlte er sich der anglikanischen Kirche zugehörig, empfing dort auch das Abendmahl, aber in seiner Missionstätigkeit wollte er als christlicher Sadhu *allen alles werden*[164].

---

[163] Vgl. Heiler, ebd., S. 43.
[164] Vgl. 1 Kor 9,22.

Wagner: Das ist ein hoher Anspruch. Was unternahm er, um ihm gerecht zu werden?

Niemann: Ihn reizen große Aufgaben und er möchte in Tibet, dem dunklen und verschlossenen Land, dieser Hochburg des Buddhismus, die Frohe Botschaft verkünden und leben. Dabei beherrscht er weder die Landessprache noch kennt er Land und Leute. Die Intention, sich auch unter widrigen Umständen ganz für die Sache des Evangeliums einzusetzen, ist zu konstatieren – jenseits der bis heute wissenschaftlich-historisch nicht geklärten Streitfrage, wie weit er nach Tibet und Nepal vorgedrungen ist und wie viele Reisen er dorthin unternommen hat.

Seine Missionsreisen führten ihn allerdings auch nach Ceylon, Singapur, Japan und China.

Wagner: Ich könnte mir vorstellen, dass ein Mann wie Sundar Singh heute auch in der westlichen Welt großen Eindruck machen würde. Ist er damals nicht auf den Gedanken gekommen, seine Missionsarbeit auf die westliche Welt auszudehnen, zumal ja die Missionare, deren Schulen er besucht hatte, aus England kamen?

Niemann: Sundar Singh fühlte sich auch zur Missionstätigkeit in Europa berufen. Er ging tatsächlich nach England, wo er große Erfolge feierte, aber auch in die Schweiz, nach Dänemark und Schweden sowie nach Deutschland. Schließlich predigte er sogar in den USA und in Australien.

Wagner: Ich frage mich, wie die Christusbeziehung Sundar Singhs im Einzelnen aussah und ob sie sich bis zum Ende seines Lebens durchgehalten hat.

Niemann: Entscheidend und prägend war für Sundar Singh nicht die Beschäftigung mit dem historischen Jesus, sondern die andauernde unmittelbare persönliche Erfahrung des lebendigen Christus: „Ich glaube nicht an Jesus Christus, weil ich von ihm in der Bibel gelesen habe – ich sah ihn und erlebte ihn und kenne ihn aus meiner täglichen Erfahrung"[165].

Jesus von Nazaret, der in Palästina lebte und wirkte, der geboren wurde und starb, ist für Sundar identisch mit dem ewigen Gottessohn und Hei-

---

[165] Sâdhu Sundar Singh, Aus seinen Reden in der Schweiz, hrsg. v. Schweizer Hilfskomitee für die Mission in Indien, 3 Hefte, Zürich 1922, H. 2, S. 4; zit. n. Heiler, ebd., S. 142.

land, den er in seinem Initiationserlebnis, das heißt bei seiner Bekehrung, erfahren hat, und dessen unmittelbare Nähe er während seines ganzen weiteren Lebens in Stunden ekstatischer Entrückung immer wieder erlebt.

Wagner: Damit ist aber noch nichts über die Gottheit Jesu Christi gesagt. Welchen Stellenwert hat sie für Sundar Singh?

Niemann: Hören wir ihn selbst: „Die Gottheit Christi und die Erlösung sind fundamentale Dinge. Ohne sie hat das Christentum keine Botschaft mehr; es ist dann nicht mehr als eine Sittenlehre wie der Buddhismus. Man kann keine bessere sittliche Persönlichkeit finden als Buddha, und doch ist seine Seele unbefriedigt." – „Ich habe den Hinduismus studiert; ich glaube, dass wenn wir nur Christi Kleider empfangen – seine äußere Person – und sein innerstes Wesen – seine Gottheit – verwerfen, so ist diese Art Christentum nicht besser als der Hinduismus. Ihr mögt das heißen wie ihr wollt: Rationalismus, neue Theologie oder neue Religion – es hat keinen Wert, es ist schlimmer als das Heidentum".

Das bedeutet im Kern: Wer nicht glaubt, dass Jesus Gottes Sohn ist (dass er am Kreuz starb) und dass er von den Toten auferstanden ist, hat das Wesen des Christentums nicht erfasst.

Wagner: Bezieht Sundar Singh seine subjektive Sicherheit bezüglich der Wahrheit der zentralen christlichen Glaubensaussagen ebenfalls aus seinen visionären Erfahrungen?

Niemann: Für den Glauben und die Botschaft des Sadhu sind seine visionären und ekstatischen Erfahrungen wichtiger als das Lesen der Bibel.

Wagner: Es gibt also neben den visionären Erfahrungen, von denen Sie schon berichtet haben, bei Sundar Singh auch noch ekstatische Zustände?

Niemann: Es gibt Fremdbeobachtungen und eigene Beschreibungen. Ein Freund erlebte ihn in einer Ekstase mit lächelndem Mund und weit geöffneten Augen. Er sprach den Sadhu an. Dieser hörte aber nicht[166].

Der Sadhu sagt selbst über den Stellenwert seiner Ekstasen:

„Während der vierzehn Jahre, die ich nun als Sadhu lebe, hat es oft Zeiten gegeben, wo ich Hunger, Durst und Verfolgung erduldend wohl hätte ver-

---

[166] Nach Heiler, ebd., S. 92.

sucht sein können, dieses Leben aufzugeben, hätte ich nicht in jenen Zeiten das Geschenk der Ekstase empfangen. Dieses Geschenk würde ich nicht für die ganze Welt hingeben"[167].

Wagner: Ist er auf Ekstase erpicht?

Niemann: Nein, der Sadhu ist sich der außergewöhnlichen Art seines „ekstatischen Gebets" durchaus bewusst. Der Umgang mit Gott vollzieht sich nach Auffassung von Sundar Singh gewöhnlich nicht in der Ekstase, sondern im Gebet. Der Sadhu rät einfachen Betern – wenn Gott es nicht anders zulasse – auf der Stufe des einfachen Gebetes stehen zu bleiben[168].

Selbst macht er daher keine besonderen Anstrengungen, die Ekstase herbeizuführen. Sie kommt über ihn, ohne dass er es will und ahnt. Manchmal versucht er sie sogar zurückzuhalten, wenn er als Sadhu und Missionar zu Menschen gerufen wird. „Die Ekstase ist ein Geschenk, das man annehmen, aber nicht suchen soll; für den Empfänger ist sie eine kostbare Perle"[169].

Die eigene Ekstase kennzeichnet er in Bezug auf die Physiologie als Aufhören der äußeren Wahrnehmungsfähigkeit: „Wie der Taucher aufhören muss zu atmen, so müssen während der Ekstase die äußeren Sinne untätig sein"[170]. Als der Sadhu einmal unter einem Baum in Ekstase war, soll er nicht gemerkt haben, dass er am ganzen Körper von Hornissen zerstochen wurde.

Wagner: Wie steht es in diesem Zustand mit seinem Raum- und Zeitbewusstsein?

Niemann: Der Sadhu behauptet, dass in der Ekstase sein Raum- und Zeitbewusstsein erlischt: „Es gibt keine Vergangenheit und Zukunft; alles ist Gegenwart"[171]. Ferner bedeute die Ekstase nicht eine Herabdämpfung, sondern eine Erhellung des Bewusstseins; sie sei kein unterwacher Be-

---

[167] Burnett H. Streeter/Aiyadurai Jesudasen Appasamy, Der Sâdhu. Christliche Mystik in einer indischen Seele, Stuttgart 1922, S. 89; zit. n. Heiler, ebd., S. 95.
[168] Vgl. Heiler, Sadhu, S. 92.
[169] Streeter/Appasamy, Der Sâdhu S, 89; zit. n. Heiler, ebd., S. 94.
[170] Ebd., S. 107; vgl. Heiler, Sadhu, S. 92.
[171] Ebd.; zit. n. Heiler, ebd.

wusstseinszustand, wie zum Beispiel die Hypnose oder die Trance, von denen sie scharf zu unterscheiden sei, sondern ein überwacher, hellwacher.

Vom Inhalt der Ekstase sagt er, sie sei die unmittelbar schweigende Schau der jenseitigen Welt: „Es wird kein Wort gesprochen, aber ich sehe alles in Bildern. Probleme werden in einem Augenblick leicht und mühelos gelöst"[172].

Wagner: Das hört sich recht eindrucksvoll an. Aber was ist der Gegenstand dieser Ekstasen? Was sieht Sundar Singh?

Niemann: Sundar erklärt, was er dabei erlebe, sei unaussprechlich, denn das, was er von den Bildern mitteile, sei nur ein schattenhafter Abglanz der erlebten Wirklichkeit. Im Mittelpunkt stehe aber immer Christus[173].

Wagner: Wie wird sein Gefühlsleben während der Ekstasen beschrieben?

Niemann: Sein geistiges Auge sieht in dieser christologischen Welt wunderbare, unaussprechliche Dinge. Sein Herz als Personmitte ist von tiefstem Frieden und unsagbarem Glück erfüllt. Während der Ekstase erlebt er das Gefühl ruhiger Zufriedenheit und das Bewusstsein des Zuhauseseins – gleichgültig, ob er vorher freudig oder traurig gestimmt gewesen ist[174].

Nach den ekstatischen Erlebnissen fühlt er sich erfrischt und gestärkt und mit neuer Kraft für seinen missionarischen Beruf ausgerüstet.

Wagner: Wie häufig sind solche ekstatischen Erlebnisse bei Sundar Singh?

Niemann: Unmittelbar nach seiner Bekehrung hatte er nur selten Ekstasen. Später erlebte er diese Zustände fast täglich; auch dehnten sich manche Ekstasen über Stunden aus.

Wagner: Diese ekstatischen Erlebnisse scheinen mir doch sehr intime religiöse Erfahrungen zu sein. Dass Sundar Singh erlaubt hat, sie bereits zu

---

[172] Ebd.; zit. n. Heiler, ebd., S. 93.

[173] Sundar Singh, Gotteswirklichkeit. Gedanken über Gott, Mensch und Natur. Deutsch von Sascha Bauer, St. Gallen 1924, S. 113; 114; vgl. Oskar Pfister, Die Legende Sundar Singh. Eine auf Enthüllungen protestantischer Augenzeugen in Indien gegründete religionspsychologische Untersuchung, Bern–Leipzig 1926, S. 279.

[174] Vgl. Streeter/Appsamy, Der Sadhu, S. 109.

seinen Lebzeiten zu veröffentlichen, scheint mir nicht zu der Einschätzung zu passen, dass Sundar ein Mann ist, der hinter seinem Auftrag zurücktritt. Fördert er damit nicht eine Art *spirituellen Voyeurismus*?

Niemann: Ja, diese Zusammenhänge haben ihm sogar den Vorwurf eines „marktschreierischen Mystikers" („mountebank mystic"[175]) eingebracht.

Als Empiriker kann ich über die Gründe, warum er dies zulässt, eigentlich nur rätseln. Zu seinen Gunsten möchte ich annehmen, dass er diese visionären Ekstasen nicht als seine eigene Leistung, sondern als Geschenk Gottes ansah und dass er sie nicht veröffentlicht hat, um sich selbst in den Vordergrund zu stellen, sondern um andere an seinen Erfahrungen mit Christus teilhaben zu lassen. Ferner scheint mir die Tatsache, dass Sundar Singh die Leiden und „Kreuze" seines Lebens nicht nur annahm, sondern sogar als bewusste Nachfolge des kreuztragenden Jesus ansah und glaubwürdig lebte, gegen eine grandiose und egozentrische Selbstdarstellung zu sprechen. Existentiell für Sundars Lebenseinstellung ist folgende Äußerung: „Aus meiner langen Lebenserfahrung als Sadhu … um Christi willen kann ich mit voller Freude und Zuversicht sagen, dass das Kreuz diejenigen tragen wird, welche das Kreuz tragen".

Wagner: Was weiß man über das Lebensende Sundar Singhs?

Niemann: Über den Tod des Sadhu ist nichts Sicheres bekannt. Er verschwand 1928 auf rätselhafte Weise. Trotz seiner durch die Mühen seines Alltagslebens angeschlagenen Gesundheit hatte er sich wieder zu einer Reise nach Tibet, dem rätselhaften und dunklen Land, aufgemacht. Über sein Ende gibt es nur Spekulationen: Ist er in den Bergen verunglückt? Oder fiel er einer weiteren schweren akuten Erkrankung zum Opfer[176]? Diese Fragen reizen zur Legendenbildung und zum Wunsch, sich mit vielen wissenschaftlichen Methoden und Fragestellungen an den Vollzug seines Lebens heranzutasten.

Tatsache ist, dass er als indischer Mensch versucht hat, ein Leben in der Nachfolge („imitatio") Jesu Christi auf ungewöhnliche und individuell einmalige Weise zu vollziehen. Er war ein Grenzgänger zwischen der vorderasiatischen und der westlichen Kultur – zwischen Hinduismus und Christentum.

---

[175] ÖL, S. 70 f.; zit. n. Heiler, Sadhu, S. 91.

[176] Vgl. zu den Spekulationen über den Tod Sundar Singhs: Friedo Melzer (Hrsg.) Sadhu Sundar Singh. Gesammelte Schriften [13]2000, S. 7 (Vorwort).

Wagner: Wir haben versucht – wenn vielleicht auch in unzulänglicher Weise – für Emanuel Swedenborg eine menschlich-psychodynamische Persönlichkeitsentwicklung aufzuweisen. Ist es da nicht sinnvoll und vernünftig, dass wir Ähnliches für Sundar Singh probieren?

Niemann: Die Frage nach einer hirnorganischen Erkrankung im Sinne einer traumatischen bzw. exogenen Psychose muss wohl verneint werden.

Es ist allerdings möglich, dass Sundar Singh in seinen diversen körperlichen Erkrankungen mit hohen Fieberschüben, Fasten- und Hungerphantasien und bei ungenügender pflegerischer und ärztlicher Versorgung Zeiten der Desorientiertheit mit folgenden Gedächtnislücken[177] erlebt hat. Eine langandauernde hirnorganisch bedingte Psychose ist wohl auszuschließen. Der Sadhu hat trotz seines kontemplativen und ekstatischen Lebens die Realität – z. B. auf seinen vielen Reisen in den Westen und Wanderungen bis nach Tibet – immer wieder wirklichkeitsnah und zielgerichtet bewältigt.

Ob Erkrankungen aus dem schizophrenen Formenkreis und der Zyklothymie ausgeschlossen werden können, kann ich als westlicher Psychiater kaum beurteilen[178].

Wagner: Waren denn die Auditionen und Visionen, die er in der Ekstase erlebte, nicht möglicherweise doch psychotische Phänomene?

Niemann: Die psychiatrische Psychopathologie unterscheidet im Wesentlichen optische, akustische und zönästhetische (Leib-)Halluzinationen. Ferner könnte man noch an szenenhafte Halluzinationen, d. h. zu Szenen zusammenfließende, traumähnliche optische Halluzinationen denken.

Freilich kann der Realitätscharakter der Halluzinationen verschieden sein. Sie können sich normalen Wahrnehmungen anpassen, sich aber auch sehr weitgehend von ihnen entfernen[179].

---

[177] Amnesien nach Ekstasen werden uns von vielen, nicht nur mittelalterlichen Mystikern berichtet.

[178] Der Pfarrer und Psychoanalytiker Oskar Pfister hält nach Diskussion des damaligen Psychopathiebegriffs Sundar für *„nicht geisteskrank"* [Pfister, Legende, S. 252]. Die Einlassung von H. Sierp, der Sadhu sei „ein Psychopath", ist aus dem Mund eines psychiatrischen Laien eine unqualifizierte Aussage. Vgl. Sierp, Sadhu Sundar Singh, S. 425.

[179] Vgl. Peters, Wörterbuch, S. 217–220 (Halluzinationen).

Aus dieser Beschreibung ergibt sich die Unschärfe zwischen möglichen psychotischen Halluzinationen einerseits und sinnenhaften Visionen und Ekstasen.

Wagner: Aber als psychiatrischer Laie frage ich mich, ob Sundar Singh nicht in seinem Affekt- und Gemütsleben großen Schwankungen unterworfen war. Galt nicht für ihn die gebräuchliche Formulierung „Himmelhochjauchzend" – bei den Christusekstasen und seinen Predigten – „zu Tode betrübt" – etwa auf seinen einsamen Wanderungen?

Niemann: Die Frage ist sehr berechtigt. Doch gilt es hier zu unterscheiden zwischen einer krankhaften bipolaren affektiven Störung[180] und einer anhaltenden Stimmungslabilität mit Perioden leichter Depression und leicht gehobener Stimmung[181].

Aus den bisherigen Darlegungen über das Leben Sundar Singhs und bei Abschätzung der biografischen Lebensdaten können die genannten Erkrankungen bzw. Störungen mit an Sicherheit grenzender Wahrscheinlichkeit ausgeschlossen werden. Vielmehr scheinen seine „Stimmungslabilitäten" vorwiegend „reaktiv" erklärbar zu sein, welche wahrscheinlich von außergewöhnlichen visionären Erlebnissen bzw. durch Schicksalsschläge während seines ungewöhnlichen Lebens hervorgerufen wurden.

Wagner: Krank im grob psychiatrischen Sinn war Sundar Singh auch nach meinem Eindruck wohl nicht. Aber war er nicht doch etwas „sonderbar", skurril oder – wie Jugendliche heute sagen würden – sogar „absolut gestört"?

Niemann: Nachdem der Psychopathie- und der Hysteriebegriff (wegen ihrer unseriösen und missverständlichen Tendenz) in der *Internationalen Klassifikation psychischer Störungen*[182] aufgegeben sind, fällt es schwer, posthum Sundar Singh in seiner psychodynamischen Entwicklung diagnostisch einzuordnen. Zudem sind psychopathologische Abnormitäten Anfang des 20. Jahrhunderts – in Bezug auf die soziokulturellen Verhältnisse – ziemlich anders einzuschätzen. Auch Unterschiede zwischen öst-

---

[180] Vgl. ICD 10. F 31 ff., S. 135–139;
[181] Ebd. F 34. 0., S. 149 f.
[182] ICD 10, S. 418: Seit ca. 1980 ist der Psychopathiebegriff zugunsten der „Persönlichkeitsstörung" außer Gebrauch gekommen.

lich-asiatischer und westlich-europäischer Mentalität und Lebensweise wären hier zu berücksichtigen.

Die Tatsache, dass Sundar Singh Teile seiner Biografie aufbauschte und in seinen charismatisch fundierten Predigten neu erfand, mutet in der Tat etwas „sonderbar" an. Aber auch diese Unstimmigkeiten und Fragwürdigkeiten würde ich nicht als krankhaft einordnen. Sie passen einfach zu der ungewöhnlichen charismatisch begabten Persönlichkeit Sundar Singhs, in der irrationale und v. a. von der Mutter hervorgerufene gemüthafte Züge stark hervortreten. Für mich ist einfühlbar, dass er in seinen Predigten manche Erlebnisse im Hinblick auf seine jeweiligen Hörer etwas plakativer und damit einprägsamer machte.

Wagner: Das sei alles zugegeben. Aber bisher höre ich nur, was alles nicht zutrifft. Ich vermisse aber doch einige konkrete positive Aussagen. Kann man wirklich nicht mehr über die Persönlichkeit Singhs sagen? Wie sieht etwa seine Persönlichkeitsentwicklung aus? Lässt sich da gar nichts Greifbares formulieren?

Niemann: Sie haben recht, wenn Sie empfinden, dass ich mich hier vor einem klaren Urteil drücken möchte.

Psychodynamisch ist festzuhalten, dass sein ganz persönlicher religiöser Weg von dem besonderen Frömmigkeitsstil seiner Mutter „vorprogrammiert" wurde. Ähnlich wie in westlichen Kulturen die Mutter vielfach für Priesterberufe „zuständig" erscheint, so wollte die Mutter Sundar Singhs, dass er ein Sadhu werden sollte. Burnett Streeter, der sich mit Sundar Singh und seinen Visionen wissenschaftlich beschäftigt hat, überliefert uns folgende Mahnung der Mutter an ihren Sohn: „Du darfst nicht gleichgültig und weltlich werden wie deine Brüder. Du musst nach Seelenfrieden trachten und die Religion lieben, und eines Tages musst du selbst ein heiliger Sadhu werden"[183].

Auch wenn man bei dem Einfluss der Mutter an unbewusste Idealisierungen denken muss, so hat die Mutter ihn zweifellos auch nach ihrem Tod geistig-geistlich und affektiv beeinflusst. Die geradezu symbiotische Bindung an die Mutter zeigt sich in folgender Anekdote: Als ihm ein anglikanischer Geistlicher den Besuch eines theologischen Colleges empfahl, antwortete er: „Ich bin im besten theologischen College der Welt gewesen. Das Mutterherz ist das beste theologische College der Welt"[184].

---

[183] Streeter/Appasamy, Sâdhu, S. 189.
[184] So berichtet bei Pfister, Legende, S. 282.

Nachdem er die Mutter mit vierzehn Jahren verloren hatte (wohl 1903), musste Sundar Singh die übliche Auseinandersetzung in der Pubertät und der Adoleszenz mit Vater, Onkel und Brüdern durchstehen. Diese Auseinandersetzung ist gekennzeichnet von Streit, Trennung (vielleicht sogar ein Vergiftungsversuch?), Verleugnung, Wiederannäherung, fragwürdige finanzielle Unterstützung (Hauskauf u. Finanzierung der Palästina-Reise).

Wagner: Das ist zwar entwicklungspsychologisch interessant, sagt mir aber noch zu wenig über seine wohl doch absonderliche Persönlichkeit.

Niemann: Es ist wohl für jeden Psychiater schwierig, diese ungewöhnliche Persönlichkeit mit ihren außerordentlich seltenen besonderen Lebensäußerungen in eine diagnostische Schublade zu stecken. Deswegen deute ich das folgende nur mit großen inneren Widerständen an:

Nach unserer Abgrenzung von organischen und endogenen Psychosen und der Darlegung einiger psychodynamischer Details muss festgehalten werden, dass Sundar Singh – im Gesamt seines vierzigjährigen Lebens – massive Abweichungen im Wahrnehmen, Denken, Fühlen und in Beziehung zu anderen zeigt. Diese Abweichungen sind dahingehend zu charakterisieren, dass Sundar Singh aufgrund seines konstitutionellen, familiären, kulturellen, intellektuellen und religiös geprägten Naturells einmalig-individuell zu sehen ist. Damit ist jegliche psychiatrische Krankheitsdiagnose ausgeschlossen. Viel mehr kann auf der Basis des Quellenmaterials, das uns zur Verfügung steht, und angesichts des weitgehend anderen geschichtlichen und kulturellen Umfeldes nicht behauptet werden.

Dennoch sind ihm gewisse „Dramatisierungen" bezüglich der eigenen Person, verbunden mit übertriebenem Ausdruck von Gefühlen nicht abzusprechen. Wer die Schilderungen seines Auftretens in Westeuropa und die fast anbetende Haltung seiner Fan-Gemeinde bedenkt, kommt wohl auch an gewissen histrionischen Charakterzügen bei Sundar Singh nicht vorbei. Dennoch wäre der Sadhu kein Sadhu, wenn er sich nicht auch entsprechend zur Geltung und zum „verbalen Ausdruck" hätte bringen können.

Einen Großteil seiner Wirkung hat er zweifellos aus seiner einzigartigen Persönlichkeitsstruktur mit überragender Ausstrahlung bezogen, die der Jesuit Alfons Väth 1925 folgendermaßen beschreibt: „Sundar Singh ist ein kindlich-frommer, seinem Heiland ergebener, von tiefstem Seelenfrieden erfüllter Mann, der religiöse Wahrheiten tief erfasst und in herrlichen Gleichnissen zum Ausdruck bringt"[185].

---

[185] Alfons Väth, Sadhu Sundar Singh im Lichte neuester Forschungen: KM (1925), S. 49 ff., hier S. 52.

Wagner: Für mich bleibt psychodynamisch und bzgl. der Persönlichkeitsstruktur vieles unklar. Trotzdem ist Sundar Singh, der zunächst Hindu war, eine zwar schillernde, aber beeindruckende christliche Persönlichkeit, die in ihrem Leben eine überzeugende Synthese zwischen östlicher und westlicher Religiosität und Spiritualität vollzogen hat – auch wenn diese Spiritualität mit ihren Visionen vielen fremd bleiben wird. Das macht ihn gerade heute – angesichts des Zusammenwachsens der Kontinente und Kulturen und der Bemühungen um interreligiösen Dialog – attraktiv. Die Frage, ob man ihn als christlichen Visionär bezeichnen kann, wage ich allerdings nicht zu beantworten.

Ein Caballero als Mystiker und „Companiero Christi" – Ignatius von Loyola (1491–1556)

Wagner: Wenn ich die fünf Persönlichkeiten betrachte, mit deren Visionen wir uns bisher beschäftigt haben, fällt mir auf, dass keine von ihnen der Kirche in besonderer Weise nahesteht: keine hat ein Amt in der Kirche, ist Priester oder gehört einem Orden an. Es gab aber doch auch eine Reihe von Priestern und Ordensleuten, die in ihrem Glaubensleben angeblich außergewöhnliche Erfahrungen gemacht haben. Es ist eigentlich nicht einzusehen, warum man sie ausklammern sollte. Man kann die Anpassung an das Heute ja auch übertreiben: Wer den Zeitgeist heiratet, ist bekanntlich morgen schon Witwer.

Niemann: Ja – eigentlich sollte sich ein Jesuit durch Bescheidenheit auszeichnen, aber in diesem Falle würde ich meinen Ordensstifter Ignatius von Loyola als Visionär in die Diskussion bringen. Manche Historiker haben ihn einseitig als Soldaten der Kirche, Ordensgründer und Gegenreformator gesehen, aber er hatte sicher visionäre und mystische Erfahrungen.

Wagner: Das musste ja jetzt kommen! Ich habe meine Bedenken, ob ein Ordensgründer, der als General Kadavergehorsam einforderte und der seinen Orden straff, fast militärisch durchorganisierte, heute ein Vorbild für Menschen sein kann, die nach individueller Freiheit streben und sich nach Frieden sehnen. Aber Sie können ja versuchen, mich zu überzeugen.

Niemann: Natürlich kann ich Ihre Vorurteile verstehen. Aber vielleicht lassen wir die von Ihnen aufgeworfenen Fragen zunächst einmal beiseite. Hier geht es uns ja um die Phänomenologie der außergewöhnlichen menschlichen Erfahrungen und um vielleicht empirisch fassbare mystische Erlebnisse. Diesbezüglich bietet Ignatius von Loyola eine Fülle von Erfahrungen, welche bis in seine höfische und soldatische Lebenszeit zurückgehen.

Wagner: Das überrascht mich jetzt aber wirklich. Ignatius war doch in seiner Jugend ein Draufgänger und Frauenheld!

Niemann: Tatsächlich war er – zusammen mit seinem Bruder – in den Dörfern des väterlichen Herrschaftsbereichs berüchtigt und gefürchtet. Auch im höfischen Leben, unter anderem am Hofe des Vizekönigs von Navarra, präsentierte er sich nicht gerade als Kind von Traurigkeit. In seinen erotischen Phantasien bei Hofe beschäftigte er sich mit Damen aus königlichem Geschlecht und wohl auch mit anderen schönen Frauen. Diese wunschorientierten Phantasien wiederholten sich auf seinem Krankenlager, nachdem er 1521 durch eine Verwundung bei der Verteidigung von Pamplona (Trümmerbruch eines Beines, das infolgedessen verkürzt blieb) seine soldatische und (schon vorher) seine höfische Karriere aufgeben musste. Der streitlustige und galante Ritter, der „Caballero", hatte ausgedient.

Wagner: Unter diesen „wunschorientierten Phantasien" kann ich mir wenig vorstellen. Können Sie das noch etwas genauer ausführen?

Niemann: In seiner Autobiografie, die er zwischen August 1553 und Dezember 1555 Pater Luis Goncalves da Camara diktierte[186], schildert er diese erotischen Phantasien, welche eine Frau aus königlichem Geschlecht zum Gegenstand hatten. In seinen Phantasien sah er sich als ritterlichen Verehrer, der der Dame seines Herzens voller zärtlicher Sehnsucht – in den Grenzen höfischer Etikette – doch ganz nah sein wollte, und als großmütigen Helden, der seiner Angebeteten bis zur Selbstaufgabe dienen wollte. Weil ihm auf seinem Krankenlager seine übliche Lektüre – Ritter- und Liebesromane – nicht zur Verfügung stand, las er notgedrungen

---

[186] Vgl. Ignatius von Loyola, Bericht des Pilgers, übersetzt u. kommentiert von Peter Knauer SJ, Frankfurt/Main 1999 [BP].

Heiligenlegenden. Er fand diese Lektüre zwar recht anregend, aber seine Phantasien kehrten immer wieder zurück zu jener adeligen Dame:

> Wenn er aufhörte, die Heiligenlegenden zu lesen, „verweilte er manchmal dabei, an die Dinge zu denken, die er gelesen hatte; andere Male an die Dinge der Welt, die er früher zu denken pflegte. Und von vielen eitlen Dingen, die sich ihm anboten, hatte eines so sehr sein Herz in Besitz genommen, dass er alsbald zwei und drei und vier Stunden, ohne es zu verspüren, darin vertieft war, an es zu denken. Er stellte sich vor, was er im Dienst für eine Herrin zu tun hätte; die Mittel, die er anwenden würde, um in das Gebiet gehen zu können, wo sie war; die Sinnsprüche und Worte, die er ihr sagen würde; die Waffentaten, die er in ihrem Dienst ausführen würde. Und er war damit so voll Eitelkeit, dass er nicht beachtete, wie unmöglich [es] war, es erreichen zu können, denn die Herrin war nicht von gemeinem Adel: nicht Gräfin, nicht Herzogin, sondern ihr Stand war höher als alle beiden"[187].

Wagner: Aber hier redet Ignatius doch um den heißen Brei herum. Diese umständliche, langatmige Redeweise, die nicht zur Sache kommt, stört mich. Vielleicht können Sie mir übersetzen, worum es hier eigentlich geht?

Niemann: Aus der Sicht heutiger Entwicklungspsychologie würde ich annehmen, dass es sich bei den Phantasien des Ignatius um erotische Tagträume handelt, welche sich ihm in der Frustration über sein langes Krankenlager aufdrängen. Diese erotischen Tagträume sind in vielen Beschreibungen des pubertären und jugendlichen Alters zu finden. Freilich sind sie gemischt mit mittelalterlichen Vorstellungen über Minne, soldatische Ehre und höfische Dienste.

Wagner: Wie wurde er diese Phantasien los, die für ihn nach seiner folgenschweren Verwundung alles andere als hilfreich gewesen sein dürften?

Niemann: Die erotischen und höfisch geprägten Tagträume und inneren Bilder verschwanden nur sehr langsam. Das ist nicht verwunderlich, da er ja doch 15 Jahre in diesem höfischen Milieu verbracht und diese Lebens-

---

[187] BP Nr. 6; bei der adeligen Dame könnte es sich möglicherweise um die Infantin Catalina de Austria, die jüngere Schwester Karls V. und spätere Gemahlin des portugiesischen Königs Joao III., gehandelt haben. Vgl. ebd. Anm. 39.

weise sehr idealisiert hatte. Allmählich nahmen „Gegenbilder" eine gewisse Gestalt an. Oder man könnte angesichts der Grenzerfahrung der seine bisherige Existenz in Frage stellenden Krankheit – gemäß der Freud'schen Terminologie – von dem Beginn von Sublimierungsprozessen sprechen. So träumte er davon, ähnlich wie der heilige Franziskus oder der heilige Dominikus für Glauben und Kirche „schwierige und schwere Dinge"[188] auf sich zu nehmen. Danach ergötzte er sich zeitweise wieder an den alten erotischen und höfischen Phantasien[189].

Wagner: Überträgt Ignatius hier nicht die Vorstellungsmuster bzw. die inneren Bilder seiner bisherigen Phantasien – wie soldatischer Edelmut, höfischer Dienst und Minne – sozusagen in die Welt der Heiligen?

Niemann: Hier würde ich Ihnen voll zustimmen. Durch die Folgen der Verwundung – in den Augen der Höflinge war er ein Krüppel – musste er von seinen bisherigen persönlichen Werten und Lebensplanungen Abschied nehmen. Die Transponierung seiner höfischen Ideale und Träume in die Lebenswelt der Heiligen und die Nachfolge Jesu Christi konnte nur allmählich gelingen – in einem Prozess, der durch ein Auf und Ab gekennzeichnet war. Dennoch waren sogar seine erotischen Tagträume, die ihn während der neun Monate seines Krankenlagers immer wieder heimsuchten, notwendige Bedingung für das „Ankommen" im religiös-kirchlichen Bereich. Von „Heiligkeit" war Ignatius von Loyola auf seinem Krankenlager noch weit entfernt.

Wagner: Damit sind wir aber immer noch nicht beim Thema. Von Visionen war bisher nicht die Rede. Wann hat Ignatius denn seine erste Vision?

Niemann: Vielleicht ist es charakteristisch und typisch für den „fromm gewordenen" Ignatius und die spätere marianische Frömmigkeit der Gesellschaft Jesu, dass er noch auf dem Krankenbett durch eine „Heimsuchung" der Gottesmutter auf seinem geistlichen Weg bestätigt wurde: „Eine Nacht war er wach und sah deutlich ein Bild unserer Herrin mit dem Jesuskind,

---

[188] BP Nr. 7, 3.

[189] Zum Beispiel phantasierte über seine Herzensdame: „Und nachdem andere Dinge dazwischen gekommen waren [aus den Heiligenlegenden], folgten darauf die oben genannten Gedanken von der Welt. Und auch bei ihnen verweilte er einen großen Zeitraum. Und diese Aufeinanderfolge von so verschiedenen Gedanken dauerte bei ihm viel Zeit" (BP Nr. 7, 5–6).

bei deren Anblick über einen beachtlichen Zeitraum er sehr übermäßige Tröstung empfing"[190]. Wenigstens ein gewisser Assoziationszusammenhang bietet sich hier an: Von der verehrten hochadeligen Dame über seine mütterlich-sorgende, distanziert verehrte Schwägerin Magdalena de Araoz zur „hohen Frau" und „Herrin, der Jungfrau und Mutter Maria". Mit „sehr übermäßige Tröstung" ist wahrscheinlich gemeint, dass Gemüt und Herz als Personmitte des Ignatius von dem Bild der Herrin ganz ergriffen war.

Wagner: Wir wirkt sich diese Vision seiner (neuen) Herrin auf sein weiteres Leben aus?

Niemann: Er pilgert zu „Unserer Herrin von Montserrat" und wacht mit seinen alten Waffen eine Nacht vor dem Gnadenbild. Nach einer schriftlichen Generalbeichte, welche drei Tage in Anspruch nahm, legte er seine bisherigen adeligen Kleider ab und gab sie einem Armen. Dann zog er ein grobes sackleinenes Gewand (mit vielen Borsten) und Hanfschuhe an[191]. So gekleidet verbrachte er kniend „und andere Male stehend mit einem Stock in der Hand die ganze Nacht"[192] vor seiner Herrin von Montserrat.

Wagner: Wahrscheinlich schließen sich auch andere asketische Übungen an? Sind damit weitere Visionen verbunden?

Niemann: Sie vermuten richtig. Ignatius macht sich vom Monserrat auf den Weg nach Barcelona. Abseits des Weges macht er Station in Manresa – einer kleinen Stadt mit etwa 2000 Einwohnern. In Manresa geißelt sich Ignatius täglich. Er vernachlässigt – wohl in bewusster Abgrenzung gegen sein bisheriges Leben – sein Äußeres, lässt Nägel und Haare einfach wachsen, haust in einer feuchten Höhle und „kompensiert" diese „Gewalttaten" gegen sich selbst mit folgender „Vision":

> Es „geschah ihm häufig am hellen Tag, ein Ding in der Luft neben sich zu sehen, welches ihm viel Tröstung gab, weil es in hohem Maße sehr schön war. Er konnte nicht gut die Art ausmachen, was es für ein Ding war; doch irgendwie schien ihm, dass es die Gestalt einer Schlange hatte; und es hatte viele Dinge, die wie Augen widerstrahlten, obwohl es keine waren. Er vergnügte sich sehr und hatte Trost, dieses Ding zu sehen und je häufiger er es

---

[190] BP 10, 1–2.
[191] BP 16, 5.
[192] BP 18, 2.

sah, um so mehr wuchs die Tröstung; und wenn ihm jenes Ding ent-
schwand, missfiel ihm dies"[193].

Im Gegensatz zu den innerseelischen Erfahrungen dieser Vision – Vergnügen und „Augenlust" – verspürt er nach dem täglichen Hochamt, der
täglichen Vesper und Komplet eine ganz andere „große Tröstung", welche
ihm nicht nur kurzweiliges Vergnügen, sondern allmählich vorangehende
innere „Ausgeglichenheit" bringt[194].

Wagner: Das scheint mir doch etwas schnell zu gehen. Erreicht Ignatius,
dessen Leben nach seiner schweren Verwundung ja regelrecht auf den
Kopf gestellt worden ist, tatsächlich so rasch den Zustand innerer Ruhe und
Ausgeglichenheit?

Niemann: Nein, natürlich nicht, denn Ignatius hat bis zu seinem Leben als
Generaloberer in Rom immer wieder mit inneren Unsicherheiten, Ängsten
und Skrupeln zu kämpfen. Er wird sogar zeitweilig von Suizidgedanken
gequält, erkennt aber, dass Selbstmord Sünde wäre und kommt nach lan-
gem Ringen dazu, nichts tun zu wollen, was gegen den Willen Gottes ist[195].
Diese inneren Kämpfe drücken sich am besten in seinen späteren *Regeln
zur Unterscheidung der Geister* aus. Gerade in diesem Lebensabschnitt in
Manresa erlebt Ignatius existentielle Unsicherheiten und Identitätsstörun-
gen – bis hin zu präpsychotischen Grenzerfahrungen[196].
  Die geschilderten Lebensänderungen wie Fasten, Hungern, Schlaf-
losigkeit, Vernachlässigung seines Äußeren und Geißelungen führen –
auf psycho-physischen und leib-seelischen Mustern – zu außergewöhnlichen Erfahrungen wie zu visionären Erlebnissen hin[197]. In Manresa

---

[193] BP 19, 4–6.

[194] BP 19, 4–6; 20, 5.

[195] BP 24, 1–2.

[196] Vgl. unten S. 165; 176 f.

[197] Hans Wißmann weist in einem Beitrag in der Theologischen Realenzyklo-
pädie von 1982 darauf hin, „dass ekstatische Erlebnisse häufig der Vorbereitung bedürfen, insbesondere durch asketische Übungen, durch rituellen
Tanz, allgemeiner durch radikale Aufhebung der gewöhnlichen Lebensumstände". Zitiert nach: Kurt Heinrich, Religiöse Erlebnisweisen in psychiatrischer Sicht: Bistum Essen (Hrsg.), Visionen: Psychiatrisches Syndrom
oder Medium der Offenbarung? Referate des neunundzwanzigsten Ärztetags im Bistum Essen, Nettetal 1998 (Schriften des Ärzterates im Bistum
Essen Bd. 19), S. 13–40, S. 27.

scheint Ignatius – vor allen Dingen durch heftiges Fieber und Schmerz-zustände – einige, schwer deutbare Veränderungen seines Bewusstseins erlebt zu haben.

Wagner: Eigentlich hält sich der religiös-theologische Inhalt der Visionen des Ignatius bis zu diesem Zeitpunkt ja doch sehr in Grenzen. Hat er auch später keine „gehaltvolleren" Visionen?

Niemann: Aus Gründen, die sich aus seiner bisherigen Entwicklung nicht erklären lassen, hatte er in der Zeit in Manresa „viel Andacht zur heiligsten Dreifaltigkeit, und so betete er jeden Tag unterschieden zu den drei Personen"[198].

> „Und als er an einem Tag auf den Stufen desselben Klosters [Dominika-nerkloster in Manresa] die Tagzeiten unserer Herrin[199] betete, begann sich ihm der Verstand zu erheben, als sähe er die heiligste Dreifaltigkeit in Gestalt von drei Tasten und dies mit soviel Tränen und so vielem Schluch-zen, dass er nicht dagegen ankam"[200]. Dieses visionäre Erlebnis prägte ihn so tief, dass „ihm sein ganzes Leben lang diese Einprägung geblieben ist, große Andacht zu verspüren, wenn er zur heiligsten Dreifaltigkeit be-tete"[201].

Wagner: Diese Vision ist ja auch einigermaßen plastisch und hat sich ihm wohl auch deshalb gut eingeprägt. Beides gilt aber doch wahrscheinlich nicht unbedingt für alle Visionen, die er hatte?

Niemann: Andere Visionen waren tatsächlich nicht so plastisch. Das gilt erstens für die so genannte „Schöpfungsvision", in der er sah, auf welche Weise Gott die Welt geschaffen hatte. Das gilt aber ebenso von Visionen während der Heiligen Messe und in seinen Gebeten, in denen er zuweilen

---

[198] BP Nr. 28, 1.

[199] Hier besteht allem Anschein nach eine affektiv-emotionale Kontinuität zwi-schen den Erscheinungen seiner „Herrin" auf dem Krankenbett im Schloss Loyola und dem Gebet der kleinen Tagzeiten zu „unserer Herrin", wie sie dann auch später in der Gesellschaft Jesu bis in die Zeit vor dem Zweiten Vatikanischen Konzil üblich war.

[200] BP Nr. 28, 3.

[201] BP Nr. 28, 5.

mit inneren Augen die Menschheit und die Gestalt Christi sah – wie er auch in ähnlicher Gestalt Maria sah[202].

Er war aber auch von diesen Visionen derartig überwältigt und überzeugt, dass er – selbst wenn es die [Heilige] Schrift nicht gegeben hätte – wegen des Gesehenen bereit gewesen wäre, für die Dinge des Glaubens zu sterben[203].

Wagner: Der ganz große „spirituelle Wurf" im Hinblick auf eine Gesamtschau der Welt scheint mir das aber noch nicht zu sein.

Niemann: Warten Sie's doch ab! Abgesehen von den in Manresa geschilderten Berührungen mit dem Heiligen gibt es noch ein „ganz anderes" Erlebnis. Was halten Sie von dieser Beschreibung:

> „Einmal ging er aus seiner Andacht zu einer Kirche, welche wenig mehr als eine Meile von Manresa lag …, und der Weg geht den Fluss [Cardoner] entlang. Und während er so in seinen Andachten ging, setzte er sich ein wenig mit dem Gesicht zum Fluss, der in der Tiefe ging. Und als er so dasaß, begannen sich ihm die Augen des Verstandes zu öffnen. Und nicht, dass er irgendeine Vision [sic!] gesehen hätte, sondern er verstand und erkannte viele Dinge ebensosehr von geistlichen Dingen wie von Dingen des Glaubens und der Wissenschaft. Und dies mit einer so großen Erleuchtung, dass ihm alle Dinge neu erschienen. Und es lassen sich nicht die Einzelheiten erläutern, die er damals verstand, obwohl es viele waren; sondern er empfing eine große Klarheit im Verstand, sodass ihm in der ganzen Folge seines Lebens bis über zweiundsechzig Jahre hinaus scheint: Wenn er alle Hilfen zusammenzähle, wie er sie von Gott erhalten und alle Dinge, die er erkannt habe, selbst wenn er sie alle in eins zusammenbringe, habe er nicht soviel erlangt, wie mit jenen Mal allein. Und dies bedeutete, in so großem Maß mit erleuchtetem Verstand zu bleiben, dass ihm schien, als sei er ein anderer Mensch und habe eine andere Erkenntnisfähigkeit als er zuvor hatte"[204].

---

[202] „… mit den inneren Augen die Menschheit Christi und die Gestalt, die – schien ihm – wie ein weißer Leib war, nicht sehr groß und nicht sehr klein; doch sah er keine Unterscheidung von Gliedern. Dies sah er in Manresa viele Male… Unsere Herrin sah er auch in ähnlicher Gestalt, ohne die Teile zu unterscheiden" (BP Nr. 29, 6–8).

[203] Vgl. BP Nr. 29, 9

[204] BP Nr. 30, 1–4.

Wagner: Die hier anklingende Unterscheidung zwischen „irgendeiner Vision" und einer Öffnung der „Augen des Verstandes" lässt mich sofort an den großen Mystiker Johannes vom Kreuz denken. Das, was hier von Ignatius berichtet wird, dürfte dem entsprechen, was Johannes als Erkenntnis reiner Wahrheiten bezeichnet[205]. Man kann sich das vielleicht als ein schlagartiges Erfassen einer Gesamtwirklichkeit in einem subjektiven inneren Bild vorstellen. Dabei sind mit dieser Gesamtwirklichkeit sowohl spirituelle Dinge, also Erkenntnisse über Gott selbst, und Dinge des Glaubens, also theologische Erkenntnisse, wie Dinge der „Wissenschaft", also kosmologische Erkenntnisse, gemeint.

Niemann: Wenn Sie Dinge der Wissenschaft als diesseitigen (gesetzesmäßigen) Weltzusammenhang verstehen würden, so käme das meiner Vorstellung der Weltsicht des Ignatius sehr entgegen. Vielleicht ist es ja auch kein Zufall, dass Ignatius diese für sein weiteres Leben entscheidende Schau nicht in einer Kirche oder vor einem Marienbild hatte, sondern „mit dem Gesicht zum Fluss, der in die Tiefe ging"[206]. Es wäre spannend zu wissen, ob und wie Ignatius diese kosmologische Sicht mit den von ihm gehörten Vorlesungen über Mystik und Kosmologie in Paris in Verbindung brachte.

Aber wenn wir uns schon über das Menschen- und Weltbild des Ignatius Gedanken machen, dann würde ich fragen: Wo bleibt bei dieser Schau „der Augen des Verstandes" der affektdynamische Bereich, d. h. die Dimension der Gefühle, des Gemütes und des Willens?

Wagner: Die Worte des Ignatius sind natürlich etwas spröde und für unser Verständnis nicht so klar, aber das sollte uns nicht übersehen lassen, dass wir es hier doch mit einem den ganzen Menschen erfassenden, ja im wahrsten Sinne des Wortes erschütternden Vorgang zu tun haben. Ignatius spricht immerhin von einer „so großen Erleuchtung, dass ihm alle Dinge neu erschienen". Damit ist wohl gemeint, dass er von dieser Erkenntnis

---

[205] „Es handelt sich ... hiebei [sic!] nicht um ein Schauen von zeitlichen, will sagen von materiellen Objekten mittels des Verstandes, sondern wir haben es hier zu tun mit einem verstandesmäßigen Erfassen und Schauen von Wahrheiten über Gott und die Dinge sowie über Gegenwärtiges, Vergangenes und Zukünftiges". Johannes vom Kreuz, Sämtliche Werke, hrsg. v. P. Aloysius ab Immac. Conceptione u. P. Ambrosius A. S. Theresia, Bd. I: Aufstieg zum Berge Karmel, München ⁸1987, S. 230.

[206] BP Nr. 30, 104.

innerlich sehr ergriffen war – vielleicht im Sinne einer Evidenzerfahrung – und dass das Neue, das ihm plötzlich und befreiend aufging, ihn emotional tief beeindruckt hat.

Niemann: Das sehe ich ähnlich. Für diese Interpretation spricht auch die tiefgreifende Verwandlung, die Ignatius durch diese Schau erfährt. Dies kann man auch daran festmachen, dass Ignatius diese Erfahrung als für sein ganzes Leben entscheidend ansieht. Er selbst sagt von dieser Schau, „sie allein" habe ihm mehr Erkenntnis gebracht als alle anderen Gnadenerweise seines Lebens zusammen. Immerhin konnte er im Licht dieser Gesamtschau mehrere andere „Visionen" als unecht und damit für ihn subjektiv gefährlich einordnen. Im Licht des Cardoner-Erlebnisses konnte er jetzt klar unterscheiden, was eine mystisch-göttliche Tröstung und was nur die diabolische Vorspiegelung einer Tröstung war[207].

Ich frage mich allerdings, ob dieser „Befund", dass Ignatius am Cardoner eine Evidenzerfahrung gemacht hat, die ihn innerlich tief prägte, mit den wichtigsten Erkenntnissen und Zusammenhängen heutiger mystischer Theologie zu vereinbaren ist.

Wagner: Man kann durchaus sagen, dass dieser „Befund" für die Gnadenhaftigkeit bzw. Übernatürlichkeit des von Ignatius Erlebten spricht. Hier scheint das entscheidende Kriterium für die Echtheit einer Vision – die den ganzen Menschen verwandelnde Vertiefung, die mit dem Erlebnis eintritt und sich das ganze Leben durchhält – erfüllt zu sein. In diesem Sinne sagt bereits Johannes vom Kreuz von den Erkenntnissen reiner Wahrheiten: „Jede dieser Erkenntnisse prägt sich der Seele dauernd ein"[208]. Gibt es denn später bei Ignatius noch weitere Visionen bzw. spirituelle Erlebnisse, die einen ähnlichen Stellenwert haben?

Niemann: Ignatius brach von Barcelona aus, wo er sich ab Februar/März 1523 aufhält, zu einer Pilgerreise nach Rom und Jerusalem auf. In Rom empfing er den Segen des Papstes und versuchte dann über Venedig nach

---

[207] Diese Tröstungen werden natürlich im affektdynamischen Bereich individuell jeweils anders erlebt. Johannes vom Kreuz spricht von einem „Übermaß der Wonne und des Glückes" beim Erleben dieser mystischen Schau. Der Caballero und Soldat Ignatius erlebt in der Dimension des Gefühls und des Willens „nur" die Unterscheidung zwischen gut (Gott in drei Personen) und böse (Teufel bzw. Diabolos).

[208] Aufstieg zum Berge Karmel, S. 231

Jerusalem weiterzureisen. Auf dem Weg nach Venedig wurde er von seinen Gefährten verlassen, welche ihn – „fast bei Nacht auf einem großen Feld" – allein zurückließen. Ihm erschien Christus und das „tröstete ihn sehr"[209]. Nachdem Ignatius trotz aller Widerstände endlich nach Jerusalem aufgebrochen war, hatte er während der Schiffsfahrt von Venedig nach Zypern Erscheinungen Christi, die er als sehr tröstlich empfand. Es schien ihm, dass er ein rundes und großes Ding sah, wie wenn es aus Gold wäre"[210].

Wagner: Was soll man sich denn darunter vorstellen?

Niemann: Das ist spirituell und psychodynamisch ziemlich unklar. Aber wahrscheinlich handelt es sich um Begegnungen mit seinem „Herrn", in denen unklar bleibt, ob es eine „echte" Vision ist oder ob es sich um eine besondere Art von Tagträumen handelt, in denen sich Tröstliches und Unverständliches mischt.

Wagner: Ich kann mir vorstellen, dass er an den Heiligen Stätten in Jerusalem geradezu von Visionen überflutet wurde.

Niemann: Da müssen Sie Ihre Vorstellung korrigieren. Über den Beginn seines Aufenthaltes in Jerusalem diktierte er seinem Biografen Camara lakonisch: „Als er die Stadt sah, hatte der Pilger große Tröstung und wie die andern sagten, war sie allgemein bei allen, mit einer Freude, die nicht natürlich schien. Und die gleiche Andacht verspürte er immer bei den Besuchen der Heiligen Stätten"[211].

Wagner: Das ist ziemlich unspezifisch für einen Visionär. Wurden nicht ähnliche Erfahrungen zu allen Zeiten von Palästina-Pilgern berichtet?

Niemann: Könnte das nicht gerade ein Argument für die Authentizität und Stimmigkeit der „großen" Schauung am Fluss Cardoner sein, die sein weiteres Leben tief beeinflusste? Wahrscheinlich war Ignatius von seiner Primärpersönlichkeit her ein Mensch, zu dem es nicht gepasst hätte, wenn er sozusagen von einer Vision in die andere gefallen wäre[212].

---

[209] BP 41, 4.

[210] BP Nr. 44, 4.

[211] BP 45, 2.

[212] Auf der Rückreise vom Heiligen Land nach Barcelona wurde Iñigo in das damalige Kriegsgeschehen zwischen Franzosen und Spaniern involviert. Er

Wagner: Da kann ich Ihnen durchaus zustimmen: Tatsächlich spricht es für die „Echtheit" einer visionären Erfahrung, wenn sie die alles weitere prägende Ausnahme bleibt und nicht sozusagen „zum Alltag" wird.

Wenn ich mich recht erinnere, war er dann fast vier Jahre lang zum Studium in Barcelona, Alcalá und Salamanca. Geben hier die Quellen Visionen her?

Niemann: Der *Bericht des Pilgers* lässt das offen. In dieser Zeit war Iñigo in vier Inquisitionsprozesse involviert und hatte Mühe, durch das Erbetteln von Almosen sein tägliches Brot zu erwerben. Dabei ist wohl davon auszugehen, dass er seine üblichen Frömmigkeitsübungen (tägliche Heilige Messe, Tagzeiten der Gottesmutter?) beibehielt. Von außergewöhnlichen visionären Erlebnissen ist im *Bericht des Pilgers* für diese Zeit nichts verzeichnet.

Wagner: Ab 1528 studierte Ignatius dann für siebeneinhalb Jahre in Paris. Während dieser Zeit muss er doch eine Füle von theologischen und spirituellen Anregungen empfangen haben. Hat das sein mystisches Leben nicht stark intensiviert?

Niemann: Das ist nach den Quellen nur sehr bedingt zu bejahen. So berichtet er (der sich seit Beginn seiner Studien in Paris nicht mehr Iñigo, sondern Ignatius nannte[213]) in seiner Autobiografie, dass er auf einer Reise nach Rouen, wo sich angeblich das Kleid des Herrn befinden sollte, zunächst gegen aufkommende Ängste im Gebet Schutz suchte. Dann aber – nachdem er Rouen verlassen hatte – ihn „große Tröstung und geistlicher

---

wurde ergriffen und hatte bei diesem Gang „eine Vergegenwärtigung davon, als man Christus wegführte, obwohl es nicht wie die andern eine Vision war" (BP 52, 1).

Im Gegensatz dazu spricht er von einer „Phantasie", aus der heraus er den Wachführer nicht mit „Ihr", sondern mit „Herr" anreden wollte. Hier dürfte es sich um eine „natürliche Angst" handeln, der er begegnet, indem er sich unterwürfig und angepasst gibt.

[213] Dieser Namenswechsel indiziert eine zumindest kleine Änderung seines Selbstverständnisses: Er versteht sich nicht mehr als Landadeliger, Caballero und Soldat, sondern zunächst als Theologiestudent und (nach unserem heutigen Verständnis) als promovierter Akademiker.

170

Mut mit solcher Fröhlichkeit" überkam, „dass er über jene Felder hin zu schreien und mit Gott zu sprechen begann"[214].

Ferner konnte er in etlichen Vorlesungen „nicht aufmerksam sein", da ihn die „vielen geistlichen Dinge, die ihm in den Sinn kamen" störten. Er zog die Konsequenz, indem er zu dem zuständigen Magister ging und ihm versprach, den ganzen Kurs aufmerksam anzuhören, um so mehr „Fortschritte in der Wissenschaft" zu machen[215].

Außerdem wird berichtet, dass er Magister Peter Faber und Magister Francisco de Javier „mittels der Übungen für den Dienst Gottes gewann"[216].

In dieser Phase seines Lebens wird von Schauungen (Visionen) – ähnlich wie in Manresa und am Fluss Cardoner – nicht berichtet.

Wagner: Bleibt es bei diesem „mystischen Minimalismus", oder kehren an irgendeinem Punkt die Schauungen bzw. Visionen zurück?

Niemann: In Paris herrschte sozusagen weiterhin „visionärer Notstand". Nachdem er am 14. März 1534 das Magisterexamen bestanden hatte und mit sechs weiteren Gefährten am 15. August 1534 in einer Kapelle auf dem Montmartre das Gelübde abgelegt hatte, entweder ins Heilige Land zu fahren oder sich dem Papst im Gehorsam zur Verfügung zu stellen, hatte er sozusagen den Rücken frei für weitere geistlich-spirituelle Erfahrungen.

Wagner: Und die hatte er dann im Heiligen Land?

Niemann: Ignatius und seine Gefährten machten sich zunächst auf nach Venedig. Von dort wollten sie nach Jerusalem aufbrechen. Am 24. Juni 1537 empfingen sie aber zunächst die Priesterweihe. Zu der geplanten Reise nach Jerusalem kam es dann aber nicht, weil „die Venezianer mit den Türken gebrochen hatten"[217].

Bevor sie sich deshalb entsprechend ihrem Gelübde stattdessen auf den Weg nach Rom machten, wollten sie – in der Hoffnung doch noch eine Möglichkeit zur Überfahrt zu finden – noch ein Jahr warten. Sie gingen nach Vicenza, um dort zu predigen. Während dieser Zeit in Vicenza hatte

---

[214] BP Nr. 79, 3.8.
[215] BP Nr. 82, 3–4
[216] BP Nr. 82, 6.
[217] BP Nr. 94, 1.

Ignatius – im Gegensatz zu Paris – „viele geistliche Visionen und viele fast regelmäßige Tröstungen"[218].

Wagner: Warum kommen nun plötzlich die visionären Erlebnisse wieder, nachdem sie doch jahrelang so gut wie ausgeblieben sind?

Niemann: Die Gründe für diese Zusammenhänge kann man nur vermuten. Möglicherweise war das theologisch straff und intellektuell scholastisch geprägte Klima in Paris für visionäre Erfahrungen einfach nicht günstig. Der Studienbetrieb mit seinen intellektuellen Anforderungen[219], das Pauken der Thesen und – nicht zu vergessen – die psycho-physischen Anstrengungen, die damit verbunden waren, dass Ignatius Bettelreisen nach Flandern und England unternahm, um den Lebensunterhalt zu sichern, dürften die menschlichen Kräfte des Ignatius so weitgehend in Anspruch genommen haben, dass für mystisches Erlebnis einfach Zeit und Raum fehlten.

Wagner: Das führt uns jetzt vom eigentlichen Punkt weg. Bei den geistlichen Erfahrungen, die er auf der Reise nach Jerusalem bzw. später nach Rom machte, handelt es sich doch um mehr oder weniger modifizierte Neuauflagen jener Erfahrungen, die er in Manresa gemacht hatte. Etwas substantiell Neues kann ich nicht erkennen. Oder kommt da noch etwas?

Niemann: Ja, ich denke schon: Nach Überwindung der Enttäuschung, nicht im Heiligen Land Ungläubigen predigen zu können, stellten sich die Gefährten – wiederum gemäß ihrem Gelübde – dem Papst im Gehorsam

---

[218] BP Nr. 95, 3–4. Die geistlichen Schauungen des Ignatius in dieser Zeit und die Predigten, die er gemeinsam mit seinen Gefährten in Vicenza hielt, haben ihn zu der wichtigen geistlichen Erfahrung geführt, dass die scholastischen Studien für das spirituell-geistliche Leben relativ unfruchtbar waren und sind. Aus diesem inneren Wissen hat Ignatius dafür gesorgt, dass alle jungen Jesuiten nach ihren Studien eine „schola affectus", d. h. eine Zeit affektdynamischer Prägung (das so genannte dritte Probejahr) mit großen Exerzitien, weiteren geistlichen Übungen und seelsorglicher Tätigkeit erleben sollten.

[219] Offenbar war Ignatius auch Verdächtigungen und Intrigen bis zur Androhung von körperlicher Gewalt, vor allem seitens spanischer Kommilitonen, ausgesetzt. Vgl. BP Nr. 78, 5–6.

zur Verfügung. Im Zuge dieses Entschlusses und im Rahmen der Vorbereitung auf seine erste Heilige Messe (Weihnachten 1538) hatte Ignatius in La Storta (etwa 14 Kilometer vor den Toren Roms) eine Vision.

Dabei näherten sich die – inzwischen zehn – Gefährten in kleinen Gruppen der heiligen Stadt. Ignatius pilgerte mit Peter Faber und Diego Laínez, wobei Ignatius „sehr besonders von Gott heimgesucht" wurde[220].

Wagner: Warum feiert Ignatius seine erste Heilige Messe erst ein halbes Jahr nach seiner Priesterweihe?

Niemann: Nach seiner Priesterweihe hatte Ignatius sich entschlossen, bis zu seiner ersten Heiligen Messe eine Vorbereitungszeit einzuschalten, um die Muttergottes zu bitten, „sie wolle ihn zu ihrem Sohn *stellen*". Danach verspürte Ignatius eine Veränderung in seiner Seele, dass „Gott Vater ihn zu Christus, seinem Sohn *stellte*"[221]. Diese Schauung stellte sich ein, als er in der kleinen Kirche in La Storta betete.

Wagner: Das wirkt auf mich wieder reichlich spröde und „geschraubt". Gibt es für dieses wichtige Erlebnis, auf das die Gesellschaft Jesu doch wohl ihren Namen zurückführt, vielleicht noch andere Zeugnisse als die Autobiografie des Ignatius?

Niemann: Ja, es gibt drei weitere Quellen für die Vision des Ignatius in La Storta. Ignatius selbst erinnert sich in seinem Geistlichen Tagebuch: „Und es erschien mir irgendwie von der Heiligsten Dreifaltigkeit [vgl. Vision am Cardoner] zu sein, dass sich mir Jesus zeigte oder ich ihn verspürte, und es

---

[220] BP Nr. 96, 2. Damit dürften auch visionäre Begegnungen mit Gott gemeint sein, welche dem Ignatius „sehr besonders", d. h. ganz persönlich und individuell, zuflossen. Vgl. auch Ignatius von Loyola, Geistliches Tagebuch, in: Gründungstexte der Gesellschaft Jesu, Würzburg 1998 [GT] v. 4. März 1544: „Als ich mich … am Schluss [der Messe] an Jesus wandte …, da wandten sich beim Beten des ‚Es gefalle dir, heilige Dreifaltigkeit' meine Gedanken auf die göttliche Majestät: Dabei ein überaus starkes Ergriffensein und viel Liebesglut und es überströmten innige Tränen mein Antlitz. So *endeten* denn alle Male, …, während der Messe und auch schon vorher die besonderen geistlichen Heimsuchungen bei der *heiligsten Dreifaltigkeit*, indem sie mich zu deren Liebe hinführten und hinzogen" (Hervorh. U.N./M.W.).

[221] BP 96, 4.

kam mir in Erinnerung, wann mich der Vater zum Sohn stellte"[222]. Eine weitere Bestätigung des *Zu-Christus-Gestelltwerdens* findet sich in einer Erinnerung Jerónimo Nadals, des Sekretärs des Ignatius, der berichtet, dass – auf dem Weg nach Rom – „Christus mit dem Kreuz" dem Ignatius „in einer Schau mit den Worten erschien 'Ich werde mit euch sein'"[223].

Schließlich berichtet der Gefährte und Nachfolger des Ordensoberen Ignatius, Diego Laínez, in einer römischen Adhortation 1559 über das Ereignis von 1537, Ignatius habe ihm mitgeteilt, dass Gott ihm folgende Worte ins Herz eingeprägt habe: „Ich werde euch in Rom gnädig sein". Ferner habe er Christus mit dem Kreuz auf der Schulter gesehen. Der Vater habe neben Christus gestanden und zu diesem gesagt: „Ich will, dass du diesen als deinen Diener annimmst". Daraufhin habe Jesus Ignatius angenommen mit den Worten: „Ich will, dass du uns dienst"[224].

Wagner: Man könnte demnach in der Vision von La Storta eine Art „himmlische Bestätigung" der Gründung der Gesellschaft Jesu sehen?

Niemann: Ganz so pointiert würde ich das nicht formulieren. Ein Schlüssel zum Verständnis ist der Satz, dass Ignatius die Geistlichen Übungen und die Arbeit an den Konstitutionen erst nach und nach vollendete, indem „er seine Seele beobachtete"[225] und dann Dinge geistlich nützlich fand, die auch anderen für ihr spirituelles Leben nützlich sein könnten. Das bedeutet: Ignatius sucht in seiner ganz auf Gott und seinen Willen ausgerichteten „Seele" nach Antworten auf die Frage, was er in Bezug auf die Gründung und die Konstitutionen der Societas Jesu tun soll. Er wird sich mit innerer Evidenz gewiss, was zu tun ist, und ist daher fest überzeugt, dass das, was er tut, dem Willen Gottes entspricht[226].

---

[222] GT 67, 2.

[223] MI FN I, 313 f. (Monumenta Historica Societatis Jesu: Monumenta Ignatiana, Fontes narrativi).

[224] MI FN II, 133.

[225] BP Nr. 99, 2.

[226] Ignatius selbst berichtet in seiner Autobiografie, dass er während der Abfassung der Konstitutionen „viele Male Visionen" gehabt habe: Vor allem sah er Christus als Sonne. Dabei sei „die Leichtigkeit, Gott zu finden", immer mehr gewachsen. Konkret hatte er während seiner täglichen Heiligen Messe viele „Visionen, die er zur Bestätigung einer seiner Satzungen ansah". Dabei „sah er Gott Vater, zuweilen die drei Personen der Dreifaltigkeit, zuweilen die Mutter Gottes, die Fürsprache einlegte" (vgl. BP 99, 6–7; 100, 1.3).

Kurz, um auf Ihre Frage zu antworten: Ignatius holt seine hier zu treffenden Entscheidungen aus seiner von Gott geprägten Existenz, und das sind dann menschliche Entscheidungen, die Ignatius letztlich – in seinem Glauben – auf den Willen Gottes zurückführt.

Wagner: Trotz einer gewissen Unklarheit leuchtet mir das ein. Wir sind hier an dem Punkt, dass im konkreten Fall einer visionären Erfahrung die Unterscheidung, was der Anteil des Menschen und was der Anteil Gottes ist, praktisch nicht getroffen werden kann. Von daher kann ich Ihrer Interpretation in etwa folgen.

Trotzdem bin ich noch nicht ganz zufrieden, denn für den Theologen stellt sich – vor der Anwendung der dogmatisch-mystischen Kriterien auf ein visionäres Erlebnis – immer zuerst die Frage, ob der angebliche Visionär überhaupt psychisch gesund ist. Da Ignatius wohl schon von Zeitgenossen – freundlich gesagt – als „schrullig" bzw. „verschroben" empfunden wurde, liegt diese Frage ja auch von daher nahe. Hier könnte man nicht nur an die Exzesse beim Fasten in Manresa denken. Immerhin war er ja auch bei seinen spanischen Kommilitonen in Paris nicht gerade beliebt. Sie warfen ihm vor, er mache andere verrückt. Auch seine skrupelhaften Ängste, er könne sich mit der Pest infiziert haben, scheinen gelinde gesagt „seltsam"[227].

Niemann: Die „verschrobene" und eigenwillige Gestalt des Ignatius hat natürlich schon früh alle möglichen „Psycholeute" und auch hirnorganisch orientierte Neurologen auf den Plan gerufen.
Ein Exponent jenes Erklärungsmodells, das Krankheiten und Persönlichkeit des Ignatius als hirnorganisch verursacht und gleichzeitig im Sinne der „endoformen depressiven Psychose" deutet, ist z. B. G. Hesse[228].

---

[227] Vgl. BP Nr. 24, 3–5; 78, 5; 83, 3–5: Nachdem er in Paris einen Pestkranken getröstet und mit der Hand die Pestwunde berührt hatte, begann ihm die Hand zu schmerzen und es schien ihm, er habe selbst die Pest „Und diese Einbildung war so heftig, dass er sie nicht besiegen konnte, bis er sich mit *großem Ansturm* die Hand in den Mund steckte und mehrmals darin drehte und sagte: ‚Wenn du die Pest an der Hand hast, dann sollst du sie auch im Mund haben'. Und als er dies getan hatte, hörte ihm die Einbildung und der Schmerz der Hand auf" (Hervorh. M. W. / U. N.).

[228] Vgl. G. Hesse, Anfallsleiden und Psychose Loyolas. Ein medizinisch-historischer Beitrag zum alternierenden Auftreten psychomotorischer bzw. psychosensorischer Anfälle und endoformer depressiver Psychose: Nervenarzt 38 (1967), S. 102–107.

Wagner: Verstehe ich das richtig? Meint Hesse, dass Ignatius sowohl Epileptiker wie Psychotiker war?

Niemann: Tatsächlich behauptet Hesse das. Aber das Beweismaterial, das er für diese Hypothesen anführt, ist m. E. völlig unzulänglich.

Hesse lässt sich assoziativ anregen von einem Fallbericht, in dem eine Epileptikerin (nach entsprechender medikamentöser Therapie) psychotisch wurde[229].

Zunächst sollte ein Nervenarzt immer sehr skeptisch sein, wenn neurophysiologische Zusammenhänge – über einen Zeitraum von mehr als vierhundert Jahren (!) – zurückprojiziert werden. Denn naturwissenschaftlich begründete neurologisch-psychiatrische Diagnosen gibt es frühestens seit hundertzwanzig Jahren – ganz abgesehen davon, dass man vor vierhundert Jahren noch kein Elektroenzephalogramm ableiten konnte.

Wagner: Bringt Hesse denn Beweise für das Auftreten psychomotorischer bzw. psychosensorischer Anfälle bei Ignatius?

Niemann: Hesse deutet die Tagträume, die Ignatius auf dem langen Krankenlager im väterlichen Schloss produzierte, als „Oneroid"[230], wobei offen bleibt, inwieweit dieses „traumähnliche Erlebnis" irgendeine Beziehung zu (kleinen) epileptischen Anfällen haben sollte. Hier werden Fakten konstruiert, aber nicht analysiert. Aber das führt uns hier zu weit[231].

Ferner greift Hesse das Erlebnis des Jahres 1522 in Manresa auf, als Ignatius am hellichten Tag etwas bei sich sah, das ausnehmend prächtig anzuschauen war und das ihm damals die Gestalt einer Schlange zu haben schien. Die Tatsache, dass Ignatius hier aber zu kritischen Einschätzungen und zu gegensätzlichen affektiven Wahrnehmungen fähig ist – das Gesehene bereitet ihm einerseits Trost und andererseits Kummer – spricht

---

[229] Dieses Phänomen hat der Neurophysiologe H. Landolt unter dem Stichwort „forcierte Normalisierung" in seinem Beitrag *Die Temporallappenepilepsie und ihre Psychopathologie*: Bibl. psychiat. et neurol., hrsg. v. J. Klaesi, *Fasc. 12 (1960)* beschrieben. Auf diesen Zusammenhang beruft sich auch Hesse.

[230] Vgl. Peters, Wörterbuch, S. 362, definiert „Oneroid" als traumähnliche Erlebnisform, wobei der Begriff über Trauminhalte (bei Ignatius z. B. die Schwärmerei für die von ihm verehrte Frau) nichts aussagt.

[231] Eine detaillierte Auseinandersetzung mit den Thesen Hesses muss einer eigenen Veröffentlichung zu diesem Thema vorbehalten bleiben.

meiner Meinung nach deutlich gegen epileptische oder andere psycho-
motorische Anfälle[232].

Auch das, was Hesse für das Vorliegen einer endoformen depressiven
Psychose bei Ignatius anführt, ist für einen Nervenarzt, der sich heute bei
jedem Epileptiker und Psychotiker an dem so genannten ICD-10 (Internationale Klassifikation psychischer Störungen) orientieren muss, völlig un-
zureichend. Dazu schreibt Hesse: „Auf Befehl des Beichtvaters, … stellt er
nach acht Tagen das totale Hungern und Dürsten (!) ein, worauf schlagar-
tig der ganze depressive Symptomenkomplex … verschwunden ist"[233]. Es
wäre eine ungeheure Erleichterung in der Behandlung heutiger endogener
(synonym gebraucht mit endoform) Psychosen, wenn auf Befehl eines
Beichtvaters die krankhafte Symptomatik verschwinden würde. Kurz:
Die Hypothese, dass bei Ignatius eine endogene Psychose vorgelegen hat,
scheint mir – vor allem auch angesichts seiner weiteren persönlichen und
„beruflichen" Entwicklung – fast absurd[234].

Wagner: Jetzt bin ich etwas irritiert: Sie sagen, Ignatius sei kein Psychotiker gewesen. Aber hat er nicht nach Hesse Halluzinationen gehabt und
sprechen Heinrich und Walter nicht von Pseudohalluzinationen?

---

[232] Unter psychomotorischen Anfällen versteht man gewöhnlich kurze Bewusstseinsveränderungen, denen motorische Auffälligkeiten, wie z.B.
Schmatz- und Nestelbewegungen, folgen.

[233] Hesse, Anfallsleiden, S. 103.

[234] Treffend stellen K. Heinrich und C. Walter hierzu fest: „Es ist nicht zu verstehen, wie ein progressiv Hirnkranker die Lebensleistungen des Ignatius
hätte erbringen können". Vgl. K. Heinrich / C. Walter, Ignatius von Loyola
– genial oder psychisch krank?, in: Fortschritte der Neurologie und Psychiatrie 63 (1995), S. 213–219, S. 217. Heinrich und Walter resümieren in
ihrer psychopathologischen Studie über Ignatius: „Die Auswertung aller
zitierten Unterlagen, zu denen die Wahlpunkte über die Armut der Häuser
der Gesellschaft Jesu und vor allem auch die Ordenskonstitution als wichtige Quellen hinzuzufügen sind, ergibt unter psychopathologischen Ge-
sichtspunkten keine Hinweise auf das Vorliegen einer psychotischen Erkrankung im Sinne einer endogenen Depression, Manie oder Schizophrenie
bei Ignatius. Überzeugende Symptome einer organischen Hirnerkrankung
sind ebenfalls nicht festzustellen. Der Versuch, Gründe für eine bei Ignatius
bestehende Temporallappenepilepsie nachzuweisen, kann nicht überzeugen" (S. 218).

Niemann: Die Psychiater verstehen unter *Halluzination* eine Sinnestäuschung, bei welcher die Wahrnehmung kein reales Wahrnehmungsobjekt hat. Dabei wird fest an die Realität der Wahrnehmung geglaubt, wobei die Wahrnehmung als solche auf den „gesunden Menschenverstand" absurd und „verrückt" wirkt, d. h. das „Gesehene" ist im jeweiligen soziokulturellen Kontext fremd, merkwürdig und „sinnlos". Die „Schauungen" des Ignatius sind dagegen zwar ungewöhnlich, aber zunehmend rational geprägt und in den spirituell-theologischen Kontext seiner Zeit und seiner persönlichen Reifung eingeordnet. Daher kann von Halluzinationen bei Ignatius nicht die Rede sein.

Was den Begriff der Pseudohalluzination angeht, so habe ich mit dem Wort „Pseudo" (griech.: ich lüge) dahingehend große Schwierigkeiten, dass es bei Visionären und Sehern gewöhnlich nicht um Lügner geht. In diesem Sinne schließe ich mich der allgemeinen Definition von Hagen an: „Pseudohalluzinationen sind solche Erscheinungen, von denen man fälschlicherweise glauben könnte (aus welchem Grund auch immer), es seien Halluzinationen"[235]. Bei Ignatius würde ich, um Missverständnisse zu vermeiden, nur von Schauungen bzw. Visionen sprechen.

Wagner: Epileptiker und Psychotiker war Ignatius also wohl aller Wahrscheinlichkeit nach nicht. Aber es soll ja auch noch „feinere" Persönlichkeitsstörungen" geben. Sind diese Ihrer Meinung nach bei Ignatius ganz auszuschließen?

Niemann: Inwieweit bei Ignatius tatsächlich Persönlichkeitsstörungen vorlagen, ist nach vierhundert Jahren kaum zu beurteilen.

Allerdings hat jeder Mensch gewisse Persönlichkeitsstrukturen, die sich in einmalig individueller Weise mischen. Das ist aber wiederum davon abhängig, welche Persönlichkeitskonzeption diesen Beurteilungen zugrunde liegt.

Wie jeder Psychiater heutiger Tage können wir versuchen, Ignatius in die spezifischen Persönlichkeitsstörungen, wie sie im ICD-10 angegeben sind, einzuordnen. In diesem Diagnoseschema ist als letzte Möglichkeit eine nicht näher bezeichnete Persönlichkeitsstörung genannt. Diese Einordnung wäre eigentlich für eine Persönlichkeit adäquat, welche vor mehr als vierhundertfünfzig Jahren gelebt hat.

---

[235] Zitiert bei Manfred Spitzer, Halluzinationen. Ein Beitrag zur allgemeinen und klinischen Psychopathologie, Berlin 1988, S. 296.

Wagner: Es wundert mich nicht, dass Sie sich als Jesuit jetzt „drücken" wollen, indem Sie eindeutige Persönlichkeitsstörungen nicht zulassen.

Niemann: Schauen wir noch einmal in seine Lebensgeschichte. Das Krankenlager in Loyola war wohl vor allem gekennzeichnet durch die Verarbeitung seiner schweren Verwundungen, durch die er praktisch ein Krüppel geworden war. Es war für Ignatius charakteristisch, dass er sich mit diesem Sosein nicht abfand, sondern zäh und energisch auf „kosmetischen" Operationen bestand, obwohl ihm seine Familie abgeraten hatte. Inwieweit seine Tagträume und Phantasien in jener Zeit schon einen gewissen Einschlag von Zwanghaftigkeit aufwiesen, ist kaum sicher zu klären.

Wagner: Aber wie ist es mit den „Skurrilitäten", „Verschrobenheiten" und aszetischen Exzessen von Manresa?

Niemann: Diese Vorkommnisse und Ereignisse hängen zweifellos mit seiner zwanghaften Persönlichkeits*struktur* zusammen[236]. Vielleicht werden diese Strukturen in Manresa am deutlichsten, wenn man an die innere Unsicherheit und übermäßige Gewissenhaftigkeit bei möglichen Sünden des Ignatius denkt. Aber immerhin wäre seine Bekehrung nicht möglich gewesen, wenn er sich nicht vorher wirklich als Sünder erlebt hätte. In diese „mittelalterliche" Mentalität der besonderen Schuld gegenüber Gott können wir uns heute kaum mehr hineindenken.

So ist es aus heutiger Sicht unverständlich, wie Ignatius keine Abhilfe in seinen Ängsten und Skrupeln finden konnte, nachdem er sieben Stunden auf den Knien gebetet hatte.

---

[236] Der ICD-10 unterscheidet u. a. folgende Kriterien für eine anankastische (zwanghafte) Persönlichkeitsstörung:
Übermäßige Gewissenhaftigkeit, Skrupelhaftigkeit, unverhältnismäßige Leistungsbezogenheit unter Vernachlässigung von Vergnügen und zwischenmenschlichen Beziehungen.
Andrängen beharrlicher und unerwünschter Gedanken oder Impulse.
Perfektionismus, der die Fertigstellung von Aufgaben behindert.
Ständige Beschäftigung mit Details, Regeln, Listen, Ordnung, Organisation oder Plänen.
Übermäßiger Zweifel und Vorsicht.
Rigidität und Eigensinn.

Wagner: Aber ist es nicht so, dass er sich in Paris durch seine Rigidität sehr isolierte und dort nur „Anbeter" suchte?

Niemann: Zweifellos hat er seine Ziele, z. B. die Beendigung seines Magisterstudiums trotz mangelnder Vorbildung und trotz seines Alters und wohl auch fehlender spekulativer Begabung ungeheuer zäh, energisch und mit großem Durchhaltevermögen verfolgt. Wenn die anankastische (zwanghafte) Persönlichkeitsstörung im ICD-10 u. a. durch „unverhältnismäßige Leistungsbezogenheit unter Vernachlässigung von Vergnügen" beschrieben wird, so könnte man das wohl auch von Ignatius behaupten. Dennoch würde ich diesen Zusammenhang keinesfalls als Persönlichkeitsstörung ansehen, sondern als Charakterstärke, die man vielleicht in eine anankastische Struktur einordnen könnte, die ihm aber in diesem Fall geholfen hat, seine „ehrgeizigen" Ziele zu erreichen.

Diese Entwicklung würde ich daher auf keinen Fall in den Bereich der Psychopathologie verweisen.

Wagner: Aber hat er sich nicht in Rom – vor allem bei der Abfassung der *Regeln* – zu einem einsamen Sonderling entwickelt?

Niemann: Bei seinem Leben in Rom stellt sich ebenfalls die Frage, ob es sich mit psychopathologischen Begriffen charakterisieren lässt. Dabei denken Sie wieder an die zwanghafte Persönlichkeitsstörung?

Wagner: Ja, ich denke insbesondere an Merkmale wie *Rigidität und Eigensinn* – was ja nicht schlecht zum Kadavergehoram passt – oder *übermäßige Pedanterie und Befolgung von Konventionen.*

Niemann: Der Kadavergehorsam scheint fast ein Lieblingsthema von Ihnen zu sein. Aber gern greife ich dieses Stichwort noch einmal auf:

Zweifellos hat sich Ignatius weitgehend in seinem Agieren an den kurialen Stil der mittelalterlichen römischen Kirche angepasst. Aber er hat auch Widerstand geleistet, wenn die Sachfragen es erforderten. Nach einiger „Übung" in Alcála und Salamanca hat er auch in Rom Auseinandersetzungen mit der Inquisition gehabt. Das heißt: Er konnte sich gedanklich und inhaltlich von rigiden Verhaltensmustern der Kurie durchaus absetzen. Ignatius hat den Gehorsam immer dialogisch verstanden und die Auseinandersetzung mit den Vorgesetzten nicht gescheut.

Wagner: Damit weisen also zwar die Charakterstrukturen auf gewisse zwanghafte Züge hin, aber von einer Zwangsneurose würden Sie nicht sprechen?

Niemann: Diesmal haben Sie mich richtig verstanden!

Wenn ich noch kurz ergänzen darf, so würde ich auch von einer krankhaften Ichstörung des Ignatius nicht sprechen, wenn diese „Diagnose" auch naheliegen könnte. Gerade seine Ängstlichkeit, Bescheidenheit und nicht zuletzt seine „Demut" und seine Kreuzesliebe haben ihn davor bewahrt, ein narzisstischer Egomaniker zu sein.

Wagner: Aus nervenärztlicher und psychiatrischer Sicht spricht also nichts dagegen, dass es sich bei den Schauungen des Ignatius theologisch gesprochen um glaubwürdige mystische Phänomene gehandelt hat.

Für mich als Dogmatikerin stellt sich natürlich immer noch die Frage, ob es sich bei den Erfahrungen des Ignatius um prophetische Visionen gehandelt hat – also um Erfahrungen, die eine für die ganze Kirche verbindliche und relevante Botschaft beinhaltet haben. Für die Visionen am Cardoner (der geheimnisvolle Dreifaltige Gott als Mittelpunkt der Schöpfung) und in La Storta (die konkrete Nachfolge des gekreuzigten Christus)[237] wird man das bejahen können. Hinsichtlich anderer Schauungen dürfte gelten, dass sie nur für Ignatius persönlich und für seine Spiritualität relevant und verbindlich waren. Ohnehin dürfte Ignatius eher als Ordensgründer und Kämpfer gegen die Reformation denn als Visionär bekannt geworden sein.

Niemann: Nun gut, schauen wir uns zum Schluss eine „Heilige der Herzen" an, deren Schicksal Millionen einfacher Christen in ihren Bann geschlagen hat. Ich denke an Bernadette Soubirous, die Seherin von Lourdes.

---

[237] Wer nicht sein Kreuz trägt und mir nachfolgt, der kann nicht mein Jünger sein (Lk 14,26).

Die kranke, gescheiterte, heilige Müllerstochter – Bernadette Soubirous (1844–1879)

Wagner: Bernadette Soubirous ist natürlich eine sehr interessante Visionärin, mit der wir uns tatsächlich noch beschäftigen sollten.

Niemann: Tja – ob sie von der Kraft ihrer Persönlichkeit her wirklich so interessant ist, würde ich zunächst bezweifeln. Ein vierzehnjähriges Mädchen, das nicht lesen und schreiben kann, das in schwierigen sozialen Verhältnissen aufwächst, das in merkwürdiger Weise auf sich aufmerksam macht – ist das jemand, der für heutige Menschen als Vorbild in Frage kommt?

Wagner: Auf den ersten Blick scheint Bernadette Soubirous tatsächlich ein Mensch zu sein, der auf der Verliererseite steht – arm, krank, ohne psycho-soziale Kompetenz, ohne öffentliches Ansehen, als Älteste nicht einmal von ihren jüngeren Geschwistern anerkannt.

Niemann: Wann wurde sie geboren, wie verlief ihre frühe Kindheit, und wurde sie wenigstens von ihren Eltern geliebt?

Wagner: Geboren wurde sie am 7. Januar 1844 als erstes Kind eines selbständigen Müllers. Ob sie von ihren Eltern geliebt wurde, ist schwer zu sagen. Jedenfalls wissen wir, dass ihre siebzehnjährige Mutter das Kind plötzlich abstillen musste, nachdem sie sich verbrannt hatte. So wurde sie mit zehn Monaten zu einer Amme gegeben. Die Adoptivmutter war streng und besitzergreifend. Nachdem die Amme selbst schwanger wurde, kam Bernadette im Alter von zwei Jahren und einem Monat wieder in ihre Ursprungsfamilie zurück. Mit vierzehn Jahren war sie nur 140 cm groß und wurde in jeder Hinsicht als Kind angesehen. Aufgrund ihres geringen Wachstums war sie selbst jüngeren Kindern unterlegen. Das war für sie zweifellos auch psychisch sehr belastend, da sie als Älteste nach den Gepflogenheiten der Gegend die „Erbin" (héritière) war.

Niemann: In welchen sozial-wirtschaftlichen Lebensbedingungen wuchs Bernadette auf?

Wagner: Sie „wuchs", wie gesagt, wenig, weil die Familie nicht genug zu essen hatte. Als der Vater durch einen Unfall auf einem Auge erblindete, war der soziale Abstieg, der sich schon vorher abzeichnete, endgültig besiegelt: Wegen Zahlungsunfähigkeit musste die Familie 1854 die Mühle verlassen. Nach wechselnden Bleiben kam die Familie im ehemaligen Stadtgefängnis („Cachot") unter – einem düsteren, verrotteten Loch[238]. Hier wurde die Armut so groß, dass die Kinder durch Müllsammeln (Lumpen, Knochen, Schrott) zum Unterhalt der Familie beitragen mussten. Wegen dieser „Tätigkeit" konnte Bernadette kaum regelmäßig in die Schule gehen, sprach nur Platt („patois") und verstand kein Französisch.

Zudem wurde sie mit 13 Jahren als Schankmädchen an ihre Tante Bernarde gegen Geld ausgeliehen, die ein hartes Regiment führte. Unter dem Vorwand, in Lourdes die Erste Heilige Kommunion empfangen zu wollen, kehrte Bernadette zwei Wochen vor ihrer ersten Vision (Ende Januar 1858) ins elterliche Cachot zurück.

Niemann: Was bringt denn ein so armes, ungebildetes, chronisch schwerkrankes Kind an „Visionen" zustande?

Wagner: Am Morgen des 11. Februar 1858 – es war der „Fette Donnerstag", der letzte Donnerstag vor Aschermittwoch (also in Deutschland „Weiberfastnacht") – werden drei Kinder zum Reisigsammeln geschickt, weil Mutter Soubirous sonst nicht kochen kann. Vorher drängt die Mutter die vierzehnjährige Bernadette, ihre Wollsocken nicht zu vergessen, während die anderen Kinder barfuß gehen.

Nach etlicher Zeit des Suchens haben die anderen beiden Kinder, Bernadettes kleine Schwester Toinette und das dreizehnjährige Nachbarskind Baloume, Holz gefunden, nur Bernadette noch nicht. Da sieht sie in einer Grotte, genannt Massabielle, in der sich die Schweine zu suhlen pflegten, Reisig und Knochenreste. Sie kann aber nur herankommen, wenn sie durch den Mühlenbach watet. Dazu muss sie ihre Strümpfe ausziehen, was ihre Mutter ihr streng verboten hat. Deswegen zögert sie, zumal sie friert.

Niemann: Und jetzt passiert es?

Wagner: Bernadette berichtet in Briefen zwischen 1861 bis 1866 folgendes:

---

[238] Vgl. René Laurentin, Lourdes. Histoire Authentique, 6 Bde., Paris, 1961–1964, Bd. 2, S. 77.

„Kaum hatte ich den ersten Strumpf ausgezogen, als ich starkes Brausen wie von einem Sturmwind hörte. Ich blickte in die Richtung der Wiese und sah, dass die Bäume dort ganz still waren und sich nicht bewegten. Ich fuhr also fort, meine Strümpfe auszuziehen. Da hörte ich wieder dasselbe Geräusch. Ich hob den Kopf und schaute nach der Grotte. Da erblickte ich eine weißgekleidete Dame; sie trug ein weißes Kleid, einen weißen Schleier, einen blauen Gürtel und auf jedem Fuß leuchtete eine gelbe Rose von derselben Farbe wie die Kette ihres Rosenkranzes. Furcht erfasste mich. Ich glaubte mich zu täuschen und einer Illusion zu erliegen, und rieb mir die Augen. Ich öffnete sie wieder und sah immer die gleiche Dame…"[239].

Aus Furcht konnte sie kein Kreuzzeichen machen. Aber die weiße Dame nahm ihren Rosenkranz und machte damit das Kreuzzeichen. Bernadette kniete nieder und betete den Rosenkranz im Angesicht der schönen Dame. Obwohl die Dame Bernadette zu sich winkte, wagte sie nicht, sich von der Stelle zu rühren. „Da verschwand plötzlich die Vision[240]."

Niemann: Wie reagierten die beiden Gefährtinnen und die Mutter Bernadettes?

Wagner: Bei den Gefährtinnen wechseln Irritation, Ungläubigkeit und Neidgefühle ab. Schließlich erzählt sie unter dem Siegel der Verschwiegenheit den Gefährtinnen, was sie gesehen hatte. Dennoch erzählt Toinette zu Hause alles der Mutter, was beiden, Toinette und Bernadette, Stockschläge und das Verbot, die Grotte zu besuchen, einbringt. Schließlich deutet die Mutter die weiße Frau als Seele einer Verwandten aus dem Fegfeuer und fordert Bernadette auf zu beten. Als Bernadette, wie so häufig, am Schluss des abendlichen Rosenkranzgebetes auf Französisch die – von ihr eigentlich unverstandene – Gebetsformel: „O Marie, conçu sans péché, priez pour nous, qui avons recours pour vous" („O Maria, ohne Sünde empfangen, bitte für uns, die wir zu dir unsere Zuflucht nehmen") spricht, wird sie blass und ihre Augen füllen sich mit Tränen.

Angeblich soll Bernadette ihr Erlebnis auch dem Ortspfarrer gebeichtet haben, der aber zunächst abwartend reagiert[241].

---

[239] André Ravier, Lourdes, Land der frohen Botschaft, Lourdes, Oeuvre de la Grotte (1965), 1983, 15–16. Zitiert nach der ergänzten Version von Patrick Dondelinger, Die Visionen der Bernadette Soubirous und der Beginn der Wunderheilungen in Lourdes, Regensburg, 2003, S. 37 f.

[240] Ebd., S. 38.

[241] Vgl. ebd., S. 39 und die dort angeführten Belegstellen.

Niemann: Wie verlaufen die anderen Visionen?

Wagner: Es sind noch weitere siebzehn Visionen beschrieben worden[242]. Dabei fällt auf, dass sich die zweite Vision nach drei Tagen und die dritte Vision nach vier Tagen ereignet. Die dritte Vision am Donnerstag, dem 18. Februar, bringt insofern etwas Besonderes, als Bernadette durch zwei Frauen von der so genannten „Jungfrauenkongregation der Marienkinder" (zwei bürgerliche, gut verheiratete Frauen), die in der von Bernadette als *aquèro* (im Lourder Platt gleichbedeutend mit frz. *celà, quelquechose* = das da, etwas) bezeichneten Vision die arme Seele eines jüngst verstorbenen, angeblich heiligmäßigen Lourder Mädchens vermuten, angehalten wird, nach dem Namen des *aquèro* zu fragen. Gehorsam fragt Bernadette bei dieser dritten Vision: „Wollen Sie die Güte haben, Ihren Namen hier aufzuschreiben?"

Lachend antwortet die Erscheinung mit einer feinen, sanften Stimme, die nur Bernadette hört, auf Lourder Platt: „Dies ist nicht notwendig". Unvermittelt macht die Erscheinung eine geradezu „zukunftsweisende" Aussage: „Wollen Sie die Güte haben, während vierzehn Tagen nacheinander hierher zu kommen? Ich verspreche Ihnen nicht, Sie in dieser Welt glücklich zu machen, aber in einer anderen".

Niemann: Hält sich denn die Erscheinung an die Termine?

Wagner: Nein, von Freitag, dem 19. Februar, bis Sonntag, den 21. Februar 1858, folgen zwar die vierte bis sechste Erscheinung aufeinander, aber am Montag, dem 22. Februar, findet zu Bernadettes Bedauern keine Vision statt. Als Hintergrundinformation wäre zu erwähnen, dass sich Bernadettes Beichtvater und der führende Ortsgendarm zunächst nicht einig sind, ob man Bernadette weiter zur Grotte lassen soll oder nicht. Vom Dienstag, dem 23. Februar, bis Donnerstag, den 25. Februar, finden die siebte, achte und neunte Vision statt.

Am Freitag, dem 26. Februar, hat Bernadette sehr zu ihrem Leidwesen keine Vision, obwohl über fünfhundert Menschen sie an der Grotte erwartet hatten.

Vom Samstag, dem 27. Februar, bis zum Donnerstag, dem 4. März 1858, ereignen sich die Visionen zehn bis fünfzehn.

---

[242] Zum Verlauf der einzelnen Visionen und zu den im folgenden angeführten Zitaten vgl. Laurentin, Lourdes, Bd. 2, 346–353.

Niemann: Gibt es besondere Vorkommnisse in den Visionen vier bis fünfzehn zu berichten?

Wagner: Am Dienstag, dem 23. Februar, ereignet sich vor mehr als hundert Personen die siebte Vision: Bernadette fällt vor der Grotte auf die Knie, zündet eine Kerze an und verneigt sich tief. Nach etwa zehn Ave Maria gerät Bernadette in einen religiösen Verzückungszustand bzw. eine veränderte Bewusstseinslage. So wechseln Lächeln, Verneigungen, Bekreuzigungen, lautlose Lippenbewegungen, Äußerungen von Freude und Schatten von Traurigkeit miteinander ab. Später erklärt Bernadette auf Befragen nach ihrer fünfzehnten Vision, dass sie das Kreuzeichen mache, wenn die Erscheinung es ihr vorgemacht habe, sie sei traurig gewesen, wenn die Erscheinung traurig gewesen sei und sie habe gelächelt, wenn auch die Erscheinung gelächelt habe.

Eine deutliche „Steigerung" zeigt die neunte Vision vom Donnerstag, dem 25. Februar 1858. Wie üblich gerät Bernadette während des Rosenkranzgebetes in Verzückung, nimmt ihr Kopftuch ab und stellt ihre Kerze weg. Sie möchte aus dem Fluss Gave trinken, wird aber von der Erscheinung gedrängt, im Inneren der Grotte nach Wasser zu graben, um dort zu trinken. Sie schöpft dreimal etwas von diesem dreckigen, schlammigen Wasser, um es dann mit einer Gebärde des Ekels wegzuschleudern. Beim vierten Mal trinkt sie das schmutzig-lehmige Wasser, wobei auch ihr Gesicht beschmiert wird. Danach reißt sie einige in der Nähe stehende Graspflanzen aus und isst diese.

Aus der Grotte zurückgekehrt, wird sie von ihrer Tante Bernarde geohrfeigt und ihr Gesicht mit einem Taschentuch gesäubert. Aus ihrer Entrückung erwacht, erntet Bernadette den Unmut der Menge. In ihren Augen ist Bernadette ein schmutzig-animalisches Kind, das sich im Schweinedreck wälzt und Gras frisst.

Allerdings sind einige wenige einfache Leute durch das Sichtbarwerden des Rinnsals tief beeindruckt und trinken ebenfalls daraus. Am Nachmittag wird von einigen „Gläubigen" die Quelle freigelegt.

Niemann: Gehört es nicht zum üblichen Verlauf solcher Erscheinungen, dass schon bald mehr oder weniger „sichere Wunder" berichtet werden?

Wagner: Das anscheinend erste Wunder wird im Zuge der zwölften Vision vom 1. März 1858 berichtet[243]. Eine hochschwangere Frau aus dem Nach-

---

[243] Vgl. Laurentin, Lourdes, Bd. 5, 76–78.

bardorf Loubaca erfährt eine Heilung ihrer gelähmten Hand, nachdem sie diese in die Quelle der Grotte getaucht hat. Angeblich soll sie nach einem erneuten Gebet zur Gottesmutter – zu Hause angekommen – schmerzfrei einen gesunden Jungen zur Welt gebracht haben. Dieses Wunder gilt als erstes offiziell von der Kirche anerkanntes Heilungswunder in der Geschichte von Lourdes.

Andere zunächst berichtete „Wunderheilungen" sind dagegen eher fragwürdig und im Ablauf widersprüchlich.

Niemann: Wahrscheinlich steht zu diesem Zeitpunkt Bernadette unter dem „Druck" etlicher Menschen, die von ihr und ihrem Gebet Heilung erwarten?

Wagner: Ja, die Erwartungshaltungen der zur Grotte drängenden Pilger gegenüber Bernadette sind enorm und für sie belastend. Sie versucht auch ein Stück weit, sich ihnen zu entziehen. Eine Mutter mit einem lahmen und stummen Kleinkind drängt sie, für ihr krankes Kind eine Kerze anzuzünden und diese der allerheiligsten Jungfrau zu geben. Bernadette entgegnet klug-distanzierend: „Madame, ich werde für ihr Kind beten, aber die Kerze, die können sie selbst anzünden gehen – in der Grotte oder in der Kirche"[244].

Niemann: Damit haben Sie, Frau Kollegin, die außerordentlichen Ereignisse ziemlich überzeugend skizziert. Als Dogmatikerin sind Sie sicherlich noch mehr an den so genannten „Botschaften" interessiert. Was haben Sie da zu bieten?

Wagner: Es gibt dreimal so etwas wie eine Botschaft:

In der achten Vision im Beisein von etwa dreihundert Personen gerät Bernadette nach dem ersten Gesätz des Rosenkranzes in Ekstase bzw. Verzückung: Nach fünf Minuten verfinstert sich der Gesichtsausdruck der Seherin und ihr Gesicht rötet sich. Sie steht auf, blickt zornig und mit Tränen in den Augen in die Menge. Danach wundert sie sich, dass die Umstehenden das von ihr gehörte neue Wort „Penitenco" (Buße) nicht ebenfalls gehört hatten. Auch habe die Erscheinung gesagt: „Beten Sie zu Gott für die Bekehrung der Sünder". Danach soll die Frau sie höflich gefragt haben, ob sie in diesem Zusammenhang auf die Knie fallen und den Boden küssen wolle – als Buße für die Sünder.

---

[244] Vgl. Laurentin, ebd., Bd. 5, 310 n. 81.

Bei der dreizehnten Vision erhält die Seherin von der Frau den Auftrag, Priester und Gläubige sollten in Prozessionen zur Grotte kommen und eine Kapelle errichten. Der erschrockene Dechant des Ortes verlangt aber von Bernadette, zuerst einmal das *aquèro* nach seinem Namen zu fragen.

Das tut Bernadette gehorsam während der sechzehnten Vision. Nachdem die Grotte inzwischen mit einer Gipsstatue der Unbefleckten Empfängnis versehen ist, verfällt Bernadette am Ende des Rosenkranzgebetes in Ekstase. Die Erscheinung schwebt ganz nahe an Bernadette und einige anwesende Personen und an die aufgestellte Statue heran und berührt sie.

Dabei artikuliert Bernadette die mühsam auswendig gelernte Frage: „Fräulein, möchten Sie bitteschön die Güte haben, mir zu sagen, wer Sie sind?" Nach dreimaligem Lächeln öffnet die Erscheinung ihre gefalteten Hände, lässt beide Arme hängen, faltet die Hände vor ihrer Brust, schaut zum Himmel empor und sagt, sie sei die „Unbefleckte Empfängnis"[245].

Niemann: Es scheint so, als habe sich *aquèro* nun eindeutig theologisch identifiziert. Lag diese Entwicklung nicht ohnehin „im Trend der Zeit", nachdem Pius IX. 1854 das Dogma von der unbefleckt empfangenen Gottesmutter (Immaculata) verkündet hatte? Mich würde nicht wundern, wenn die Visionen jetzt auslaufen.

Wagner: Interessant ist, dass nach der sechzehnten Vision an Mariä Verkündigung, also am 25. März (neun Monate vor Weihnachten), Bernadette zwölf Tage ohne Visionen „auskommen" musste.

Niemann: Wann und wie enden die Visionen genau?

Wagner: Es wird noch von zwei Visionen am Mittwoch, dem 7. April, und am Freitag, dem 16. Juli, berichtet. Die siebzehnte Vision liegt in der Linie der bisher beschriebenen Visionen. Bernadette gerät beim zweiten Gesätz des Rosenkranzes in Ekstase. Sie betet eine halbe Stunde lang, während der Ausdruck ihres Gesichtes mal Freude, mal Traurigkeit widerspiegelt. Dann steckt die Seherin ihren Rosenkranz ein, wobei die Verzückung anhält. Die achtzehnte Vision ist zugleich die letzte: Unter größter Geheimhaltung und bei beginnender Dunkelheit kniet sich Bernadette in einiger Entfernung von der Grotte hin, um den Rosenkranz zu beten. Sie verfällt in Verzückung, aber *aquéro* (die „Unbefleckte Empfängnis") bleibt auch

---

[245] Vgl. ebd., Bd. 6, 96–97.

diesmal, wie schon bei der siebzehnten Vision, stumm. Alles Notwendige ist verkündet[246].

Niemann: Wie geht das Leben Bernadettes weiter?

Wagner: Zunächst betreut sie kurze Zeit Kinder und wird dann in Lourdes in ein Hospiz der Schwestern von Nevers aufgenommen. Sie bekommt dort Unterricht und Unterweisung, kann aber wegen ihrer chronischen Atemwegserkrankung wenig davon profitieren.

Niemann: Welche praktischen Chancen zu einem einigermaßen geglückten Leben hat Bernadette nun noch unter diesen gesundheitlichen und sozialen Voraussetzungen?

Wagner: In einem heimlichen Brief vom 22.10.1865 an Abbé Charles Bouin drückt sie den Wunsch nach dem Ende ihrer Leiden aus: „Ich bin müde, immer so viele Leute zu sehen. Beten Sie für mich, ich bitte Sie, damit Gott mich zu sich nimmt oder mich schnell in die Schar seiner Bräute eintreten tut, denn dies ist mein größter Wunsch, ich bin auch unwürdig"[247].

Am 4. April 1864 tritt sie in den Orden ein. Obwohl sie arm und ungebildet ist, wird sie im Juli 1866 im Alter von zweiundzwanzig Jahren in Nevers aufgenommen. Sie wird von ihren Oberinnen in Marie-Bernard umbenannt. Schwester Marie-Bernard arbeitet bei den Kranken.

Niemann: Wie lange und unter welchen Umständen hat sie in Nevers als Klosterfrau gelebt?

Wagner: Sie hat noch dreizehn Jahre unter schwierigen Bedingungen und schweren körperlichen Leiden gelebt. Sie musste viele Demütigungen seitens ihrer Mitschwestern über sich ergehen lassen. Über ihr langsames, qualvolles Sterben stellt sie fest: „… Ich hätte nicht geglaubt, dass man

---

[246] In den letzten drei Monaten gibt es viele „Nachahmerinnen". In Lourdes entsteht so etwas wie ein „Erscheinungsboom". Auch Erscheinungen von bösartigen Wesen werden behauptet. Etliche „Seherkinder" wahrsagen und hellsehen, belustigen und ermahnen Erwachsene fast um die Wette.

[247] André Ravier, Les écrits de sainte Bernadette et sa vie spirituelle, Paris–Lourdes, ³1993, 161.

soviel leiden muss, um sterben zu können"[248]. Am 16. April 1879, im Alter von fünfundreißig Jahren, hat ihr Leiden ein Ende.

Wenn ich das Leben der Bernadette als Ganzes betrachte, stellt sich für mich natürlich schon die Frage, wie Sie eigentlich die Familiengeschichte, die sozialen Kontexte und Krankheit und Sterben in ihrer Ordensgemeinschaft psychodynamisch und sozialpsychiatrisch einordnen?

Niemann: Damit stellen Sie die Frage nach einer Art diagnostischen Zusammenschau im Rahmen des *Internationalen Diagnosenschlüssels* (ICD-10). Dazu muss gesagt werden, dass die Quellen klare Einordnungen in psychiatrisch einigermaßen abgesicherte Diagnosen nicht hergeben. Auch kann aus dem Leben der nur fünfunddreißig Jahre alt gewordenen „Seherin" keine systematische Krankengeschichte erhoben werden. So gab es etwa keine kontinuierliche Betreuung durch eine Art „Hausarzt", der genauere Auskünfte über die vielen Krankheitszustände der Bernadette Soubirous hätte erteilen können. Krankenhausberichte mit entsprechenden Diagnosen liegen nicht vor.

Mit Datum vom 4. März 1858 (am Tage der fünfzehnten Vision) wird von einer Untersuchung durch drei aus Bordeaux angereiste Ärzte berichtet, die zu dem Ergebnis kommen, „dass die Kleine von keiner Kopfkrankheit („maladie à la tête") befallen sei"[249].

Am 27. März 1858 (zwei Tage nach der sechzehnten Vision) wurde Bernadette von drei Ärzten aus Lourdes untersucht, da der Präfekt beabsichtigte, sie in eine geschlossene psychiatrische Anstalt einweisen zu lassen. Die Ärzte Lacrampe, Balencie und Peyrous aus Lourdes sprachen wohl von einem ekstatischen Zustand, der sich mehrere Male vollzog, sie verneinten das Vorliegen einer behandlungsbedürftigen Krankheit. Sie meinten, dass die „Krankheit" eher „moralischer" Art sei, welche die leibseelische Gesundheit dieses Kindes aber letztlich nicht gefährden würde. Es sei wahrscheinlich, dass Bernadette, wenn sie nicht mehr von der Menge bedrängt würde und man ihr keine Gebete mehr abverlange, ihre üblichen Gewohnheiten wiederfinden und nicht mehr an die Grotte und die wundersamen Sachen denken würde[250].

Wagner: Aber Bernadette war ja wohl zeitlebens körperlich schwer krank. Sehen Sie irgendeinen Zusammenhang zwischen ihren körperlichen Er-

---

[248] René Laurentin, Bernadette vous parle, 2 Bde., Paris 1972, Bd. 2, 276.

[249] René Laurentin, Lourdes, Bd. 5, S. 276.

[250] Vgl. Gutachten vom 31. März 1858, in: ebd., Bd. 1, 301.

krankungen und ihrem seelischen Erleben? War sie vielleicht doch auch psychisch krank?

Niemann: Diese entscheidende Frage muss differenziert beantwortet werden. Von einem ganzheitlichen Menschenbild her gesehen sollten wir an vier Zusammenhänge denken:

(1) die *reaktiv-psychische Dimension*, zu der u. a. das Umgehen der ersten Bezugspersonen mit Säugling und Kleinkind Bernadette gehört;

(2) der *somato-psychische Zusammenhang*: Hier geht die Störung vom Leib aus und „dehnt" sich sozusagen auf das psychische Erleben aus;

(3) die *psycho-vegetative* bzw. *psychosomatische Dimension*, in der – im Rahmen eines so genannten „Konversionssyndroms" – bewusste und unbewusste psychische Störungen sich körperlich entweder in Form von Dysfunktionen des neuro-vegetativen Nervensystems oder einer „Organneurose" niederschlagen;

(4) die so genannte *„paranormale"* bzw. *„anomale" Dimension*, unter die der Komplex der Visionen und der außergewöhnlichen menschlichen Erfahrungen gefasst wird. Hiervon relativ zu unterscheiden wäre der Bereich der Religionsphänomenologie, der nicht ohne Glaubensvorgaben auskommt. Daher ist er humanwissenschaftlich kaum fassbar und nicht relevant.

Wagner: Sehen Sie bei Bernadette Anhaltspunkte für das Vorliegen der *reaktiv-psychischen Dimension* (s. oben 1.)?

Niemann: Für einen solchen Zusammenhang im Sinne frühkindlicher Traumata könnte der abrupte Wechsel der Bezugspersonen im Stillalter sprechen, als Bernadette aufgrund eines häuslichen Unfalls ihrer Mutter im Alter von zehn Monaten zu einer Amme gegeben wird, die sie nach fünfzehn Monaten der Mutter zurückgibt. Festzuhalten gilt, dass Bernadette in den ersten beiden Lebensjahren zweimal ihre engste Bezugsperson wechseln muss. Es wird berichtet, dass sich in dieser Zeit die ersten Anfälle von Atemnot (psycho-reaktiv?) bemerkbar machten. Dieser psychosoziale Kontext hat sich sehr wahrscheinlich der Psyche individuell tief eingeprägt.

Wagner: Und was meinen Sie im Fall der Bernadette Soubirous mit „somato-psychischen Zusammenhängen"?

Niemann: Hier wäre z. B. an die Angst bei Erstickungsanfällen zu denken, die wahrscheinlich vorwiegend somatisch ausgelöst wird (nachweisbare

Verengung der Bronchien), die dann psycho-reaktiv durch die Atemnot verstärkt wird.

Über die Verursachung der chronischen Atembeschwerden Bernadettes ist divers gerätselt worden. Die offizielle Diagnose lautete damals: „Asthma". Einer der Leiter des Ärztebüros in Lourdes, Dr. Theodore Mangiapan, vermutete eher eine „durch ungenügende Hygiene hervorgerufene Reizung der oberen Atemwege"[251]. Auch eine allergische Komponente (Mehlstauballergie) wird diskutiert[252]. Es könnte sich aber durchaus auch um mehr oder weniger unbewusste Ängste handeln[253], die angesichts der wechselnden Bezugspersonen, der schwierigen Familiensituation (inkonstante Zuwendung) und der existentiellen Nöte auftraten. Hier dürften reaktiv-psychische, somato-psychische und psycho-somatische Dimensionen in einem ganzheitlich-menschlichen „Konglomerat" zusammenwirken.

Auch die Cholerainfektion, die Bernadette im Alter von elf Jahren erleidet, löst somato-psychische Reaktionen aus: Wenn ein elfjähriges Kind plötzlich Durchfall bekommt und mehrfach erbricht, sodass es pro Stunde mehr als einen Liter Wasser verliert, führt das zu massivem Durst, Muskelkrämpfen und Schwächezuständen (sodass es den Anschein hat, als würden die Augen in ihre Höhlen einsinken). Im Extrem kann diese Erkrankung zu Nierenversagen, Schock und Koma führen. Diese Krankheitserfahrung wiederum löst psychisch massive Existenzängste aus.

Nach Abklingen der akuten Symptome dürfte Bernadette an massiven Schwächezuständen und Kreislaufstörungen gelitten haben. Angesichts der mangelhaften Ernährung der Familie und des ständigen Umgangs mit Abfall und Müll dürfte auch die immunologische Situation höchst bedenklich gewesen sein. Als Konsequenz könnte festgehalten werden, dass sie bis zum Eintritt der Visionen, also bis zum vierzehnten Lebensjahr, ein schwächliches, ängstliches und gehemmtes Mädchen war.

Wagner: Dem entspricht auch, dass Bernadette noch mit neunzehn Jahren wie ein dreizehn- oder vierzehnjähriges Kind aussah[254]. Welche Krank-

---

[251] Theodore Mangiapan, Les guérisons de Lourdes. Ètude historique depuis l'origine à nos jours, Lourdes 1994, S. 22.

[252] Vgl. dazu Dondelinger, Die Visionen, S. 165.

[253] Auf Angstzustände als mögliche Ursache verweist auch Roger Pilon, Le Corps de Bernadette Soubirous dans sa vie, dans sa mort, dans sa béatification, Lourdes 1997, S. 15.

[254] Vgl. Laurentin, Bernadette vous parle, S. 283–285.

heiten hatte Bernadette über die Atemnot und die Cholera bzw. deren Spätfolgen hinaus?

Niemann: Nach dem Eintritt in das Kloster in Nevers 1866, mit zweiundzwanzig Jahren, leidet sie unter eitrigen Mund- und Kieferentzündungen. Mittelohrentzündungen führen zu Eiterfluss und zeitweiliger Taubheit sowie zu massiven Kopfschmerzen. Ferner wird von Schwäche, Schwindel, Bewusstlosigkeitszuständen berichtet.

Außerdem stellte sich 1876, als Bernadette 32 Jahre alt ist, eine Knochentuberkulose am rechten Knie ein, die ein Jahr später mit einer eitrigen Knochenfistel verbunden war[255].

Infolge von Abmagerung und Kraftlosigkeit liegt sie seit Ende 1877 nur noch im Bett. Bald stellen sich ulcerierte und verschorfte durchgelegene Stellen am Gesäß und Steißbein (Decubiti) ein. Am 16. April 1879 erliegt sie ihren vielfältigen Leiden.

Wagner: Was bringt denn nun die psychosomatische Betrachtungsweise über das hinaus, was Sie bisher über somato-psychische Zusammenhänge gesagt haben?

Niemann: Entscheidend ist die Frage nach dem auslösenden Faktor. Was ist eher: die körperliche Erkrankung oder die psychische Störung? Während beim somato-psychischen Zusammenhang der körperliche Zustand auf die Psyche wirkt (die Ateminsuffizienz und die schwere Cholerainfektion bringen Gefühle der Existenangst), zeigt sich beim psychosomatischen Zusammenhang der psychische Zustand in körperlichen Phänomenen. So dürften die schweren Magen- und Darmbeschwerden, unter denen Bernadette später jahrelang litt, einerseits zwar als körperliche Folge der Cholerainfektion zu erklären sein, andererseits aber auch durch die erlebten Erfahrungen von spezifischen Ängsten und „Depressionen" mitbedingt sein. Dies könnte man im weiteren Sinne auch als „Konversionssyndrom" (Umwandlung psychisch-reaktiver Probleme, wie z. B. Ängste, in körperliche Beschwerden) deuten.

Wagner: Ist damit Ihre Neigung zur exakten Differenzierung befriedigt oder haben Sie weiteres zu bieten?

---

[255] Vgl. ebd.

Niemann: Leider muss ich Ihre Geduld noch etwas auf die Probe stellen. Bernadette Soubirous hat ja neben ihren körperlichen und psychischen Erkrankungen weitere (unklare) Phänomene zu bieten. Wie wären z. B. sonst Ekstasen bzw. Entrückungen zu deuten? Offenbar war der Bewusstseinszustand Bernadettes während ihrer Visionen verändert.

Es ist eindrucksvoll, dass die Atembeschwerden Bernadettes während der Vision nicht zu beobachten sind. Nach ihrer ersten Vision läuft Bernadette, die sonst hinter ihren Gefährtinnen herkeuchte, ihnen plötzlich davon. Allerdings halten solche „Besserungen" nicht lange an: Bernadette hatte bis an ihr Lebensende weiter unter chronifizierten Zuständen von Atemnot zu leiden.

Der veränderte Bewusstseinszustand bei der siebten Vision wird durch ein Experiment bestätigt: Bernadette reagiert nicht auf einen Nadelstich[256] und lässt, worin sich die Zeugen allerdings nicht einig sind, einen Finger ohne jeglichen Schaden minutenlang in der Flamme ihrer Kerze stehen[257]. Auch bei der siebzehnten Vision vom 7. April 1858 wird von einem „Kerzenwunder" berichtet. Dabei hält Bernadette etwa zehn Minuten lang ihre linke Hand in die Flamme ihrer Kerze, ohne sich zu verbrennen[258].

Religionsphänomenologisch werden schmerzloser Umgang mit Feuer oder generelle Schmerzunempfindlichkeit in Ekstase überall, u. a. bei indischen Fakiren und bei indianischen Stämmen berichtet.

Wagner: Gehört zu diesen paranormalen Phänomenen Ihrer Meinung nach auch eine Begebenheit, die vom 28. April 1862 (mit achtzehn Jahren) aus Lourdes berichtet wird: Bernadette war wieder schwer erkrankt, sie meinte sterben zu müssen und wurde (wie man damals sagte) mit der „Letzten Ölung" „versehen". Außerdem wird ihr ein Hostienpartikel mit etwas Lourdeswasser gereicht. Danach kann Bernadette wieder durchatmen. Sie verlangt etwas zu essen. Es liegt nahe, dass diese Heilung als eigenes Wunder betrachtet wird. Haben Sie eine andere Deutung?

Niemann: Diesem Zusammenhang sollte man sich auf zweifache Weise nähern: einmal von der psychosomatischen Dimension, zum andern von der religionspsychologischen Seite her. So könnte man das „Aufschieben

---

[256] Vgl. Laurentin, Lourdes, Bd. 4, S. 215 n. 75 (Nadelstich).

[257] Ebd., S. 215 n. 76 („Kerzenwunder"). Was die Zweifelhaftigkeit angeht, vgl. Dondelinger Die Visionen, Anm. 123.

[258] Vgl. Laurentin, ebd., Bd. 6, S. 173–201. Zur Zweifelhaftigkeit auch dieses Kerzenwunders vgl. Dondelinger, Die Visionen, Anm. 173.

des Sterbens" als „Abwehrvorgang" im psychoanalytischen Sinne deuten: In dem Erleben von Todesangst und tiefster Depression wird sie durch „heilig-kirchliche Zuwendung" in ihrem Selbstwertgefühl ungeheuer erhöht und dadurch aus diesem „Tief" herausgerissen. Sie hat plötzlich das Bedürfnis zu lachen und zu weinen, aufzustehen und zu essen.

Ferner ist es im Rahmen einer Religionspsychologie ein „Wunder", als sie von dem zugleich faszinierenden wie furchteinflößenden Geheimnis psychisch ergriffen wird.

Wagner: Die Basis Ihrer Argumentation scheint mir etwas schmal. Können Sie das noch an anderen Beispielen festmachen?

Niemann: Eindrucksvoll ist auch jener Vorgang, der sich am 25. Oktober 1866 im Kloster von Nevers abspielt, wo Bernadette noch Kandidatin ist: Sie hat viel Blut gespuckt (Lunge oder Magen?), und die Schwestern meinen, sie werde noch in der bevorstehenden Nacht sterben. Man holt den Ortsbischof, der ihr persönlich die Ordensgelübde abnehmen soll. Sie ist zu schwach, um die Gelübdeformel selbst zu sprechen. Daher spricht der Bischof die Formel vor, die Bernadette mit einem mühsamen „Amen" beendet.

Sobald der Bischof das Zimmer verlassen hat, sagt Bernadette lachend zur Generaloberin: „Sie haben mir die Profess erlaubt, weil Sie glaubten, ich würde heute Nacht sterben; aber sehen Sie, ich werde diese Nacht nicht sterben"[259].

Daraufhin bekam die Generaloberin einen Wutanfall. Die Schwestern bezichtigten Bernadette, die nun endgültig im Orden „versorgt" ist, des „geistlichen Trickdiebstahls"[260].

Wagner: Spielt hier eine Frau, die später als Heilige kanonisiert wurde, mit ihrer Krankheit?

Niemann: Warum sollte man dieses Verhalten nicht „positiver" sehen? Fast könnte man die geistig-geistliche Überlegenheit (im Augenblick massiver Angst bzw. Panik) und ihren menschlichen Charme bewundern. Andere würden es als weibliche Raffinesse bezeichnen. Persönlich denke ich, dass sie als „dissoziales Wesen" in ihren letzten zwanzig Lebensjahren

---

[259] Laurentin, Bernadette vous parle, Bd. 2, S. 40.
[260] Vgl. Dondelinger, Die Visionen, S. 165.

„gelernt" hat, aus ihrer Krankheit – im Rahmen einer „Überlebensstrate-gie" – für sich das „Beste" zu machen (dieses Phänomen ist häufig bei Wai-senkindern – wenn auch in abgeschwächter Form – zu beobachten).

Wagner: Das bleibt mir alles allzu menschlich unbestimmt. Könnten Sie das diagnostisch irgendwie präzisieren?

Niemann: Bevor ich auf diese Frage eingehe, möchte ich trotz erheblicher Bedenken versuchen, eine diagnostische Einordnung der diversen Krank-heiten von Bernadette Soubirous vorzunehmen. Freilich ist es abenteuer-lich, eine Kranke aus der Mitte des neunzehnten Jahrhunderts in heutige diagnostische Schemata zu „pressen". Dennoch ist dieser Einordnungsver-such notwendig, damit wir aus heutiger Sicht zu den außergewöhnlichen Erscheinungen bzw. Visionen der Bernadette Soubirous aus humanwissen-schaftlicher Sicht Stellung nehmen können.

Zunächst wäre hier wohl an eine „posttraumatische Belastungsstörung in Kindheit und Jugend" zu denken (ICD 10: F 43.21).

Eventuell könnte der somatopsychische Zusammenhang als „somato-forme autonome Funktionsstörung im respiratorischen System" angesehen werden (ICD 10: F 45.33). Allerdings ist Bernadette Soubirous niemals ei-ner heute üblichen „Lungendiagnostik" unterzogen worden.

Die „Erscheinungsphänomenologie" Bernadette Soubirous ist am ehes-ten als „sonstige, näher nicht bezeichnete dissoziative Störung" (ICD 10: F 44.88) einzuordnen.

Wagner: Scheint Ihnen angesichts der ärztlichen Diagnosen, die Sie gestellt haben, angesichts der Persönlichkeitsstruktur, die wir erarbeitet haben, und in Anbetracht der differenzierten somato-psychischen Zusam-menhänge, die Sie dargelegt haben, das Leben Bernadettes aufs Ganze gesehen als „glaubwürdig", womit dann ja auch ein Indiz für die „Echt-heit" ihrer Visionen gegeben wäre?

Niemann: Bernadette Soubirous hat m. E. im Leben und Sterben eine überzeugende Lebensleistung vollbracht. Soweit ihr freiheitliches Denken und Handeln überhaupt möglich war, konnte sie die festen gesellschaft-lichen Strukturen ihrer Familie, ihres sozialen Standes (Unterschicht) und schließlich der Zugehörigkeit zu einem elitären Schwesternkonvent in Nevers immer wieder neu ein wenig durchbrechen.

Einerseits fand sie sich mit ihren schwierigen und durch chronische schwere Krankheit geprägten Lebensbedingungen ab, andererseits gelang es ihr immer wieder, sich eine gewisse innere Autonomie zu bewahren.

Wagner: Können Sie das durch Beispiele belegen?

Niemann: Sie entzieht sich oft den Ansprüchen und Erwartungen ihrer Verehrer. So sagt sie einer Mutter, die sie drängt, der Allerheiligsten Jungfrau eine Kerze für ihr krankes Kind zu geben: „Madame, ich werde für Ihr Kind beten. Aber die Kerze können Sie selbst anzünden gehen, in der Grotte oder in der Kirche"[261].

Oder sie wehrt sich gegen allzu viele Besucher, denen sie sich vorgeführt fühlt, indem sie der Mutter Oberin vorwirft: "Oh! Meine Mutter, Sie zeigen mich vor wie einen fetten Ochsen!"[262]. Sie wehrt sich gegen verordnete Selbstdarstellung und tritt so bewusst hinter ihre Visionen zurück. Damit zeigt sie Selbstbewusstsein und Ichstärke im Gegensatz zu den damals gerade in Mode gekommenen Hysterikerinnen (vgl. die „Therapien" von Charcot und Freud in Paris): „Was sie von diesen Frauen unterschied, war ‚a sense of self', das gehorchte, aber sich nicht beugte. Dadurch dass sie sich selbst immer ein wenig verbarg, hütete Bernadette ihre Visionen und ihre Integrität. Dabei war sie fähig, gegen den Druck von Fotografen, Priestern und Pilgern gleichermaßen Widerstand zu leisten"[263].

Wagner: Das erhöht grundsätzlich ihre Glaubwürdigkeit, kann aber auch kein zwingender Beweis für die Echtheit ihrer Visionen sein.

---

[261] René Laurentin Lourdes, Bd. 5, S. 310, n. 81.

[262] René Laurentin, Lourdes, Bd. 7, S. 76

[263] Ruth Harris, Lourdes. Body and Spirit in the Secular Age, London 1999, S. 164: „What separated her from these women was a sense of self that obeyed but did not bend. By keeping herself always slightly hidden, Bernadette protected her visions and her integrity, able to resist the pressure of photographers, priests and pilgrims alike". Der Begriff „sense of self" ist im Deutschen nur schwer adäquat wiederzugeben. Vielleicht klingt beides in diesem Begriff an: Selbstwertgefühl und gesunder Menschenverstand.

Resümee aus theologischer und humanwissenschaftlicher Sicht

(1) Die Phänomene der Vision und der Audition sind eine Herausforderung an die interdisziplinäre Zusammenarbeit zwischen Theologen (Dogmatikern/Fundamentaltheologen) und Humanwissenschaftlern (Medizinern/Psychologen/Psychosomatikern).

(2) Der Theologe kann deutlich machen, welche (eingeschränkte) Bedeutung Visionen und Auditionen im Kontext des christlichen Glaubens haben. Er kann außerdem Erklärungsmodelle dafür entwickeln, wie Gott bei einer Vision im Menschen wirken kann bzw. wie Gott hier eventuell bei menschlichen Voraussetzungen und Begabungen anknüpft. Er kann Kriterien aufstellen, die dafür oder dagegen sprechen, ob tatsächlich ein Eingreifen Gottes vorliegt, und so Anhaltspunkte für die „Echtheit" einer Vision gewinnen.

(3) Allerdings haben die Positivkriterien keine objektiv-zwingende Beweiskraft. Sie werden bestenfalls zu einem gut begründeten Wahrscheinlichkeitsurteil führen können. Dabei wird es darauf ankommen aufzuzeigen, dass nach den Regeln der Klugheit das Vorliegen einer Vision ein hohes Maß an objektiver Wahrscheinlichkeit für sich hat.

(4) Ein zentrales, wenn nicht *das* Kriterium für das Vorliegen einer Vision überhaupt, ist *eine entscheidende religiöse, den Menschen verwandelnde Vertiefung, die mit dem Ereignis eintritt und sich hält*. Die Feststellung, ob dieses Kriterium gegeben ist, wird stets mit einer Beobachtung und Beurteilung der Persönlichkeit des Sehers vor, während und nach der Vision (-sphase) verbunden sein. Dabei ist die Theologie aber auf den Austausch mit der Humanwissenschaft, deren allgemeine Forschungs- und spezielle Untersuchungsergebnisse angewiesen.

(5) Die eigentliche Arbeit des Theologen beginnt allerdings dort, wo jene des Humanwissenschaftlers endet. Humanwissenschaftlich betrachtet gibt es keine „Erscheinungen", sondern nur natürlich erklärbare Phänomene bzw. außerordentliche, derzeit noch nicht erklärbare Phänomene. Sache des Theologen ist es, die Phänomene dort, wo sie humanwissenschaftlich als nicht krankhaft eingestuft worden sind, im Kontext des Glaubens zu prüfen und in diesen Kontext einzuordnen.

(6) Der Humanwissenschaftler, insbesondere der Psychiater kann fest-

stellen, ob bei dem Sehenden eine körperliche, geistig-seelische bzw. gemüthafte Krankheit (bzw. eine Kombination aller drei Komponenten) vorliegt oder nicht.

Wäre dies der Fall, sollte er den Theologen bzw. den Seelsorger zu großer Vorsicht mahnen, damit Beispiel und Verhalten des Sehers keinen negativen Einfluss auf die sozialen kirchlichen Bezüge haben. Bei seinen humanwissenschaftlichen Beurteilungen sollte er nach der persönlichen Glaubwürdigkeit und damit der personalen, in sich schlüssigen Authentizität fragen.

(7) Dabei kann er sich verschiedener Untersuchungsmethoden bedienen. Es stellt sich die Frage nach einer „endogenen" bzw. „exogenen Psychose" (Schizophrenie, Zyklothymie bzw. Hirntumor, Hirnverletzung). Dazu sind biografische, anamnestische und psychopathologische Fragen zu stellen. Ferner muss geklärt werden, ob der Sehende in irgendeiner Weise abhängig ist (Alkohol, Halluzinogene, Spielsucht etc.). Auch sollte (wenigstens grob orientierend) nach der Intelligenz des Sehenden gefragt werden (z. B. Gefahr einer beginnenden Demenz).

Wenn schwere neurotische Fehlformen ausgeschlossen sind, sollte die Person des Sehers (grob orientierend) eventuell mit einem Persönlichkeitstest einer Persönlichkeitsdiagnostik unterzogen werden, damit psychoindividuelle und psychosoziale Störungen von Krankheitswert ausgeschlossen werden.

(8) Zur *Beurteilung der psychodynamischen Struktur* (jeder Mensch hat eine Struktur, aber nur wenige sind psychisch krank) des Sehenden gehört auch, dass der Humanwissenschaftler dem letztlich über die Authentizität der Vision befindenden Theologen aufzeigt, welche Vorzüge und welche Nachteile mit der Persönlichkeit des Sehers verbunden sind, und wo vielleicht Gefahren bestehen, wenn der Sehende (ohne Selbstkritik und ohne gewisse Kontrollen) anderen Menschen als nachzuahmendes Vorbild vor Augen gestellt wird.

Die psychopathologischen Beurteilungen können höchstens mit einem hohen Maß an Wahrscheinlichkeit vorgenommen werden.

(9) Der Humanwissenschaftler und Arzt darf in keiner Weise sich in *sittliche Fragen des Gut und Böse,* des Sympathischen oder Unsympathischen einmischen. Dabei sollte er seine Urteile nach den speziellen Regeln seines Fachs und nach bestem Wissen und Gewissen fällen. Ferner muss er sich nach den zur Zeit gültigen Regeln der Qualitätssicherung richten. Seine eigene Weltanschauung bzw. sein persönliches Beliefsystem darf bei der fachlichen Beurteilung der Persön-

lichkeit des Sehers keine Rolle spielen. Außerdem muss er die Einwilligung des Sehenden zur Beurteilung und zur Weitergabe der Untersuchungsergebnisse an den Auftraggeber (eventuell kirchliche Instanz) einholen.

Gegenüber allen anderen „Interessierten" (eventuell auch gegenüber Gerichten) ist er zu strengstem Stillschweigen verpflichtet.

(10) Schließlich muss der Humanwissenschaftler sich streng an die wissenschaftstheoretischen Grundlagen seines Faches halten. Das heißt konkret, dass er sich aus Diskussionen über Glaubensinhalte und über Inhalte möglicher Botschaften strikt heraushalten soll. Dasselbe gilt für das Urteil bzgl. der Übernatürlichkeit dessen, was der Seher erlebt hat.

Der Humanwissenschaftler kümmert sich v. a. – was seinen Beruf angeht – um das Diesseits und nicht um das Jenseits.

(11) Unbeschadet der Tatsache, dass letztlich der Bischof als verantwortlicher Entscheidungsträger in seinem Bistum das Urteil darüber fällt, ob eine angebliche Vision und Audition kirchlich (möglicherweise nach einer Appellation in Rom) approbiert wird oder nicht, sollte der Weg zur Entscheidungsfindung über ein Gremium von Fachleuten (z. B. Dogmatiker, Kirchenrechtler, Internisten, Neuropsychiater, Psychologen) verlaufen. Damit könnten u. a. wichtige Erfahrungen gesammelt werden, wie Theologen, Seelsorger und Humanwissenschaftler in schwierigen menschlichen Fragen kooperieren und zur Entscheidungsfindung beitragen können.

Glossar

Approbation, kirchliche, Umfang: Bei der Approbation handelt es sich um die Anerkennung einer Privatoffenbarung als authentisch. Damit ist allerdings nicht festgestellt, dass tatsächlich eine übernatürliche Erscheinung stattgefunden hat. Positiv besagt die kirchliche Approbation nur, dass die mit dem Erscheinungsphänomen verknüpfte Botschaft mit dem Glauben und der Lebensweisung der Kirche übereinstimmt und daher veröffentlicht werden darf. Das Ereignis selbst darf damit zum Ausgangspunkt der Gottesverehrung gemacht werden. Da es sich bei der Approbation nur um ein Wahrscheinlichkeitsurteil handeln kann, ist sie nicht notwendig irrtumsfrei und daher nicht unfehlbar. Das Lehramt kann bei der Beurteilung der Authentizität einer Vision irren.

Cortex: Hirnrinde bzw. Hirnmantel

Ekstase: einen Menschen überfallendes, ins Extreme übersteigertes Gefühl, meist glückhaft, manchmal ängstlich, manchmal als beides zusammen erlebt

Elektroenzephalogramm (EEG): Aufzeichnen von bioelektrischen Strömen des Gehirns

Funktionelles Magnetresonanztomogramm (fMRT): bildgebendes Verfahren, um die Funktionsweise des Gehirns und seiner Teile (während Wahrnehmung, Lernen, Denken) darzustellen

Halluzination: Sinnestäuschung, bei welcher die Wahrnehmung kein reales Wahrnehmungsobjekt hat; in diesem Buch nur im Zusammenhang mit Krankheit gebraucht

Hirnorganische Erkrankungen: Erkrankungen des Gehirns, wie Alzheimer-Demenz, Hirnentzündungen, Tumore, Durchblutungsstörungen etc.

Hypothalamus: Teil des Zwischenhirns und wichtigstes Regulationsorgan für vegetative Funktionen wie Körpertemperatur, Kreislauf, Sexualität und Schlaf

Hysterie: heute histrionische Neurose bzw. histrionische Persönlichkeitsstörung bzw. Konversionsneurose bzw. dissoziative Störungen

Illusion: Form der Sinnestäuschung, verfälschte Wahrnehmung wirklicher Gegebenheiten (z. B. in der Dunkelheit einen Ofen für einen Bären halten)

Katalepsie: Starrsucht, übermäßig langes Verharren in einer einmal eingenommenen Körperhaltung

Limbisches System: beidseitig und symmetrisch um den Hirnstamm angeordnete Hirnstruktur, wichtig für die Gedächtnisbildung und die Emotionen, Verbindungen zum Stirnhirn

Nervensystem, autonomes: bzw. vegetatives oder unwillkürliches Nervensystem, das die Vitalfunktionen, wie Atmung, Verdauung, Herz-Kreislauf und innere Sekretion regelt; drei Subsysteme: Sympathikus, Parasympathikus und Darmnervensystem

Neurose: Folge und Ausdruck eines krankmachenden seelischen Konflikts; zeigt sich u. a. in Ängsten und Depressionen

Offenbarung, öffentliche: Selbstkundgabe Gottes in der Geschichte Israels und in der Person Jesu von Nazaret, wie sie in der Heiligen Schrift niedergelegt ist. Diese endgültige und allein allgemein verbindliche Selbstkundgabe des verborgenen Gottes ist mit dem Tod des letzten Apostels abgeschlossen.

Offenbarung, private: eine unmittelbare Kundgabe Gottes an einen einzelnen Menschen, die nur dann als Offenbarung Gottes gelten kann, wenn sie mit der öffentlichen Offenbarung voll und ganz in Einklang steht

Psychiater: Arzt für psychische und gemüthafte Leiden; Arzt zur Erkennung und Behandlung von psychischen Krankheiten, Suchtkrankheiten und Neurosen

Psychose: Probleme bei der Realitätsbewältigung; allgemeine psychiatrische Bezeichnung für viele Formen psychischen Andersseins und psychischer Erkrankung

Psychodynamik: Erklärungsversuch der Psychologie für psychische Erscheinungen aus den dynamischen Beziehungen der einzelnen Persönlichkeitsanteile untereinander

Psychologe, klinischer: arbeitet in der angewandten Psychologie und Psychiatrie nach den Methoden der Exploration und Beobachtung bzw. mit Tests zur Erkennung von krankhaften psychischen Prozessen; ist kein Arzt

Psychopathologie: Lehre von den Leiden der Seele

Struktur, psychische: Persönlichkeit, welche eine zwar komplexe, in sich aber stabile Organisation miteinander verknüpfter Wesenzüge darstellt

Thalamus: Umschaltstation im Vorderhirn, in der sich alle sensorischen Bahnen sammeln; sorgt für emotionale Färbung von Erlebnissen und die Aufmerksamkeits- und Wachheitsfunktion

Vision, ekstatische: optische Erlebnisse, meist im Zusammenhang mit religiös-ekstatischen Schauungen; es werden leuchtende Gestalten, wie Christus/Engel etc. oder schreckhafte Fratzen, wie Teufel/wilde Tiere etc. gesehen

Vision, imaginative („einbildliche"): Wenn man von imaginativen („einbildlichen") Visionen spricht, soll damit nicht gesagt werden, dass der Visionär sich seine Vision bloß einbildet, dass hier also in Wahrheit gar nichts Außergewöhnliches geschieht. Gemeint ist vielmehr: Was der Visionär „sieht" und „hört", ist das *Echo* eines Vorgangs, den Gott im Innersten der Seele des Visionärs wirkt. Die Vision basiert also sehr wohl auf einer *Realität*, aber diese Realität besteht nicht in der wahrgenommenen himmlischen Person selbst, sondern in dem *Tiefenimpuls*, den Gott in der Seele des Visionärs setzt. Diesen Tiefenimpuls *gießt* der Seher dann sozusagen in Bilder, er *materialisiert* und *verleiblicht* den göttlichen Impuls.

Vision, körperliche: Als körperliche Vision wäre nach dem gängigen Sprachgebrauch eine Vision zu bezeichnen, bei der ein Mensch aufgrund besonderen göttlichen Eingreifens etwas sehen und hören kann, was andere zwar nicht sehen und hören können, was aber trotzdem „da" ist. Er wäre demnach aufgrund einer besonderen Gnade in der Lage, eine himmlische Person, die objektiv „körperlich" anwesend ist – wie eine irdische Person, die man sieht und hört –, optisch und akustisch wahrzunehmen, während die anderen, weniger Begnadeten die anwesende himmlische Person nicht sehen und hören können.

Vision mystische: eine Vision, die nur den Seher selbst bindet. Die in ihr empfangene Botschaft ist nur für ihn und sein Leben relevant und verbindlich.

Vision, prophetische oder charismatische: Eine prophetische oder charismatische Vision beinhaltet immer den Anspruch der Verbindlichkeit für andere: Der Seher hat eine himmlische Botschaft erhalten, die er im Auftrag Gottes verkünden soll und die für alle in der Kirche verbindlich ist.

Wichtige Literatur

Albrecht, C.: Psychologie des mystischen Bewusstseins, Bremen 1951.

Beinert, W.: Theologische Information über Marienerscheinungen: Anz. f. d. Seelsorge 106 (1997), S. 250–258.

Benz, E.: Emanuel Swedenborg. Naturforscher und Seher, Zürich ²1969.

Berger, K.: Wenn Gott auf krummen Zeilen gerade schreibt. Visionen und Marienerscheinungen in der Kirche der Gegenwart – Die Sicht des Neutestamentlers: DT Nr. 132 v. 2. 11. 2002, S. 1–5.

Crawford, H. J.: Brain dynamics and hypnosis: Attentional and disattentional processes: The International Journal of Clinical an Experimental Hypnosis 42/3 (1994).

Dondelinger, P.: Die Visionen der Bernadette Soubirous und der Beginn der Wunderheilungen in Lourdes, Regensburg 2003.

Dürr, H. P.: Physik und Transzendenz. Die großen Physiker des Jahrhunderts über die Begegnung mit dem Wunderbaren, Bern u. a. 1986.

Ey, H.: Das Bewusstsein. Mit einem Vorwort von K.P. Kisker. (Phänomenologisch-Psychologische Forschungen Bd. 8), Berlin 1967K.

Frossard, A.: Gott existiert. Ich bin ihm begegnet, Freiburg i. Br. u. a. 1970.

Harris, R.: Lourdes. Body and Spirit in the Secular Age, London 1999.

Heiler, F.: Sadhu Sundar Singh. Ein Apostel des Ostens und Westens, München–Basel 1925: Bietigheim-Bissingen 1987.

Heinrich, K. / Walter, C.: Ignatius von Loyola – genial oder psychisch krank?, in: Fortschritte der Neurologie und Psychiatrie 63 (1995), S. 213–219.

Heinrich, K.: Religiöse Erlebnisweisen in psychiatrischer Sicht: Bistum Essen (Hrsg.), Visionen: Psychiatrisches Syndrom oder Medium der Offenbarung? Referate des neunundzwanzigsten Ärztetags im Bistum Essen, Nettetal 1998 (Schriften des Ärzterates im Bistum Essen Bd. 19).

Hesse, G.: Anfallsleiden und Psychose Loyolas. Ein medizinisch-historischer Beitrag zum alternierenden Auftreten psychomotorischer bzw. psychosensorischer Anfälle und endoformer depressiver Psychose: Nervenarzt 38 (1967).

Ignatius von Loyola, Geistliches Tagebuch, in: Gründungstexte der Gesellschaft Jesu, Würzburg 1998.

Jaspers, K.: Einführung in die Philosophie, München 1953.

Johannes vom Kreuz, Sämtliche Werke, hrsg. v. P. Aloysius ab Immac. Conceptione u. P. Ambrosius A. S. Theresia, Bd. I: Aufstieg zum Berge Karmel, München ⁸1987.

Kerkhofs, L. J.: (Hrsg.), U.L. Frau von Banneux. Studien und Dokumente, Kaldenkirchen ²1953.

Laurentin, R. / Joyeux, H. (Hrsg.): Medizinische Untersuchungen in Medjugorje, Graz u. a. [2]1987, 182–193.

Laurentin, R.: Lourdes. Histoire Authentique, 6 Bde., Paris 1961–1964, Bd. 2.

Laurentin, R.: Bernadette vous parle, 2 Bde., Paris 1972, Bd. 2.

Laurentin, R.: Marienerscheinungen: W. Beinert / H. Petri, Handbuch der Marienkunde, Regensburg 1984, S. 528–555.

Lexikon des katholischen Lebens, hrsg. v. Erzbischof Dr. Wendelin Rauch, Freiburg i. Br. 1952.

Mangiapan, Th.: Les guérisons de Lourdes. Ètude historique depuis l'origine à nos jours, Lourdes 1994.

Melzer, F.: (Hrsg.) Sadhu Sundar Singh. Gesammelte Schriften [13]2000.

Nabe, E.: Lucette, Paris 1995.

Parker, R.: Sâdhu Sundar Singh, ein Berufener Gottes, von R. J. Parker übers., Liebenzell [4]1923.

Peters, U. H.: Wörterbuch der Psychiatrie und medizinischen Psychologie, München u. a. [4]1995.

Pfister, O.: Die Legende des Sundar Singh. Eine auf Enthüllungen protestantischer Augenzeugen in Indien gegründete religionspsychologische Untersuchung, Bern–Leipzig 1926.

Pilon, R.: Le Corps de Bernadette Soubirous dans sa vie, dans sa mort, dans sa béatification, Lourdes 1997.

Poyard O.M.C., S.: Die Erscheinungen von Banneux, o. Ort, [2]1955

Pschyrembel, Klinisches Wörterbuch, Berlin [255]1986.

Psychologisches Institut Albert-Ludwigs-Universität-Freiburg, Beratung für Menschen mit Außergewöhnlichen Erfahrungen: Abschlussbericht. Projektleitung: Dr. Martina Belz-Merk. Gefördert durch das Institut für Grenzgebiete der Psychologie und Psychohygiene e. V., Freiburg i. Br. 2002.

Rahner, K.: Visionen und Prophezeiungen, Freiburg i. Br. [2]1958 (QD 4) [[3]1989].

Rauland, M.: Chemie der Gefühle, Stuttgart–Leipzig: Hirzel 2001

Ravier, A.: Les écrits de sainte Bernadette et sa vie spirituelle, Paris–Lourdes, [3]1993.

Ravier, A.: Lourdes, Land der frohen Botschaft, Lourdes, Oeuvre de la Grotte, (1965), 1983.

Reckinger, J.: Psychogene Wirkungen? Wunder und Parapsychologie: FKTh 8 (1992), S. 60–73.

Sâdhu Sundar Singh, Aus seinen Reden in der Schweiz, hrsg. v. Schweizer Hilfskomitee für die Mission in Indien, 3 Hefte, Zürich 1922, H. 2.

Schallenberg, G.: Visionäre Erlebnisse, Aschaffenburg 1979.

Scharfetter, Chr.: Allgemeine Psychopathologie, Stuttgart–New York [4]1996.

Scharfetter, Chr.: Was weiß der Psychiater vom Menschen?, Bern u. a. 2000.

Scharfetter, Chr. (Hrsg.): Religion – Mystik – Schamanismus, Berlin 1998 (Welten des Bewusstseins Bd. 9).

Scheffczyk, L.: Die theologischen Grundlagen von Erscheinungen und Prophezeiungen, Leutesdorf 1982.

Sierp SJ, H.: Sadhu Sundar Singh: StdZ 49 (1924) S. 415–425.

Simma, M.: Meine Erlebnisse mit Armen Seelen, Stein a. Rhein ⁵1969.

Spitzer, M.: Halluzinationen. Ein Beitrag zur allgemeinen und klinischen Psychopathologie, Berlin 1988.

Splett, J.: Gott-ergriffen. Grundkapitel einer Religionsanthropologie, Köln 2001.

Sundar Singh, Gotteswirklichkeit. Gedanken über Gott, Mensch und Natur. Deutsch von S. Bauer, St. Gallen 1924.

Ullrich, L.: Art. *Wunder*: LdkathD, S. 560–56.

Vaitl, D.: Veränderte Bewusstseinszustände , Stuttgart 2003. (Sitzungsberichte der wissenschaftlichen Gesellschaft an der Johann Wolfgang Goethe-Universität Frankfurt am Main Bd. XLI, Nr. 2)

Väth SJ, H.: Sadhu Sundar Singh im Lichte neuester Forschung: KM 1925, S. 49 ff.

Vogeley, D.: Selbstbewusstsein und Hirnforschung. Neuere Erkenntnisse und ihre physiologische und ethische Interpretation: Hirschberg 57(2004) Nr. 6.

Weissmahr, B.: Art. *Natürliche Phänomene und Wunder*: Christlicher Glaube in moderner Gesellschaft, Bd. IV.

Wörterbuch medizinischer Grundbegriffe. Eine Einführung in die Heilkunde, hrsg. v. E. Seidler, Freiburg 1979 (HerBü Bd. 706).

Ziegenaus, A.: Kriterien für die Glaubwürdigkeit. Zur Prüfung der Echtheit von Marienerscheinungen: ders. (Hrsg.), Marienerscheinungen – ihre Echtheit und Bedeutung im Leben der Kirche, Regensburg 1995 (Mariologische Studien X), S. 167–182.

Was geschah,
was geschieht in Lourdes?

Patrick Dondelinger

**Die Visionen der Bernadette
Soubirous und der Beginn der
Wunderheilungen in Lourdes**

240 Seiten • 36 Abbildungen
Hardcover
ISBN 3-7917-1852-5

Im Jahr 1858 berichtete die 14-jährige Bernadette Soubirous in Lourdes von
einer Vision, die sich über einen Zeitraum von fünf Monaten wiederholte
und bald als „Marienerscheinung" interpretiert wurde. Um zu verstehen,
was damals passierte, begibt sich der Religionswissenschaftler und Theologe
Patrick Dondelinger auf eine spannende Entdeckungsreise in die innere
Erlebniswelt des analphabetischen Armenkindes. In seinem Buch liefert er
ein umfassendes und überzeugendes humanwissenschaftliches Verständnis-
modell für die Vorgänge an der Grotte von Massabielle.

*„Das Buch trägt zur Aufhellung von Phänomenen bei, die Historiker und
Theologen bisher großzügig umgingen oder einseitig deuteten."*

Neue Zürcher Zeitung

*„Dondelinger gelingt es, das Phänomen Lourdes im Horizont seiner sozialen
und theologischen Bedeutungen verstehbar zu machen. Zugleich zeichnet er das
lebendige Porträt Bernadettes."*   Rheinischer Merkur

Verlag Friedrich Pustet **www.pustet.de**